»Nichts kommt auf dieser Reise aus zweiter Hand, alles wird selbst gedacht und selbst empfunden – mit ansteckender Frische und Intensität. Ein Bericht wie ein Beutebuch, das einen mitreißt in einem unbändigen Allegrissimo Haken schlagender Geschichten.« (Bayerischer Rundfunk)

»Altmann sucht die Nähe, hört zu, fragt nach und kommentiert. Aus ihren schönen, traurigen und manchmal lustigen Geschichten setzt er ein schemenhaftes, nachdenklich machendes Porträt der Andenländer zusammen.« (Frankfurter Allgemeine Zeitung)

»Ja, es ist ein Genuss, die Prosa dieses abenteuerlustigen Menschenfischers zu lesen.« (Deutschlandradio)

Andreas Altmann war u.a. Dressman, Schauspieler am Residenztheater München und am Schauspielhaus Wien, Jura- und Psychologiestudent, Gärtner, Taxifahrer, Privatchauffeur, Spüler, Kellner, Anlageberater und Straßenarbeiter. Heute lebt er als Auslandsreporter und Reiseschriftsteller in Paris. Seine Reportagen und Bücher wurden vielfach ausgezeichnet, etwa mit dem ›Egon-Erwin-Kisch-Preis‹, dem ›Weltentdecker-Preis‹ und dem ›Seume-Literatur-Preis‹. Von Andreas Altmann sind außerdem bei rororo lieferbar:

»Einmal rundherum« (rororo 22931); »Notbremse nicht zu früh ziehen« (rororo 23374) und »Weit weg vom Rest der Welt« (rororo 23993)

www.andreas-altmann.com

Andreas Altmann

Reise durch einen einsamen Kontinent

Unterwegs in Kolumbien,
Ecuador, Peru, Bolivien und Chile

Rowohlt Taschenbuch Verlag

Für Daniela, die Schöne, die keinem traut
Für Roland, meinen Elfenkönig

4. Auflage November 2010
Veröffentlicht im Rowohlt Taschenbuch Verlag,
Reinbek bei Hamburg, März 2009
Copyright © 2007 by DuMont Buchverlag, Köln
Umschlaggestaltung any.way, Hamburg,
nach einem Entwurf von ZERO Werbeagentur, München
(Foto: Denis Waugh/Getty Images)
Druck und Bindung CPI – Clausen & Bosse, Leck
Printed in Germany
ISBN 978 3 499 24821 4

Das für dieses Buch verwendete FSC®-zertifizierte Papier
Lux Cream liefert Stora Enso, Finnland.

Ich habe die schwerste Sünde begangen,
die ein Mensch begehen konnte:
Ich war nicht glücklich
Jorge Luis Borges

Die Menschen sind das Interessanteste von allem
David Hockney

Es gibt nichts Schöneres als das Leben
Teófilo Stevenson

VORWORT

Die erste Seite soll warnen. Vor einer Wut und vor einem Fehlkauf. Damit keiner auf die seltsame Idee kommt, er hält einen Reiseführer in Händen. Um seine Ferien zu planen. Kein Hotelbett wird getestet, keine Klobrille inspiziert, kein Wort fällt über den Machu Picchu, kein Museum und kein Heiligtum kommen vor, keine Beschreibung »farbenfroher Märkte« soll einschläfern. Nie und nimmer Folklore. Bücher darüber gibt es bereits, eisenbahnwaggonweise, als Eintopf, eher fad.

Ich will es anders versuchen. Ich reise durch den Kontinent wie einer aus dem 21. Jahrhundert. Wo immer ich bin, bin ich vor Ort, bin da. Und bin gleichzeitig vernetzt. Ich höre eine Radionachricht, ich lese die Zeitung, irgendwo flimmert ein Fernseher, E-mails warten. Sie alle lösen Querverbindungen aus, Hintergedanken, bringen den Fleck, an dem ich mich gerade aufhalte, in Verbindung mit der Welt. Jeder Moment zeigt mir, dem Fremden, wie sehr ich mich von den anderen unterscheide. Und wie sehr wir uns ähneln.

Die seltsamsten Namen tauchen in dem Buch auf: der heilige Franziskus, Brad Pitt, Gandhi, Rafael Alberti, Angela Merkel, Prinz Charles, Michael Jackson, Josef Mengele, Pamela Anderson, Saint-Exupéry, Robert Redford, Eric Clapton und Paul Schäfer, der Mann mit dem Glasauge. Ein paar Namen von vielen. Keiner von ihnen ist Südamerikaner. Und dennoch haben sie mit dem Kontinent zu tun. Auf direkte, auf indirekte, auf verschlungene Weise.

Das gräuliche Wort *global* klingt auf einmal klug. Der Reisende ist ein Globus. Er ist in Kolumbien, und im selben Augenblick trägt er in seinem Kopf die Welt mit sich herum. Das »naive« Reisen ist vorbei, vorbei seit der Erfindung der modernen Reportage, modern im Sinne von überall lesbar, hörbar, sehbar. Herodot war auch Reporter, aber erst 2400 Jahre nach seinem Tod gelangten seine Aufzeichnungen über den Atlantik hierher. Heute muss der Reisende und Gejagte rasender Zeiten froh sein, wenn er sein Bett erreicht, ohne von einem gerade stattgefundenen Massaker erfahren zu haben. Am anderen Ende des Planeten.

Deshalb der Warnruf. Es wird nicht beschaulich, es wird anstrengend. Wie das Leben zurzeit, wie die Welt. Ich will reisen (und schreiben) wie einer, der sich auf Zumutungen einstellt. Wie einer, der ein Land nicht als Solarium begreift, sondern als Territorium, dessen Einwohner ihm etwas beibringen. Über sich, über ihn, über den Stand der Dinge. Alles, was passierte, alle Seitenblicke, Szenen, Aufregungen, Annäherungen, Nervenproben und Innigkeiten, löste in mir etwas aus. Eine Freude, einen Zorn, einen Fluchtgedanken, eine Gegenmaßnahme, ein Verlangen nach mehr, ein hartnäckiges Staunen. Jeder Mann, jede Frau, die mir über den Weg liefen, machten mein Leben reicher. Von keinem bin ich weggegangen ohne das Gefühl, beschenkt worden zu sein. Und wäre es mit einem Blick auf seine Wunden, sein schwärendes Herz. Oder seine Begeisterung, seine Sehnsucht nach Leben.

Gabriel García Márquez sagte einmal: »Für die Europäer ist Südamerika ein Mann mit Schnauzbart, Gitarre und Revolver. Sie verstehen uns nicht.« Natürlich verstehen wir sie nicht, aber dennoch begreift der aufmerksame Besucher, dass der Erdteil so viel mehr bietet als drei trostlose Klischees. Er bietet so ziemlich alles.

NACH SÜDAMERIKA

Die Reise beginnt mit einem Knall. Ich sitze in einem Café des Pariser Flughafens und ein Polizist stürmt herein, ruft streng: »Dehors!«, raus! Fluchtartig verlassen wir den Ort. Minuten später fliegt ein Koffer in die Luft, der verdächtig lang allein herumstand. Gesprengt von Spezialeinheiten. Augenblicke danach kommt der Besitzer gerannt, die Explosion hatte ihn von der Toilette geholt. Da er sich laut beschwert, können alle mithören. Trotz des offensichtlichen Pechs ist das eine lustige Geschichte. Ein Mann rennt von einer Kloschüssel auf seinen zerfetzten Koffer zu.

Ein Knall auf dem Weg nach Kolumbien, irgendwie klingt das stimmig.

Flug mit Air France. Das Übliche, enge Sitze, wenig Luft, Videokonsole. Fliegen ist grausam, nur abstürzen ist grausamer.

Mein Nebenmann liest, ich störe und frage nach seinem Buch. Er zeigt lächelnd auf den Titel: *Von der Kunst, Fehler zu machen.* Wir reden. Der Mensch ist Dozent, Geisteswissenschaftler an einer deutschen Universität. Nach den ersten zehn Worten schließe ich die Augen. So wärmend ist seine Stimme, so entwaffnend. Als er erfährt, dass ich in Paris wohne, erzählt er eine Geschichte, die man sogleich glauben will: Aus beruflichen Gründen musste Thomas M. einst in die französische Hauptstadt. An einer Kreuzung spricht er eine Frau an, lädt sie zum Abendessen ein. Sie lehnt das Angebot ab. An der nächsten Ampel wiederholt er seine Einladung, jetzt sagt sie zu. Zwei Stunden später suchen sie nach einem Hotelzimmer.

Das ist keine Bettgeschichte, das ist eine Liebesgeschichte. Seit drei Jahren. Ich kann mir vorstellen, warum Viviane nachgab. Zwischen den beiden Häuserecken spulte sie mehrmals die Stimme des Fremden ab. Und ließ sich wärmen und einlullen. Andere brauchen Geld, einen strahlenden Körper, Macht. Nicht Herr M., er braucht nur den Mund aufzumachen, und eine schöne Frau hängt sich bei ihm ein.

Zwischenstopp in Atlanta. Der Passbeamte fragt: »Beabsichtigen Sie, sich an kriminellen oder unsittlichen Handlungen zu beteiligen?« Ich liebe solche Fragen, denn nie würde man sie glauben, begegnete man ihnen nicht persönlich. Idiotismus kann erheitern, ich antworte: »Not today«, und darf passieren.

KOLUMBIEN

Nachts im Hotelbett in Bogotá, ein Bett, an das man nur durch eine Stahltür herankommt, lese ich noch die Zeitung. *El Tiempo* berichtet, dass die kolumbianische Hauptstadt das Jahr mit fünf Prozent Zuwachs abschließt. Fünf Prozent mehr Mord und Totschlag. Auf der nächsten Seite steht ein Bericht über eine 82-Jährige, die ab sechs Uhr morgens durch ihr Stadtviertel zieht und armen Schluckern etwas zum Essen bringt, tagaus, jahrein. Ich werde irgendwann begreifen, dass die beiden Meldungen viel von diesem Land berichten, ja sein Herz beschreiben: das voll mörderischen Zorns ist und grausam und kalt sein kann. Und so verwirrend oft großzügig ist, mitfühlend, fürsorglich.

Vor dem Einschlafen werfe ich noch einen Blick in das Zimmer, sauber, einfach, ein Bett, ein Stuhl. Ich frage mich, warum ich mir das antue. Ich vermute, dass ich meine Reflexe überprüfen will. Jenen Reflex vor allem, mit wenig leben zu können. Oder ob ich schon einknicke und nach Komfort Ausschau halte, nun endlich ein Wohlfühl-Kasper geworden bin, den keine andere Leidenschaft mehr treibt, als sich ununterbrochen wohlzufühlen.

Beim Frühstück treffe ich Seymour aus Wisconsin, ein Autoschlosser, der sein Leben zwischen Werkstatt und Welt aufgeteilt hat. Irgendwo dazwischen hat er noch Platz für seine Frau. Dennoch ließ er sein Mobiltelefon zu Hause, sagt: »Es gibt ein Menschenrecht auf Allein-sein-Dürfen.« Lange Zeit hat der 52-Jährige mit sich gekämpft, bevor er hierher kam, ließ sich immer wieder einschüchtern von den Gräuelberichten der Presse. Gerade hat seine Regierung vor Reisen durch Kolumbien gewarnt. Diesen Aufruf quittiert der Mechaniker mit dem Satz: »Ich bin froh, dass ich nicht mehr hinhöre. Wir sterben nicht an den Gefahren, wir sterben an unserer Angst vor diesen Gefahren.« Ich stecke die Mailadresse des Handwerkers ein. Brauche ich einen klugen Gedanken, werde ich mich melden.

Ich wohne in der Nähe von La Candelaria, dem ältesten Teil der Stadt, er erinnert noch am ehesten an ihre koloniale, 450 Jahre alte Vergangenheit. Weiter nördlich liegen das Geld, das Businesszentrum, die noblen Unterkünfte. Im Süden wuchern die berüchtigten *barrios*, die Verhaue der Armen und Sprachlosen. In den letzten 50 Jahren hat sich die Bevölkerung verzwanzigfacht. Acht Millionen sollen es heute sein.

Ich gehe in die Kirche von San Francisco, er ist mein Super-heiliger, die Grenzenlosigkeit seiner Liebe habe ich noch immer nicht verstanden. Ein Priester spricht gerade, man hört sofort hin. Kein fetter Pfaffenton, dafür frisch, genervt, aggressiv, die ersten Worte: »Vivimos en tiempos terribles«, wir leben in schrecklichen Zeiten. Er meint es ganz irdisch, ganz kolumbianisch. Die Gewalt ist seit 200 Jahren das Leitmotiv dieses Landes. Durch das dunkle Schiff spazieren Sicherheitsbeamte, ihre Schlagstöcke werfen Schatten an die Wände, viele Kerzen leuchten.

Eine Frau rückt neben mich. Sie ist stämmig, vielleicht 45. Kurz zuvor, sagt sie, habe sie in einem Heftchen mit Gebeten gelesen, inständig die Mutter Gottes angefleht, doch endlich »Kolumbien von den Terroristen zu säubern«. Wir flüstern, sie will wissen, wie ich dazu stehe. Ich frage Señora Flor, warum nach so vielen Gebeten »zur Jungfrau aller Jungfrauen« die Terroristen noch immer wüten. Darauf die erstaunliche Antwort: »Weil wir nicht stark genug an sie glauben.« Sie, Bianca Flor, glaube: »Hackt mir heute jemand das linke Bein ab, dann wird mir die heilige Maria morgen ein neues nachwachsen lassen.« Für Augenblicke will man einen Menschen beneiden, dem ein so siegessicherer Wahn durchs Leben hilft.

Vor dem Tor zur Kirche sitzt eine Bettlerin, ihr fehlen ein Arm und ein Bein. Sie sitzt seit 13 Jahren hier, erzählt sie, und noch immer wartet sie auf zwei neue Gliedmaßen. 200 Schritte weiter liegt der Parque Santander, Eisverkäufer, Zeitungsjungen, einsame Gitarristen, sorglose Faulpelze und Taschendiebe ziehen herum. Ich sehe eine Frau auf einer der Bänke sitzen, neben ihr liegt ein Schild, das darüber informiert, dass sie aus der Hand lesen kann, Tarotkarten legen und für jede »limpieza de negocios« zuständig ist, jegliches Geschäft in Ordnung bringt, sei es privater oder beruflicher Natur. Ich setze mich daneben, für 5000 Pesos (zwei Euro) verspricht Alicia, mein Leben aufzuräumen und nebenbei noch die Zukunft zu verkünden.

Zufällig fällt ihr Pappkarton um, die Rückseite ist ebenfalls beschrieben. Da steht, dass die Wahrsagerin die Quecksilber-Produzenten von Chile anklagt, denn Winde hätten das Gift nach Argentinien getragen, und ihre Tochter sei daran gestorben. Alicia zeigt mir ihren Pass, sie wurde 1948 in Buenos Aires geboren. Später habe sie in Harvard Wirtschaft studiert und einen Norweger geheiratet. Mir wird umgehend klar, dass Alicias Geschichten mehr Aufregungen versprechen als ihre Visionen über meine Zukunft.

Nun, inzwischen wäre der Gatte wieder nach Oslo zurückgekehrt, sie habe kein Geld, um ihn anzurufen, und er wisse nicht, wo sie zu erreichen sei. Allerdings besitze sie einen *letra de valor* von ihm, einen Wertbrief über »1 000 000 US-Dollar«, den er vom Pentagon bekommen hat. Für »Spezialdienste«. Leider geheim! Alicia zieht ein Stück festes Papier aus der Tasche, ganz ähnlich einer Dollarnote. Eine Million steht drauf und ein paar Bibelsprüche, darunter der Hinweis, dass all jene in der Hölle landen, die nicht umkehren. Alicia zeigt auf das Wasserzeichen, alles echt. Das Problem: Sie kann den Scheck nicht versilbern, keine hiesige Bank akzeptiert den Schein.

Jetzt komme ich ins Spiel, ich solle darüber nachdenken, ob ich nicht jemanden in einem US-Geldinstitut kenne, der den Wertbrief einlöst. Alicia würde mir dann eine Vollmacht ausstellen, mit der ich kurz nach Washington düse, die Bündel in den Koffer schichte und den Packen hier in Bogotá abliefere. Die 15 Prozent Kommission für meine Kuriertätigkeit könne ich gleich behalten.

Stunden später gehen wir auseinander. Nicht eine Minute will ich bereuen, habe ich doch bei der Verrückten etwas gelernt: Je versessener ich ihre Widersprüche und Abwegigkeiten hinterfragte, umso versessener delirierte sie. Nie würde ich sie eines Widerspruchs überführen. Denn sie verfügt über der ganzen Menschheit Erfindungsgabe, während ich mit nichts anderem als der kümmerlichen Wirklichkeit antrete.

Ach ja, als wir uns zum Abschied die Hände reichten, trug Alicia mir die Freundschaft an, »pero propia, sin sexo«, aber sauber, ohne Sex. Ich schaute in die Augen der bald 60-Jährigen, die leicht wasserfüßig und heiter in der Sonne saß. Warme Augen, ohne Arg.

Auf dem Weg zu einer Bank fallen mir wieder die vielen Männer in Zweireihern auf, der gute Schnitt, der elegante Umgang ihrer Körper mit dem Stoff. Die Welt der Machos, wie erfreulich sie sein kann. Hier haben sie noch Regeln, hier gibt es noch eine Kleiderordnung. Sie trägt definitiv zur Verschönerung einer Stadt bei.

Als ich das Wechselbüro betrete, hält gerade ein gepanzerter Transportwagen, der Fahrer bleibt am Steuer, der Zweite bezieht mit Pumpgun zwischen Panzer und Gebäude Stellung, der Dritte huscht hinein und kehrt mit gezogener Pistole und dem ihm anvertrauten Geldsack zurück auf die Straße. Dann klettern beide Männer – mit dem Rücken zuerst und nie die Umgebung aus den Augen lassend – zurück in den Fond. Die zwei wissen, dass ihre Bewegungen gut aussehen, auch schmücken die kugelsicheren Westen. Ihr Beruf vermittelt tatsächlich das Gefühl, am Leben zu sein. Weil stündlich gefährdet. Ein leichtes Grinsen auf ihren Gesichtern scheint der Beweis dafür, dass sie das Drama genießen. Mit quietschenden Reifen ziehen sie ab.

Zehn Meter weiter, mitten unter den Bankmenschen, scheint niemand in Gefahr. Papier raschelt, der Fotokopierer summt, Aktenordner werden bewegt, neun todfade Fragen muss ich beantworten, endlich kommt das Geld. Man kann an Sicherheit krepieren. Ein eher leiser Tod geht hier um, mit ihm kann man alt werden.

Ich mache mich auf den Weg zur *Biblioteca Nacional.* Wie immer auf Reisen muss zwischendurch ein Ort her, an dem Stille herrscht. Zum Schreiben. Bogotá ist ein Kessel, angefeuert von Autofahrern, die irgendwann vergessen haben, die Hupe loszulassen. Ich wandere an Männern vorbei, die ihre Handys in die Luft strecken (ambulante Telefone). Und an Mädchen vorbei, die Zettel reichen (Adressen zum nächsten Hinterhofpuff). Plötzlich fällt mir ein Interview mit Salman Rushdie ein. Er sprach über seine Zeit als Flüchtling vor der Fatwa Komeinis, als er – beschützt von Agenten des Scotland Yard – von einem Versteck ins andere huschte. In diesen Jahren habe er gelernt, »überall zu schreiben«. Das ist eine Kunst.

Ein intensiver Papierkrieg muss sein, auch hier, um die Nationalbibliothek betreten zu dürfen. Sogar die Seriennummer des Mac wird notiert. Dann durch den Metall-Detektor. Als erfreuliche Überraschung steht in der Eingangshalle eine Ausstellung über das Leben des berühmtesten Schriftstellers des Landes, den die Kolumbianer zärtlich »jefe« nennen, Chef. Zwischen den Fotos, Büchern und Zeitungsartikeln finde ich einen umwerfenden Satz von ihm über das Handwerk des Schreibens: »Ich glaube, die revolutionäre Aufgabe des Schriftstellers ist es ...« – während man das liest, vermutet man sogleich, eingedenk, dass Gabriel García Márquez ein »linker« Autor, ja ein

Freund von Fidel Castro ist, dass der Satz brav und ideologisch gefestigt weitergeht, etwa: »ist es, die Massen zum Kampf zu mobilisieren« oder »die Erde bewohnbarer zu machen« oder »den Neoliberalismus zur Hölle zu jagen«. Nein, ganz anders, genial trocken heißt die ganze Zeile: »Ich glaube, die revolutionäre Aufgabe des Schriftstellers ist es, gut zu schreiben.« Voll Freude packt man die Klugheit ein und will sie nie mehr vergessen.

In den Lesesaal. An der Rezeption liegt ein Buch aus, reflexartig werfe ich einen Blick hinein. Wobei es zu einem winzigen, phantastischen Zwischenfall kommt: Ich werde höflich, aber bestimmt darauf hingewiesen, dass das Anfeuchten der Fingerspitzen zum Zwecke des Umblätterns untersagt ist. Mit Dankbarkeit nehme ich den Verweis entgegen. Zeitgenossen, die achtsam mit bedrucktem Papier umgehen, verringern die Einsamkeit, sind ab sofort Freunde.

Der Ort des Geistes ist geräumig und fast leer. Jeder von uns drei Anwesenden hat elf Tische für sich. Umstellt von Büchern, die schützen gegen die Anwürfe der Welt. Brüchige Illusion. Nach zwei Stunden hole ich meinen Weltempfänger hervor, über Kopfhörer höre ich ein Gespräch mit einer gewissen Natalia Springer, die ihr neues Buch vorstellt: *Desactivar la guerra*, den Krieg beenden. Natürlich handelt das umfangreichste Kapitel vom Krieg in ihrem Land Kolumbien. Sie erwähnt mehrmals den Begriff »DDR«: D(esmarme), D(esmovilización), R(eintegración), Entwaffnung, Demobilisierung und Wiedereingliederung der Terroristen in die Zivilgesellschaft. Die drei Begriffe als Schlüssel zum Frieden.

Mutige Frau, mutige Kolumbianer. Bedenkt man, dass dieses Volk den Bürgerkrieg erfunden haben könnte, dann scheint die Idee friedlicher Aussichten gewagt. Nach 1817, nach der mit Tonnen von Blut errungenen Unabhängigkeit von Spanien, entstanden zwei politische Parteien: die Konservativen und die Liberalen, über die sich noch immer nicht mit Bestimmtheit sagen lässt, wer von beiden mehr Schrecken und Hoffnungslosigkeit über seine Anhänger und Gegner gebracht hat.

Ging das 19. Jahrhundert blutverschmiert zu Ende, so fing das 20. noch blutroter an. Der *Krieg der tausend Tage* nahm seinen Lauf, er endete diesmal mit einem Sieg der Konservativen und dem Tod von etwa 100 000 Menschen. Eineinhalb Generationen später begann eine Periode, die heute in den Geschichtsbüchern schlicht *la violencia*, die Gewalt, genannt wird. Mit 300 000 Leichen, bescheiden geschätzt.

Für alle Untaten gab es konkrete Anlässe, sie allein erklären aber nicht die Impertinenz, mit der sie hier an Mord und Totschlag festhalten. Es scheint, als würden die Väter den Hass an ihre Söhne vererben. Dazu kommt – und kein Fremder entgeht dieser Erfahrung –, dass das kolumbianische Volk über die zügellose Begabung zum Extrem verfügt. In alle Richtungen, hin zum Guten, hin zum Blindwütigen: eben liebesfähig, hassfähig, trunken vor Freude und Trauer, immer getrieben wird von einer irrationalen, so sagen sie selbst, »Begierde zu leben«.

Das physische Auslöschen des Gegners – sei es ein politischer Rivale oder der Liebhaber einer abtrünnigen Geliebten – gilt als Konstante in der Geschichte Kolumbiens. Sie wissen das und schlagen sich an die Brust. Und haben keine Ahnung, wie damit fertig werden.

Es wird noch komplizierter. Mitte der sechziger Jahre entstanden die ersten Guerillagruppen, Rebellen, die sich vornahmen, gegen die rabiaten Ungerechtigkeiten in diesem (stinkreichen) Land zu kämpfen: Die Armut der einen und der schamlose Luxus der wenigen, die gedemütigte Landbevölkerung und jene, die sie demütigen, standen sich gegenüber. Der Kampf um eine »bessere Welt« – bescheidener wollten es die Guerilleros nicht formulieren – nahm seinen Anfang.

20 Jahre später wurde Kolumbien Drogen-Export-Weltmeister und aus tapferen Empörern wurden – heute tödlich miteinander verfeindete – Terroristen: Die FARC (Fuerzas Armadas Revolucionarias de Colombia, etwa 18 000 Mann) und die ELN (Ejército de Liberación Nacional, etwa 4000 Mitglieder), die beiden noch heute aktiven Gruppen, säen den Terror, finanzieren mit dem Handel von Kokain ihren Wahn von einem sozialistischen Kolumbien. War einst der Campesino ihr Lieblingsmensch, so avancierte der Bauer jetzt – jeder Bauer, der sich weigerte, Kokafelder anzubauen oder Unterschlupf zu gewähren – zum bevorzugten Mordopfer.

Noch verwirrender: Der Bettelarme hatte (und hat) nur dann eine Chance, durch einen Genickschuss der Revolutionäre umzukommen, wenn er bis dahin den Nachstellungen der AUC (Autodefensas Unidas de Colombia) entkommen war. Die *paramilitares*, so ihr inoffizieller Name, entstanden als rechte Gegenbewegung zum linken Schrecken, als lose Union von Großgrundbesitzern, Mafiosis, Politikern, hohen Militärs und arbeitslosem Fußvolk, die mit gleichen Mitteln – Drogen, Entführungen, Hinrichtungen, Enthauptungen – nach einem »Colombia mejor« strebten, einem besseren Kolumbien.

Durch das abendliche Bogotá zurück ins Zentrum. Schon beim Fragen nach dem Weg erfährt man die Freundlichkeit seiner Bewohner. Mit welcher Hingabe sie antworten, durchaus besorgt um das Wohl des Fremden. Meist kommt zur Information noch ein Warnruf. Unbedingt bestimmte Ecken meiden! Weil dort garantiert eine Handvoll Kanaillen lauert. Auch das gehört zur Liebe zum Extrem: Das Dramatisieren des Alltags, der lustvolle Wink auf Unheil und Fährnis.

Ich beschließe, die Greisin zu besuchen, jene, die durch die Straßen von Bogotá zieht und Nahrungsmittel verteilt. Ich rufe bei der Zeitung an, in der jener Artikel über sie erschienen ist, erhalte eine Telefonnummer und spreche Minuten später mit Señora Leonor Botero de Mejía. Claro, sagt eine frische Stimme am anderen Ende, noch heute Nachmittag könne ich vorbeikommen.

Ich bin neugierig auf diese Frau wie auf einen Vertreter einer aussterbenden Rasse. Jene, die sich nicht infizieren ließ von den Orgien der Raffsucht. Die unverbrüchlich daran festhält, dass noch andere Gesetze im Universum kursieren. Leonor ist, wenn der Bericht denn stimmt, jemand, der es lebenslänglich mit der Liebe und dem (möglichen) Verrat an der Liebe aufgenommen hat. Wer will keine Heldin kennenlernen.

Um 15 Uhr sitze ich in ihrem Wohnzimmer, plüschig und randvoll mit Nippes. Sofort fällt die Haltung der alten Dame auf, kerzengerade, tadellos geföhntes Haar, gepflegte Fingernägel, rote Lippenstift-Lippen, die klaren, vifen Augen. Kein Lumpenweib wirtschaftet hier. Sieben Kinder hat sie in die Welt gesetzt, vor langer Zeit starb der so vermisste Mann. Sie hat mehrere Operationen hinter sich, zwei wegen ihrer chronischen Gastritis. Stress plagt sie.

Täglich steht sie kurz nach fünf auf, um sieben verlässt sie das Haus, geht zum Markt, kauft Naturalien, stapelt sie auf einem Handwagen, fährt von Bruchbude zu Bruchbude und verteilt, was nötig ist, um über den Tag zu kommen. Nebenbei spornt sie an, leuchtet mit ihrem Lächeln in jede Baracke, gibt jedem etwas von ihrer Kraft. Kommt sie mittags nach Hause, schreibt sie hübsch gefaltete Bettelbriefe, die sie einmal pro Monat unter die Türen der Wohlhabenden schiebt. Damit sie die nötigen Scheine rausrücken. Kommen zu wenige (auch in Kolumbien zeigen sich Reiche eher zögerlich beim Loslassen von Eigentum), geht Leonor Altpapier sammeln. Für die Tonne bekommt sie umgerechnet 88 Euro. Gelernt, sagt sie, habe sie die Menschenfreundlichkeit von ihren Eltern. Mitgefühl üben mit jenen, die weniger Glück hatten, war Teil der Erziehung.

Ich frage sie, wie sie an die Liebe Gottes glauben kann, wenn sie ein Leben lang mit ansehen musste, wie die einen stinken vor Geld und die anderen stinken vor Armut. Die 82-Jährige, eher unbeeindruckt: »Die Not und der Kampf sind eine Herausforderung, die bestanden werden müssen, um ins Reich Gottes einzugehen.« Erstaunlicherweise erwähnt sie andere Religionen, Islam, Buddhismus, das Judentum, jede hätte ihre Berechtigung, jede habe etwas Gutes in die Welt gebracht. Man hört überrascht hin, hier redet keine närrische Katholikin vom allein selig machenden Katholizismus, sondern eine Weltbürgerin. Ob sie Angst vorm Tod habe? Das nicht, aber die 90 würde sie gern schaffen. Worauf sie allerdings keinen Einfluss habe, denn »der liebe Gott hat alles schon notiert, jeder hat seine Stunde«.

Als wir uns verabschieden, habe ich natürlich noch immer nicht verstanden, wie dieser Transfer von Energie stattfindet. Wie kommen Leute wie Leonor an diese Liebesfähigkeit heran? Während andere nichts oder dürftig wenig davon abbekommen. Okay, sie hat sich Gott erfunden. Trotzdem, man will sie um diese Erfindung beneiden. Kann doch ein Gottloser dabei etwas lernen: Die mürben Zweifler heben nicht ab, nur die Wissenden. Oder jene eben, die davon überzeugt sind, dass sie wissen. Sie sind nicht zu bremsen.

Leonor füttert sabbernde Alte, Sylvester Stallone bereitet seinen nächsten Rocky-Bimbo-Film vor und die Hardcore-Darstellerin Annabel Chong hat es geschafft, sich an einem Tag von 251 Männern begatten zu lassen. Sie alle kommen ans Ziel. Weil sie etwas anstiftet. Und wäre es der feste Wille, als muskulöser Strohkopf oder begnadete Nymphomanin in Erinnerung zu bleiben. Solange dieser Wille nicht in Frage gestellt wird, so lange ist kein Halten. Wie bei Señora Leonor Botero de Mejía aus der Calle 66 in der kolumbianischen Hauptstadt. Sie nährt ihr Herz mit der Fürsorge um andere. Glücklich wohl jeder, in dem ein Feuer lodert.

Auf dem langen Weg zurück drückt mir ein Junge einen Wisch in die Hand. Mit der Adresse eines Detektivs, der sich darauf spezialisiert hat, flüchtige Verlobte oder Ehefrauen ausfindig zu machen. »¡No sufras más en silencio!«, leide nicht mehr im Stillen. Auf der Visitenkarte sieht man einen lassoschwingenden Reitersmann, der die (flüchtige) Frau einfängt. Ich lächle, Jorge nickt lässig mit dem Kopf nach hinten. Ich blicke auf, ein Pornokino steht da. Verstanden, der Kleine arbeitet nebenbei als Zutreiber. Und tatsächlich, als ich eine Karte kaufe, bekommt er ein paar Pesos als Kommission.

Mir fällt ein befreundeter Reporter ein, der darauf bestand, jede Tür aufzumachen, hinter der er eine Story vermutete, die ihn bereichern könnte. »Denk nicht, geh rein.«

Enfermeras a domicilio läuft, Krankenschwestern auf Hausbesuch. Wie nicht anders zu erwarten, kümmern sie sich um das Sorgenkind Nummer eins des Hausherrn. Schlechte Bildqualität, aber dank imposanter primärer und sekundärer Geschlechtsmerkmale sind sie, die wahren Hauptdarsteller, nicht zu übersehen.

Plötzlich muss ich an die so vorbildliche Señora Leonor denken und ihre Bemerkung, dass der liebe Gott schon deshalb keine schöne Welt will, weil jeder eine Herausforderung braucht. Um an ihr zu wachsen. Wie wahr. Man sieht die Anstrengung des Protagonisten, die beiden (nimmermüden) Schwestern siegessicher von einem Gipfel zum nächsten zu katapultieren. Und rechtzeitig sein maßgebliches Arbeitsgerät in die Kamera zu halten, um uns alle am finalen Höhepunkt seiner (ins Freie jagenden) Manneskraft teilhaben zu lassen. Beim Hinausgehen fällt mir auf, dass ich noch nie einen Pornofilm mit einem Nachspiel sah. Berufssteher »kommen«, hinterher verschwinden sie, werden ohne Umstände ausgeblendet.

Witzigerweise gibt es heute in der hiesigen Presse einen Bericht über die Frage, ob sexuelle Aufputschmittel von der Krankenkasse bezahlt werden sollen oder nicht. Ein Gesetzesentwurf wurde bereits eingebracht. Begleitet vom Aufschrei der moralisch Einwandfreien, die sofort darauf verwiesen, dass das Land – über die Hälfte seiner Einwohner lebt unter der Armutsgrenze – bei Gott andere Prioritäten habe als die erotische Funktionstüchtigkeit erschöpfter Männer. Das stimmt natürlich, aber die Argumentation der Befürworter entbehrt nicht einer gewissen Raffinesse: Frustrierte Liebhaber (und ihre frustrierten Liebhaberinnen) sind für Kolumbien durchaus eine Gefahr. Familien können daran zerbrechen, Ehebruch nähme überhand, die gedemütigten Caballeros ließen ihre Wut an der Gesellschaft aus, sprich, Terror und Gewalt dauerten an, kurzum: Wer ein erfülltes Liebesleben habe, sei versöhnlicher, rechtschaffener.

Beim Frühstück lese ich, dass die *Ciudad Bolívar* die herausforderndste Gegend der Hauptstadt ist, mit den meisten Banden und den schießwütigsten Arbeitslosen, fast jeden Tag ein Mord, ein Totschlag. Ich gehe zur Touristinformation, will um einen Plan bitten und nach der besten Busverbindung dorthin fragen. Das wird lustig, die Frau denkt, sie habe sich verhört, und verweigert die Auskunft. Ich muss betteln und höchste Vorsicht versprechen. Mehrmals. So erfahre ich, dass die öffentlichen Verkehrsmittel nur zur »baja parte«, zum unteren Stadtteil fahren, nicht nach oben, zur »alta parte«. Denn der Zugang würde von rivalisierenden Gangs bewacht, jede besorgt um ihr Territorium, um ihre Schutzgelder (Ladenbesitzer zahlen, um beschützt zu werden vor denen, die vorgeben, sie zu beschützen). Für weitere Todesfälle sorgen die »Rekrutierungsbüros« der Paramilitares, die nach Nachwuchs Ausschau halten. Damit alle wissen, wie die Spielregeln funktionieren, wurden in der Vergangenheit mehrere (unwillige) Jugendliche liquidiert. Damit andere 17-Jährige begreifen, wie sie enden, wenn sie sich nicht rekrutieren lassen.

Ich will nicht sterben, ich weiß nur aus Erfahrung, dass erstens grundsätzlich und grandios übertrieben wird, dass zweitens ein Weißer (ohne Kamera, schmucklos und zu Fuß) nicht sofort standrechtlich erschossen wird und dass ich drittens Geschichten suche.

Nicht leicht, dorthin zu gelangen. Im Bus sitze ich ganz hinten, neben mir eine ältere Lady. Da in diesem Land nichts leichter ist, als mit einem Fremden ein Gespräch zu beginnen, reden wir. Dummerweise bin ich ehrlich und sage, wohin ich fahre. Nun schlägt Curieta, die Lady, die Hände über dem Kopf zusammen. Unsere zwei Sitznachbarinnen tun es ihr nach. »Dios mío, bitte, bitte, fahren Sie nicht dorthin!« Es wird noch absurder, denn alle um mich Besorgten wohnen in der Ciudad. Beschwichtigungsversuche meinerseits werden negiert, Curieta übernimmt nach kurzer Debatte mit den anderen das Kommando und verspricht, nicht mehr von meiner Seite zu weichen. Die 74-Jährige kommt gerade von einem Arztbesuch, hat zwei Hüftoperationen hinter sich und misst genau 154 Zentimeter. Einen geeigneteren Bodyguard kann man sich nicht wünschen. Als wir endlich ankommen, befiehlt sie, aus der Bustür humpelnd: »Folgen Sie mir!« Bald werde ich wissen, woher sie die Chuzpe nimmt.

Der Wind treibt den Staub über die Straßen, weht die Plastiksäcke von den Müllhaufen. Das riesige Bolívar besteht aus über 300 verschiedenen Vierteln, verstreut über die Hänge der umliegenden Hügel. Curieta lebt in Potosí, einem Sammelsurium zusammengenagelter Buden, manche schief, manche gerade. Hunde lungern, schmutzige Kinder schauen herüber. Armut ist langweilig, sie sieht überall gleich aus.

Wir gehen los. Als wir an einem Shop mit Lebensmitteln vorbeikommen, sagt Curieta, dass sie mir ein Mittagessen kochen will, kauft ein und bittet, die Waren anzuschreiben. Erst nach längerem Feilschen darf ich zahlen. Am Ende einer steilen Geraden erreichen wir ihre Behausung, vier Wände mit einem Blechdach, zur Straßenseite zwei vergitterte Fenster, die Löcher mit Pappe verstopft. Das Vorhängeschloss klemmt, es dauert, bis die Tür aufgeht.

Dahinter eine muffige Hitze, Zementboden, auf Ziegeln liegt ein Holzbrett, darauf das ungemachte Bett, in vier Schachteln befindet sich Curietas Besitz, nur Wäsche, ein paar Toilettenartikel, Schuhe. Kabel hängen quer im Zimmer, ein kaputter Spiegel steht neben dem Fernseher in der Ecke. Die Hintertür führt auf einen kleinen Hof, drei mal zwei Meter. In einer Nasszelle befindet sich ein Gaskocher und daneben, hinter einer Wand, die Kloschüssel ohne Brille. Die Hausbesitzerin hat eine Mauer parallel zum Nachbarhaus hochziehen lassen, gespickt mit eingemörtelten Glasscherben. Damit sich jeder die Arme und Hände blutig reißt, der hier einbrechen will. Plötzlich dreht jemand ein Radio voll auf, von irgendwoher kommt die Stimme von Franco de Vita, er singt die schöne Schnulze: »Te amo desde el primer momento en qué te vi«. Ich liebe dich seit dem Moment, in dem ich dich das erste Mal sah. Ich frage Curieta, ob sie glücklich ist. »No.« Und warum nicht? »Estoy sola«, ich bin allein.

Curieta kocht und erzählt. Ihr Mann war Campesino, sie kam aus der Mittelklasse. Nach 13 Jahren, drei Töchtern und einem Sohn ist er davon. Mit einer anderen. Eine offizielle Scheidung gab es nie. So ist sie seit 52 Jahren verheiratet und seit 39 Jahren einsam. Javier hat sie oft geschlagen. Ich frage mehrmals, warum. Sie weiß es nicht, sagt nur: »Er war Bauer.« Das soll als Erklärung reichen, ein Bauer eben, und Bauern schlagen.

Monatlich bekommt sie 350 000 Pesos (140 Euro) Rente. Sie hat in einer Kleiderfabrik gearbeitet, kann schneidern. Damit verdient sie noch heute ein Zubrot. Die Nähmaschine steht bei einer ihrer Töchter, aus Sicherheitsgründen. Spräche sich herum, dass in der Hütte ein so nützliches Werkzeug zu holen ist, es wäre schon verschwunden. Sie verschweigt sogar ihren früheren Beruf in der Nachbarschaft. Die Information würde genügen, um auf sie aufmerksam zu machen. Denn Schneiderin zu sein gilt als solide, besser verdienend. Besser jedenfalls als ein ungelernter Tagelöhner.

Meist schaut sie fern, ab 17 Uhr durchgehend. Dann liegt sie im Bett und starrt ins dunkle Eck, aus dem es hell flimmert. Sie mag alles, Hauptsache, sie hört »Stimmen«. Ich begreife für einen Augenblick den Nutzen eines Geräts, das sie hier »caja tonta« nennen. Und hätte die Idiotenkiste keinen anderen Sinn, als die Einsamkeit von Señora Curieta zu lindern. Ohne die Stimmen würde sie noch verlassener im Bett liegen.

Das wird ein heiteres Mittagessen, auch wenn wir nur mit dem Blechteller in der Hand auf einem Steinsockel sitzen. Curieta zählt wieder die (lange) Liste der Gefährdungen auf, von denen wir hier belagert werden. Wobei sie vollkommen sorglos bleibt. Denn jeden Morgen bete sie zum Erzengel Michael (»der mit dem Flammenschwert«), und somit sei die Sache erledigt. Der Schwertträger beschütze sie rund um die Uhr, »aus jeder Himmelsrichtung«. Würde es dennoch heikel werden, flüstere sie nochmals den Namen ihres Helden, und die Gefahr ist gebannt. Kurz bevor wir aus dem Bus gestiegen waren, hatte sie auch geflüstert. Zu meinem Schutz. Tapfer sagt sie: »Gott ist in meinem Herzen und das Herz ist der Tempel Gottes.« Die Sonne strahlt auf unsere Nudeln mit Hackfleisch, Vögel zwitschern, Curieta hat die Augen geschlossen, für einen Augenblick scheint sie nicht allein.

Ich frage sie, ob sie keinen Versuch unternommen habe, die Einsamkeit einzudämmen, jemand anderen zu finden, der anständig ist und nicht prügelt. Sie sagt, ich sei naiv. Nein, sie hat ihr Schicksal hingenommen, wie andere Frauen ihrer Generation in ähnlicher Lage. Als Mutter mit vier Kindern, als arme Mutter mit armen vier Kindern, »da schaut dich keiner mehr an, du wirst unsichtbar«.

Bevor es dunkel wird, begleitet sie mich zurück zur Bushaltestelle. Widerstand zwecklos, sie ist für mich zuständig. Potosí hat sogar ein Zentrum, ein paar geteerte Straßen, kleine Cafés, Läden, Werkstätten. Jeder vor Ort zahlt Schutzgeld, auch die Busunternehmen, die hier durchfahren. Curieta begleitet mich, sie erklärt alles. Sie fragt, ob es in Deutschland auch so aussieht, so zugeht. Unbehelligt erreichen wir unser Ziel, nicht ein Pistolero lief uns über den Weg. Als ich durch das Fenster noch einmal winke, sinkt mir das Herz. Nur die Flimmerkiste und ein

Erzengel sind der Einsamen geblieben. Beide virtuell, beide ohne Haut, ohne Wärme.

Der Abend wird dennoch vergnüglich, im Buchladen *Panamericana* begegne ich Paulo Coelho. Wer kennt das nicht, diese immer wiederkehrende Begegnung mit Schriftstellern, zu denen man eine innige Beziehung unterhält? Innig, weil man sie bewundert, oder innig, weil man mit geradezu perversem Gusto in ihre Bücher blickt, immer auf der Suche nach dem phantastischen Nonsens, den sie so übermütig und siegessicher der Welt zumuten. Heute – früher habe ich geschäumt – fliegt ein helles Grinsen über mein Gesicht, wenn ich Paulo treffe. Wie jetzt, als ich mich zum Lesetisch begebe und er schon daliegt, dreifach daliegt, mich wieder einlädt zu lauthalsem Gelächter. Wie immer in seiner Nähe bin ich haltlos und blättere drauflos.

Der Teufel ist in Hochform und lenkt meine Aufmerksamkeit auf *El año 2006 con Paulo Coelho*, eine Art aphoristisches Vademecum, ein Kalender, um mit den Sprüchen des Meisters durchs Jahr zu ziehen. Zur Stärkung, als Wegweiser zu den Geheimnissen des Lebens.

Ich gestehe, ich leide augenblicklich gern, denn ich finde so fein ziselierten Schwachsinn, den ich selbst Paulo, dem Ex-Werbefuzzi, nicht zugetraut hätte. Hier eine Kostprobe. Im Gegensatz zu vergifteter Nahrung stirbt keiner an ihr, aber eine Ohnmacht kann den ungeübten Leser durchaus niederstrecken. Leider schaffe ich nur drei Sätze, da mich das Personal mit dem Hinweis vertreibt, dass Abschreiben aus nicht gekauften Büchern verboten ist.

Erste Perle: »Die Engel benutzen den Mund unseres Nächsten, um uns Ratschläge zu geben.« Nicht schlecht, doch kostbarer noch: »Ein Krieger darf den Kopf nicht hängenlassen, denn dabei würde er den Blick auf den Horizont seiner Träume verlieren.« Und jetzt, gar unbezahlbar: »Wenn man den eigenen Dämon nicht in sich erkennt, dann zeigt er sich gewöhnlich in der Person, die einem am nächsten steht.« Wen das nicht umwirft, den wirft nichts mehr um. Heiter wankend trete ich hinaus in eine laue kolumbianische Nacht, will auch Krieger sein und mich nie mit hängendem Kopf erwischen lassen.

Als Antiserum habe ich noch einen vierten Satz gefunden, fürs Abschreiben war keine Zeit mehr, aber die Zeilen waren so klug und so wahr, dass einmal lesen reichte, um sich für immer an sie zu erinnnern. Paul Theroux, der amerikanische Schriftsteller, hat sie notiert: »Erst wenn man unterwegs ist, begreift man, dass die größte Entfernung die größten Illusionen weckt und dass Alleinreisen sowohl Vergnügen als auch Strafe ist.«

Gestärkt betrete ich das *Pasaje*, der Name des Cafés passt zu einem Reisenden, drei verschiedene Bedeutungen hat das Wort: Textstelle, Fahrkarte, Überfahrt. Gitarrenspieler kommen und suchen nach Liebespaaren. Vor schmusenden Frauen bleiben sie nicht stehen. Ein Mann mit einem kleinen Kasten streicht durch die Reihen und verkauft Stromstöße: Der Kunde nimmt zwei Metallstücke in seine Hände und der Stromverkäufer erhöht per Kurbel die Dosis. Ein belebendes Kribbeln wandert durch den Körper. Bis es wehtut und man »aufhören« schreit. »Para el corazón«, sagt der Alte verschmitzt. Unsere müden Herzen stimulieren, das hat was.

Eine Dicke kommt mit ihrem Bauchladen herein, geht Richtung Klo. Ich kenne es, es ist winzig. Da wir uns in Kolumbien befinden, kann sie ihr Hab und Gut nicht unbeaufsichtigt abstellen, folglich muss alles hinein, Mensch und Ware: Bei bereits geöffneter Tür probiert die Frau verschiedene Körperhaltun-

28

gen, um über die Schwelle zu gelangen. Nicht einfach, besteht doch bei jeder Schieflage die Gefahr, dass 200 Kaugummis und Lutscher den Laden verlassen und zu Boden segeln. Aber irgendwann ist sie drin, mit dem Gestell auf dem Kopf. Denn anders kann sie ihr Geschäft nicht erledigen. Bliebe die Tür offen, dann sähe man jetzt ein drolliges Bild. Nach einiger Zeit kommt sie heraus, mit gelöstem Gesichtsausdruck. Bewundernswert.

Ein Mann setzt sich neben mich. Er hat ein Säckchen *Esmeraldas* dabei. Das ist nicht überraschend, in Bogotá stehen sie an vielen Ecken, um Schmuck anzubieten. Er fragt, ob ich ein paar Steine kaufen will. Als ich dankend ablehne, bietet er mir Kokain an, kiloweise. Ich frage Fidele, wie ich die Fracht in meinem Rucksack nach Frankreich schaffen soll. Das wäre kein Problem, viele seiner europäischen »amigos« wären sicher angekommen. Außerdem bräuchte ich es ja nicht selbst zu transportieren, ich könne eine »mula«, einen Esel, engagieren. So nennen sie hier die professionellen Drogenspediteure, die den Stoff als biedere Touristen verkleidet über den Atlantik schaffen. Jeden Tag, laut Fidele, verlassen knapp 200 Esel die kolumbianische Hauptstadt, Richtung Europa und USA. Was der umgängliche Dealer für sich behält: Zivilbeamte fliegen mit und observieren diskret die Fluggäste. Wer nichts isst, wird verdächtigt als einer, der den Magen schon voll hat. Mit Präservativen, drall von Rauschgift.

Ein Zeitungsverkäufer bringt *El Tiempo*, die weitverbreiteteste Zeitung des Landes. Seit Monaten, so steht da, haben Diebe ein neues Lieblingsobjekt. Nachts ziehen sie als (angebliche) Altpapier-Tandler durch die Straßen Bogotás und entfernen Kanaldeckel. Ein paar Schläge mit der Brechstange genügen, um sie aus der Verankerung zu lösen. Anschließend verstecken sie das Teil im vollgerümpelten Karren, peitschen das Pferd und jagen davon. Zum nächsten Deckel. Am Morgen wird das Diebesgut in einer Schmiede abgeliefert, wo sie den Beton weghauen, um an die 20 bis 25 Kilo Eisen ranzukommen. Zum Weiterverkauf an Gießereien. Ein Delikt mit bisweilen tödlichen Folgen. Weil Kinder in die jetzt offenen Kanallöcher fallen. In Kolumbien, so schreibt der Journalist, klauen sie alles, auch das, was niet- und nagelfest ist. Die Stadt hat deshalb eine Kampagne gestartet: »Nein zum Raub von Kanaldeckeln!« Der Leser solcher Nachrichten müsste eigentlich bestürzt sein. Aber irgendwie funktioniert das nicht, man will grinsen, kann gar nicht anders, als sich (auch) darüber zu amüsieren.

Diese unheimlichen Gegensätze. Morgens aufwachen und den Armee-Sender hören, der immer wieder in die Verstecke der Terroristen ruft, um die Jungen dort – auch sie oft von der FARC zwangsrekrutiert – zur Umkehr zu bewegen. Als Lockmittel werden eine berufliche Ausbildung versprochen, Überbrückungsgeld sowie aktive Hilfe bei einem beruflichen Neustart. Nur wer nachweislich Blut an den Händen hat, soll vor Gericht. Der Verteidigungsminister wird heute interviewt, er verspricht jedem den Tod, der mit dem Töten nicht aufhört.

Jetzt das Glück. Das Bett verlassen, auf die Straße treten und sogleich ahnen, dass in Minuten eine schier unerklärbare Lebensfreude ausbrechen wird. Weil man um die Ecke biegt, mitten auf die Morgensonne zugeht, von einem fliegenden Händler eine Zeitung kauft, schon das Aroma eines kolumbianischen Kaffees riecht und sich immer – nur noch Schritte entfernt – darauf verlassen kann, dass Señora Jenny jeden mit heiterer Freundlichkeit bewirten wird, der ihr Lokal betritt. Und weil bald jeden bezaubernde Geschöpfe umzingeln, die hier ebenfalls frühstücken. Es stimmt also, was die Kolumbianer, die Angeber, behaupten: dass die betörendsten Frauen Südamerikas ihr Land bevölkern. Das ist eine Gnade, das ist ein Fluch. Der Stoßseufzer von Gabriel García Márquez legt Zeugnis davon ab. Auf die Frage, warum er schreibe, antwortete er kleinlaut: »Um schönen Frauen näherzukommen.«

Zum Busbahnhof, eine lange Fahrt durch eine Stadt, die nie einen Schönheitspreis gewinnen wird. Ich will weiter nach Medellín, aber alle Plätze sind ausverkauft. Nur noch Tickets für eine Nachtfahrt gibt es. Doch die will keiner, denn jeder will nach neun Stunden ankommen und nicht erst – da auf der Strecke entführt – nach einem fünfjährigen Zwischenstopp im Urwald. Rund um die Uhr von Maschinenpistolen bewacht. Das Sicherheitspersonal verteilt an den Schaltern Zettel, auf denen Vorsichtsmaßnahmen aufgelistet sind, um der Gefahr einer Geiselnahme zu entgehen: Nur tagsüber fahren, nicht unnötig anhalten, keine Fremden mitnehmen, nur bekannte Busunternehmen benutzen. Ich kaufe ein Ticket für einen Fensterplatz für morgen früh. Ich versuche immer tagsüber zu reisen. Auch in friedlicheren Gegenden. Ich will das Land sehen, will es ununterbrochen anschauen.

Unser Sicherheitsbedürfnis ist ein zweischneidiges Schwert. Natürlich ist jeder dankbar, dass sein Leben nicht alle halbe Stunde bedroht wird. Anderseits: Wie viel entgeht uns, weil die Angst uns pausenlos züchtigt und schwächt? Das zeigt die erstaunliche Geschichte (und ich habe sie sinnigerweise hier erfahren) eines gewissen Bobby Leech, die uns darüber aufklärt, dass höchste Gefahren bestanden werden können und eine banale Geste den ewigen Tod beschert: Bobby war ein Haudegen, schloss sich 1911 in ein Fass ein und jagte die Niagarafälle hinunter. Und überlebte. Klar, verbeult, zerschunden, aber am Leben, bald schon wieder einsatzfähig. Jeder, der bereits neben dem Weltwunder stand, hat eine Ahnung, wie gering die Aussichten für den Wagehalsigen waren, heil davonzukommen. Aber die Story geht weiter. Jahre später wandert Mister Leech nach Neuseeland aus, wandert über eine Bananenschale, rutscht aus und bricht sich das Genick. Das ist selbstverständlich auch eine lustige Geschichte. Weil sie uns Mut macht und jeder Vorhersehbarkeit widerspricht, zweimal widerspricht. Auf überraschende Weise verringert sie unseren Angstpegel.

Auf der Fahrt zurück in die Stadt sitzt mir im Bus ein Ehepaar gegenüber. Unschwer zu erkennen, dass beide aus einfachsten Verhältnissen stammen. Auffallend auch hier das außergewöhnlich attraktive Gesicht der Frau. Seltsamerweise starrt ihr Mann sie nicht an, nicht bewundernd, nicht atemlos. Er sitzt und döst. Weiß er überhaupt, wie schön sie ist? Verwittern Frauen deshalb so schnell (und auf diesem Kontinent schneller als sonstwo), weil bald kein Bewunderer mehr sie bewundert? Weil aus der Göttin ein Haushaltsgerät wird, das ohne größeres Aufsehen zum (vielfachen) Brutkasten mutiert, zur Köchin und Wäscherin?

Ich erinnere mich an den Kommentar eines arabischen Freundes. Saïd sprach davon, dass der Schleier eine Art Todesurteil für die Frauen seines Landes bedeute. Weil keine Blicke, keine Männerblicke, mehr die Augen einer Frau träfen. Nichts in der Welt dränge mehr darauf, dass die Schöne schön bleibe. Der Schleier als Sargdeckel, der die Toten von den Lebenden scheidet.

Beim Mittagessen frage ich Rubi, die Bedienung, ob sie glücklich sei. Ja, sagt sie, aber nur zur Hälfte. Weil sie, die 17-Jährige, mit 16 ein Kind bekam und der Kindsvater davonlief. Eine langweiligere Geschichte kann man auf diesem Erdteil nicht finden.

Wie wird Rubi mit den restlichen fünfzig Prozent Glück umgehen? Vertraut man den Statistiken, wird sie bald auf das nächste Schlitzohr hereinfallen und sich schwängern lassen. Und wieder allein ins Krankenhaus fahren. Ich hätte nicht zu fragen brauchen: Natürlich hatte die Kindfrau beim ersten Mal keine Ahnung, wie ihr geschah, hat nie zuvor eine Zeile gehört oder gelesen über die biologischen Folgen eines Beischlafs. Der Kerl kam über sie und verduftete nach dem Deponieren seiner Männlichkeit. Irgendwann wurde ihr Bauch dick und jemand erzählte ihr, dass sie schwanger sei. So erfuhr Baby Rubi vom Wunder des Lebens. Prognose? Nichts leichter als das: Nach dem vierten oder fünften Säugling wird die Hübsche so erschöpft und formlos aussehen, dass sie vor weiteren Liebhabern, Söhnen und Töchtern sicher ist. Vor der Aussicht auf Glück wohl auch.

Nicht weit vom Arbeitsplatz des Teenies entfernt befindet sich die *Plaza Simón Bolívar*, das Zentrum der Stadt. Mit Rathaus, Kathedrale und Bischofssitz. Zurzeit steht dort eine zehn Meter hohe, heilige Maria, daneben der zehn Meter hohe, heilige Joseph, dazwischen das heilige Jesuskind, alle drei aus Draht, auf einer Drehbühne, von sechs blau leuchtenden Engeln bestrahlt. Ich frage und Rubi sagt: ja, sie glaube an die unbefleckte Empfängnis. Wie sie den Männern glaubt, die sie – um im katholischen Jargon zu bleiben – beflecken.

Wie soll eine Frau wie sie, die nie mit genug Weltwissen ausgerüstet wurde, sich wappnen gegen die Welt? Wie soll einer vom Fleck kommen, so verbarrikadiert hinter Gedanken aus finsteren Zeiten? Gestern fragte ich einen Sicherheitsbeamten, der vor dem Finanzministerium stand, wer denn schuld sei am Zustand des superreichen Kolumbiens. Und Sergio meinte (und ich werde noch viele Sergios treffen): »Quienes tienen cuello blanco«, jene, die einen weißen (Hemd-)Kragen tragen, die »Oberen«, die Politiker. Wie wahr, denn ein Teil der hiesigen Mandatsträger würde in anderen Staaten als Schwerverbrecher einsitzen. Und doch, wie halbwahr. Ein weiterer Grund (neben vielen anderen) ist die Verdummung durch Religion, die Impertinenz, mit der das Volk in einem Zustand infantiler Ignoranz gehalten wird. Eigenartigerweise werden die Jungfrau und der liebe Gott – und was wurden sie schon um Hilfe angefleht – nicht zur Rechenschaft gezogen, niemals. Ihre Gleichgültigkeit findet immer ein Nachsehen, sie stehen unverbrüchlich unter göttlicher Immunität. Umso eigenartiger, wenn man bedenkt, wie schnell das Volk an der Regierung verzweifelt, wie kurz die Frist ist, die man ihr einräumt, um die Zustände zu ändern, ja wie rabiat die Verurteilung ausfällt, wenn die Visionen auf der Strecke bleiben und kein Wort davon in Erfüllung geht.

Fahrt nach Medellín, nach fünf Minuten fragt der Beifahrer: »Película o música?«, Film oder Musik? Alle wollen einen Film, so sei es. Die ersten Einstellungen zeigen eine Liebesszene, an deren Ende der Liebhaber der Geliebten die Kehle durchschneidet. Man weiß also sofort, auf welchem Niveau sich das Werk befindet. In rascher Folge werden verschiedene Morde erledigt, dazwischen Gespräche, die keinem anderen Zweck dienen, als weitere Morde vorzubereiten. Das alles in Tornado-Lautstärke. Bei Leiche 37 habe ich aufgehört zu zählen. Ist der Leichenhaufen komplett, hört der Film auf, und die nächste DVD wird – immerhin erst nach drei Minuten Pause – eingelegt.

Steven Seagal tritt auf, der Hollywood-Schauspieler wurde vor Jahren als »incarnate Lama« geoutet. Genauso haben wir uns einen leibhaftigen Mönch aus Tibet vorzustellen: Morgens zur Friedensmeditation in den Tempel und für den Rest des Tages als Ballermann die Welt aufräumen. Und sich dabei filmen lassen. War zwischen sechs und acht Uhr früh »Om mani padne hum« sein Mantra, so heißt es ab sofort »fuck!« oder »fuck you!« oder »fuck yourself!«. Der Mann scheint der Lieblingskämpe der Südamerikaner zu sein, in jedem fünften Streifen tritt er auf. Weil er am vielseitigsten wütet? Weil er beidhändig totschießen, Schwerter in Bäuche rammen, per Handkante Brustkörbe eindellen, mit zwei Fersen Genicke brechen kann? Wo immer er aufkreuzt, nie gehen ihm die Rezepte zum Totschlagen aus. In seiner Nähe überleben nur wenige, die wenigen Guten, versteht sich. Die aktuellen 103 Minuten haben zwei klare Botschaften: Geld ist alles, und ausschließlich Töten führt zu seinem Besitz.

Das Volk will mehr, irgendwann flimmert die dritte Metzelei, *Las policías rebeldes*, die rebellischen Polizisten. Auch diese Story *made in USA*. Hier greifen gleich zwei Bimbos zur Selbstjustiz. Gnade uns Gott vor so viel Gerechtigkeit. Wer das als Kind sieht (zugelassen ab sechs Jahren), kann nur noch glauben: Die Welt ist ein Schlachthaus, und der einzige Weg, die dort anfallenden Probleme zu lösen, ist das Abschlachten anderer. Ich starre hin und merke plötzlich, dass ich heule. Ich lebe gerade in einer Welt, in der Zeitgenossen mit nichts anderem beschäftigt sind, als einander auszurotten und zu vernichten. Ich heule aus nackter Wut.

Viele der gezeigten Filme sind nicht synchronisiert. Sprache, gesprochene Sprache, scheint vollkommen belanglos. Zu Recht. Denn die Sprache der Genickschüsse und Folterszenen fordert keine kognitiven Fähigkeiten, keine Vorinformation, kein Wissen um Zusammenhänge. Sie muss nicht übersetzt werden, sie wird weltweit verstanden. Noch der letzte Hohlschädel kapiert, was gemeint ist, wenn einer dem andern das Gesicht zertrümmert. Ich bin sicher, keiner der hier Anwesenden könnte am Ende des Films den Plot der Geschichte erzählen. Es gibt ihn wohl nicht. Es gibt nur Männer und Frauen, die einander – lediglich unterbrochen von kurzen Pausen, in denen sie sich von ihrer mörderischen Vergangenheit erholen und sich auf die mörderische Zukunft vorbereiten – zäh und wie es scheint ohne jede Einsicht nach dem Leben trachten.

Doch irgendwann wird es auf makabre Weise witzig: Der Ton fällt aus. Was aber keinen hindert, hinzuschauen. Das ist der letzte Beweis, dass miteinander sprechen das Überflüssigste überhaupt ist, was diese Filme zu bieten haben. Was immer derjenige sagt, der kurz darauf zum Schweigen gebracht wird, hat keine Bedeutung. Er muss sterben, sprachmächtig oder sprachlos. Wir sind – und das ist die Überraschung – zum Stummfilm zurückgekehrt.

Nach den Bestialitäten aus Hollywood kommt ein kolumbianischer Film. Hier wird nicht weniger begabt massakriert. Nur nicht so raffiniert, so technisch hochgerüstet, so sophisticated. Dafür gibt es langatmige Vergewaltigungsszenen, Männercliquen in Hochstimmung, die reihenweise Frauen erniedrigen. Und sie nach Befriedigung ihrer Bedürfnisse totschießen. Oder russisches Roulette mit ihnen spielen. Demütigen und töten, man will brüllen vor Freude über so viel cinematographischen Einfallsreichtum. Fucking and killing, bravo!

Der Gedanke, dass ein Volk, das täglich von Gewalt oder von Nachrichten über Gewalt kujoniert wird, ein gewisses Bedürfnis nach einer anderen Welt verspürt, und wäre sie nur virtuell, dieser Gedanke ist falsch. Ich weiß keine Antwort auf dieses Phänomen, diese Lust auf inszenierte Blutrünstigkeit. Trägheit, Verrohung, die maßlose Gleichgültigkeit?

Ich warte auf den Tag, an dem irgendeinem Business-Vampir einfällt, die Unterhaltungspalette in kolumbianischen Bussen um einen weiteren Gag zu erweitern. Der wissenschaftliche Deckname, unter dem die Perfidie verkauft werden könnte, hieße dann »interkommunikativ«: Jeder Passagier bekommt eine Spielkonsole und kann jederzeit mitmorden, mitfoltern, mitficken. Oder ranzoomen oder die Todesschüsse und Todesschreie nochmals abspielen, sie vielleicht mit *special effects* bearbeiten, mit Hall, mit einem geilen Verzerrer. Er wäre dann mittendrin, mitten im Blut, mitten in der Erniedrigung. Aus einer passiven Kartoffel würde ein Mitmacher, ein Kommunikator, der mental behände an der Welt teilnimmt.

Die geistige Armut, sie scheint auch nach Überwindung wirtschaftlicher Armut zu bleiben. Hier im Bus sitzt kein bedürftiger Mensch, jeder ist sauber gekleidet, viele mit Mobiltelefonen, Spielsachen für die Kinder liegen herum. Aber die Armut im Kopf ist geblieben. Nicht *einer*, der liest oder neugierig durchs Fenster blickt oder sich mit seinem Nachbarn unterhält. Aber *alle* schlafen (mitten am Tag) oder glotzen.

Bin ich hier als erigierter Zeigefinger unterwegs? Mitnichten, bin nichts als ein einsames Würstchen, dem die Schädeldecke schwillt von den Zumutungen, die augenblicklich auf sie einhageln. Macht das aus mir einen besseren Menschen? Auch das nicht. Bin nur einer, der sich noch immer – warum nur? – verwunden lässt. Das ist unhip, ungeil und ziemlich anstrengend.

Irgendwann naht das Rettende. Mir fällt eine Radiosendung ein, die ich vor kurzem gehört habe. Ein Mann sprach von der Kunst des Glücklichseins. Sie bestünde (auch) darin, in Zeiten der Bedrängnis sich mit Hilfe der Phantasie der bedrängenden Gegenwart zu entziehen. Ich denke an das Zenkloster in Kyoto, in dem ich einst ein paar Monate gelebt habe. Höre wieder die ozeanische Stille, die dort im Meditationsraum herrschte, weiß plötzlich wieder, dass es noch Orte gibt, an denen keiner entwürdigt wird, keiner nach Rache grölt und keiner andere auslöscht.

Es kommt noch besser, Mittagspause am frühen Nachmittag. Ich sitze neben den Fahrern, harte Arbeiter, die Strecke wird oft von kontrollierenden Soldaten und heftigem Verkehr blockiert. Die Rast ist ein Geschenk, Blick von der Terrasse auf ein sagenhaft schönes Tal, saftig, geschwungen, die glücklichen Kühe. Als der Kaffee kommt, besteche ich mit meinen Zigarillos die beiden Männer. Für je drei Stück bekomme ich je eine Stunde Aufschub: Ich kaufe mir 180 Minuten Fahrtzeit, in denen keiner mir vormacht, wie man am coolsten seine Mitmenschen zu Tode bringt, ich besorge mir eine Schonfrist.

Kurz vor unserem Ziel steigt ein Junge zu und verkauft Zeitungen. In diesem Land herrschen Zustände, die für einen Fremden schier wahnwitzig klingen. Und witzig. Auf einer ganzen Seite Werbung begrüßt der Bürgermeister von Medellín die Besucher, preist seine Stadt und führt an erster Stelle die sinkende Kriminalstatistik an: »399 weniger Tote im vergangenen Jahr!«, ja, es gab sogar 13 Tage, an denen kein Mord stattfand! Man stelle sich vor, der Regierende Bürgermeister Klaus Wowereit lockt Touristen, indem er darauf verweist, dass in Berlin die letzten Monate ein paar Hundert weniger erschlagen und erdrosselt wurden.

Der Taxifahrer bringt mich zum Hotel *Romanza*, er meint, es wäre das Richtige für mich. Bald werde ich wissen warum. Zwischen Tür und Rahmen meines Zimmers sind zwei Metallstäbe geschraubt. Sie sollen verhindern, dass potenzielle Diebe das Holz wegstemmen, um so das Schloss aufzubrechen. Das beruhigt wenig, in diesem Land gehe ich jede Nacht mit meinem Geld, den Papieren und dem Mac schlafen. Körperwarm liegt alles an meiner Seite.

Überraschenderweise steht neben dem Bett ein schwarzes Gebilde, das wie ein Designer-Gynäkologenstuhl aussieht. Für einen Augenblick erkenne ich den Nutzen des Geräts nicht. Kein Sessel, keine Liege, was? Bis ich ins Bad gehe und aus dem Nebenraum ein lautes Stöhnen vernehme. Jetzt ein Flash im Kopf, der zweite Blick auf die schwarze Spinne erklärt alles: Eine (verstellbare) Liebesmaschinerie, um sich in den verschiedensten Verrenkungen ganz nah zu sein. Hoch lebe Kolumbien!

Tage in Medellín. Zweitgrößte Stadt, knapp drei Millionen Einwohner, Mitte des 16. Jahrhunderts von (vor allem) spanischen Juden gegründet, um der Verfolgung im eigenen Land zu entgehen. Keine elegante Metropole, die wenigen antiken Bauten, die noch stehen, sind längst glanzlos geworden im Wirrwarr moderner Bunker und Landschaften armseliger Blechbuden. Weltberüchtigt wurde die Stadt durch das *Medellín-Kartell*, den effizientesten Kokain-Großversand in der Geschichte der Menschheit. Berüchtigt auch die *sicarios*, die Motorrad-Killer: Einer lenkt und der Sozius knallt im Vorüberrauschen den Gegner über den Haufen. Das Mega-Unternehmen wurde inzwischen zerschlagen,

Schätzungen zufolge haben knapp 300 Mini-Kartelle das Hunderte-Millionen-Dollar-Business übernommen.

Und Medellín ist ein famoser Ort, hier unterzieht sich der Reisende einem Crashkurs zum Thema Südamerika. Nirgendwo begreift er intensiver diesen Kontinent.

Auf dem Weg ins Zentrum komme ich an der San-Francisco-Kirche vorbei, wie immer gehe ich hinein, will mir einbilden, dass die Nähe zu dem Italiener meine Liebesfähigkeit anspornt. Hinter dem Haupteingang hängt ein plastiküberzogener Christus am Kreuz. Ein Eisverkäufer – die schmutzige Kühlbox auf dem Rücken – steht gebückt davor, berührt mit der Rechten die »blutenden« Knie des Gekreuzigten. Der Mann steht lange, flüstert lange. Nichts anderes ist zu hören. Er ist vollkommen zugegen, betet vollkommen versunken zu einem Stück Holz. Bis er sich aufrichtet und hinaus auf die Straße tritt, langsam, mühselig.

Erst als er draußen ist, holt mich die Wucht des Bildes ein, die Wucht der Aussichtslosigkeit eines Eisverkäuferlebens in Medellín. Keine Chance, nicht auf Erden, nicht im Himmel. Nie wird er mehr als einen kargen Tageslohn nach Hause tragen, und nie wird er in den Himmel fahren. So betrügen ihn beide Seiten, das Diesseits und das Jenseits. Für einen Augenblick überlege ich, ob ich ihn einholen soll und mit ihm reden, ihm ausreden den Götzendienst. Aber was könnte ich ihm bieten? Nachdem ich ihn überzeugt habe, dass das Anfassen von folienverpackten Knien nicht weiterhilft. Würde er aufwachen und nach neuen Ufern Ausschau halten? Oder wäre er hinterher noch verlorener? Unbestritten beruhigt ihn das Versprechen auf göttliche Wiedergutmachung. Ist der gigantische Schwindel somit ein Akt der Menschlichkeit? Ich bin nur ratlos.

Ein paar Straßen weiter sitzen die Huren, lazy sunday morning. Sie pfeifen mich zu sich herüber. Die meisten Damen wirtschaften schon Jahre hier, ihre stämmigen Leiber zeugen von mangelnder Bewegung. Tamara greift fürsorglich nach meinem erotischen Epicenter, verschmitzt lächelnd, Subtext: »Du siehst, Junge, ich weiß, wie man euch behandelt.« Für ein paar Euro könnten wir uns beide im 20 Meter entfernten Hotelzimmer vergnügen, sagt sie. Ich bin ganz Gentleman und verschweige, dass ich auch bei freiem Eintritt zu keiner Sünde mit ihr zu bewegen wäre. Die Mädels bleiben gelassen, ihre gute Laune hat wohl damit zu tun, dass sie gerade mit der Frühschicht begonnen haben, sprich, die ersten fünf Nachtblauen in Kürze zum eiligen Kundendienst vorbeikommen werden. Einer von ihnen liegt bereits im nahen Straßengraben, bäuchlings und mit ausgebreiteten Armen, wie gekreuzigt. Kommt er zur Besinnung, so erklärt Tamara, wird er seine Pesos nachzählen und mit der erstaunlich fetten Gloria zu verhandeln beginnen.

Heute ist Sonntag, ich schlendere in die Kathedrale, um zwölf Uhr wird eine Messe gelesen. Ich setze mich und werde mit einer lehrreichen, ausgesprochen munteren Szene beschenkt: Ein paar Schritte entfernt steht ein Beichtstuhl, ohne Vorhang, man sieht beide, den Pfarrer und den Sünder. Nach der Beichte entfernt sich der Beichtvater zwei Schritte von seinem Sitz, schaut links, schaut rechts, schaut nach neuer Kundschaft. Bis eine Frau kommt, die beiden reden kurz miteinander, dann macht der Alte ein Zeichen, und sie verschwinden im schwarzen Gestühl. Im selben Augenblick schiebt sich das Bild einer Prostituierten vor meine Augen, die ich Minuten zuvor aus einem Stundenhotel treten sah, den Kopf nach beiden Seiten drehend, der wohl eindeutige Versuch, einen nächsten Johnnie zu angeln. Und der kommt, die beiden wechseln ein paar Sätze, sie nickt lässig mit dem Kopf, und die beiden ziehen sich zurück. Ich meckere vor Freude, als mir die frappante Ähnlichkeit der Szenen auffällt.

Wie arbeitsplatzfördernd, dass es die (angebliche) Sünde gibt und die (angebliche) Absolution. Nur 300 Meter Luftlinie liegen zwischen Carrera 53 und Beichtstuhl. Man stelle sich vor, es gäbe keine Nutten in diesem Land, Tausende von kolumbianischen Hochwürden wären arbeitslos. Die Fleischeslust ist ihr täglich Brot, ihr Arbeitgeber. Das Ärgste, was der katholischen Kirche passieren könnte, wäre eine sexlose Welt. Ist doch ihr Geifer über den Eros ihr Lebenselixier.

Auf einem Flug nach Panama habe ich vor fünf Jahren Luzmaría aus Medellín kennengelernt. Zart und leichtsinnig gingen wir während dieser zwei Stunden miteinander um. Ich rufe sie an, will wissen, was aus ihr geworden ist. Ob sie schön geblieben ist und weltwach. Beides hatte sie mir beim Abschied versprochen. Ja, sagt sie voller Freude, lass uns treffen. Sie scheint keineswegs überrascht über das plötzliche Auftauchen des Fremden. Als ich einhänge, weiß ich noch nicht, was auf mich zukommt: Ein Drama, und ein Mensch, der es unverzagt mit ihm aufnimmt.

Sie holt mich ab, kurze, herzliche Begrüßung in der Hotelhalle, draußen wartet ihr Schwager im Auto. Sie verströmt immer noch diese frauliche Wärme. Blass ist sie, ich nehme es wahr und denke nicht darüber nach. Wir fahren in einen wohlhabenden Stadtteil, vorbei an Metallzäunen und bewaffnetem Sicherheitspersonal. Hier steht das Haus ihrer Schwester, in dem auch Luzmaría wohnt.

Ich komme nicht zu Besuch, ich komme auf Staatsbesuch. So machen es die Kolumbianer mit jedem, den sie über ihre Schwelle lassen. Sie strahlen, sie jubeln, die betagte Mutter umarmt mich wie ihren Lieblingssohn, der Hund springt, während man sich niedersetzt, fährt jemand die erste Runde Speis und Trank auf. Gastfreundschaft kann zu einem frühen Tod führen, ich habe Glück, darf kurz davor den Tisch verlassen und mich mit Luzmaría zurückziehen. Wir finden ein Eck im Garten, ein Tisch und zwei Stühle stehen da, so könnte man das Paradies einrichten. Die Ruhe macht Mut, die Frau aus Medellín beginnt zu erzählen.

Vor einem Jahr erfuhr die 40-Jährige, dass sie an einer *Fallot-Tetralogie* leidet, einer – hundertfach verkürzt erklärt – Herzfehlbildung, die dafür verantwortlich ist, dass nur ein Teil des sauerstoffarmen Bluts in die Lunge gelangt. Um dort mit frischem Sauerstoff aufgeladen zu werden. Eine eher harmlose Konsequenz der Krankheit ist die »Blaufärbung« der Haut, daher Luzmarías blassblaues Gesicht. Die weniger harmlose Folge: Ersticken, immerhin die permanente Bedrohung.

Inzwischen sprechen die Ärzte in ihrem Fall von einem Rätsel. Denn diese Deformation kommt ausschließlich bei Babys und Kleinkindern vor. Und wird umgehend operiert. Bei Luzmarías »hohem« Alter wäre das viel komplizierter. Zudem scheint unerklärlich, wie sie so lange beschwerdefrei über die Runden kam. Nicht genug, die Lunge ist ebenfalls ein Desaster, auch sie soll raus, die eiskalte Diagnose: Ein anderes Herz und eine andere Lunge müssen in ihren Körper. Was jetzt noch schlägt und pumpt, ist nicht mehr zu reparieren.

Ihr Name steht seit dem Check-up auf der langen Liste jener, die ein fremdes Organ brauchen, nun, die Ex-Anlageberaterin braucht zwei. Kommt es zur Operation, wäre sie die erste dieser

Art in Kolumbien. Die eine gute Nachricht: Medellín ist bekannt für medizinische Meisterleistungen.

Die leichten Jahre, die Vor-Check-up-Jahre, sind vorbei. Jetzt kommen sie, die Erstickungsanfälle, sporadisch, plötzlich, jetzt hat sie ihr Leben radikal geändert. Luzmaría musste den Beruf aufgeben und Sicherheitsmaßnahmen treffen. Bis auf weiteres lebt sie nahe einer Sauerstoffflasche, die sie tagsüber nur bei Bedarf benutzt. Nachts ist sie an das Gerät angeschlossen, via Kanülen in der Nase. Prophylaktisch, denn schlafend kann sie nicht schnell genug reagieren auf etwaige Attacken. Und ein paar Minuten ohne Sauerstoff würden reichen, um nie wieder aufzuwachen. Deshalb wohnt sie auch nicht mehr allein, sie braucht die Nähe der anderen. Ist sie unterwegs, nimmt sie eine tragbare Flasche mit, die für fünf Stunden reicht. Ohne dass ich sie frage, sagt sie, dass sie glücklich sei. Sie habe inzwischen gelernt, Gedanken an die Zukunft auszublenden. Das gelänge nicht immer, dann sucht sie die Umgebung von Freunden, muss stark sein. Sterben will sie nicht.

Das wird ein langer Tag, Luzmaría berichtet von den letzten fünf Jahren, von jenem Tag an, an dem wir uns am Flughafen von Panama City verabschiedet haben. Die Liebelei mit mir hoch über den Wolken habe sie sich damals erlaubt, um die Angst vor einer Begegnung zu vertreiben. Jetzt erfahre ich, dass sie damals auf dem Weg zu einem Mann war, den sie über das Internet kennengelernt hatte. Einen Businessman, einen Gentleman, 20 Jahre älter als sie.

Die Zuneigung zu ihm ist so heftig, dass sie wiederkommt, zuletzt bei ihm bleibt und nach einer neuen Arbeitsstelle im fremden Land sucht. Aber nun wird der Ritter mürrisch, murrt über die Blicke jüngerer Männer auf die Schöne, will sie besitzen, will ihr eine Großfamilie anhängen und sie festketten mit einem halben Dutzend Kindern. Das geht nicht, Luzmaría muss packen, sie will lieben und treu sein, aber keine panamerikanische Mutterkuh werden. Sie kehrt zurück nach Medellín.

Ein US-Kubaner taucht auf, der ihr nicht gefällt. Aber der Ingenieur, der ein paar Monate hierher versetzt wurde, entwickelt Charme, ist höflich und aufmerksam. Die Liebe kommt. Sie folgt ihm nach Miami und landet wieder am falschen Ort. Die 10-jährige Tochter des allein erziehenden Vaters will keine andere Frau dulden. Das Mädchen ist bereits drogenabhängig, wie ihre (abwesende) Mutter. Sie erklärt der Fremden den Krieg. Luzmaría verliert ihn.

Zwei, drei andere Männer kamen noch, aber keiner von ihnen aufwendiger Worte wert. Der Latino wäre nun mal nicht ihre Blutgruppe, meint sie, zu possessiv, zu aggressiv, im Grunde ein Spießer, der die Frau noch immer da haben will, wo sie schon immer war: am Herd, im Wochenbett, an seiner Seite (wenn ihn ein Bedürfnis überkommt).

Frauen wie Luzmaría gehören hier wohl zu den einsameren Frauen. Weil sie in dieser Gesellschaft nicht mehr funktionieren, das virile Gehabe nicht ertragen, sich längst von den alten Spielregeln verabschiedet haben. Ja, sie redet von ihrer Dankbarkeit der Familie gegenüber, weiß aber zugleich, dass ein Meer von Untiefen sie voneinander trennt. Ein Blick zurück zum Einfamilienhäuschen erklärt alles. Die liebe Schwester in dickwollenen Leggins beim Staubsaugen auf der Terrasse, der bellende Pudel, der dicke Schwager beim Autowaschen, die bereits schwergewichtigen Kinder vor der dudelnden Glotze, die von keinem Buch verstellten Wände. Nur das platte Leben, kein Funken Geist, nie der Wunsch zu transzendieren.

Luzmaría zitiert einen Satz aus Milan Kunderas *Die unerträgliche Leichtigkeit des Seins*: »Er sah diese Wesen mit einem

Kopf, zwei Beinen und zwei Armen und fühlte sich so verschieden von ihnen.« Sie sagt sogar, dass ihr dieser Gedanke hochmütig erscheint, aber ihr dennoch gefällt. Denn er wäre wahr, unheimlich wahr.

Luzmaría überrascht. Meist erwartet man von Leuten, die in Todesgefahr schweben, dass sie den Versöhnten vorführen, den Allesverzeiher, den würdevollen Abkratzer. Nicht Luzmaría, sie spürt noch inniger ihre Einsamkeit. Die Möglichkeit, ihr Leben loszuwerden, macht sie empfindsamer denn je. Macht sie aber nicht gehässig, nicht schuldverteilend, sie scheint nur erstaunt, wie allein man im Kopf sein kann, wie weltverloren.

Ich streiche über ihren Unterarm, den schönen Unterarm einer schönen Frau. Sie sagt, seit jener Nacht nach der Diagnose habe sie aufgehört, mit einem Mann zu schlafen. Keine einfache Entscheidung, denn erotische Hingabe wäre ihr immer leichtgefallen. Warum dann? Wohl aus Rache, sagt sie lächelnd, denn ihr letzter Freund war kein Freund, nur ein Lügner. Und natürlich aus praktischen Gründen. Liebe würde erhitzen, nach immer mehr Sauerstoff verlangen. Und mit zwei dünnen Schläuchen in der Nase will sie keinen umschlingen.

Wir sitzen bis zum Abend im Garteneck. Spät bringen ihr Schwager und sie mich zurück in die Stadt, in die Carrera 45, wo mein Hotel steht. Als wir uns verabschieden, bin ich wie vor fünf Jahren der Beschenkte, der mehr bekam, als er daließ. Bis zuletzt verbiete ich mir, Luzmaría zu trösten. Sie würde jeden Trost zurückweisen. Ein seltsam tiefes Vertrauen in ihre Zukunft behütet sie. »Quiero vivir«, ich will leben, sagt sie noch, nicht scheu, eher fordernd, triumphierend.

Ich suche in dem schäbigen Viertel nach einem Restaurant. Kaum Autos geparkt, nur Taxis, in denen die Fahrer auf Kundschaft warten, oder Privatwagen, direkt vor der Kneipe abgestellt, immer in Sichtweite des Besitzers. Medellín hat viele Probleme, aber ein Parkplatz-Problem hat es nicht. Über Nacht lässt hier niemand unbewacht seinen Besitz auf der Straße.

Ich gehe ins *Turista*, der Patron hat Sinn für Ironie, denn hierher kommen keine Touristen. Zwei Männer laden mich zu einem Bier ein, ich lehne grinsend ab, nehme eine Meditationshaltung ein: gerader Rücken, ein Nasenloch zuhalten und durch das andere atmen. Die Geste als Entschuldigung, dass ich jetzt keinen Alkohol trinke, weil ich später still sitzen und mich konzentrieren will. Sie lachen und sagen, dass sie leider kein Kokain dabeihätten. Superbes Missverständnis.

Verschiedene Handelsvertreter ziehen an den Tischen vorbei, einer mit zwei Marienstatuen, einmal rosa, einmal blau. Bald darauf ein Mann mit einem Kreuz, plus hängendem Christus, über einen Meter lang. Er trägt ihn leicht, nicht gebückt, wie einer eben, der zufällig den Gottessohn im Gepäck hat. Bei Interessierten bleibt er stehen und erklärt, gut gelaunt und rauchend, die Verarbeitung. Erfolglos, die 40 000 Pesos (38 Euro) will keiner in die Devotionalie investieren.

Zeitungslektüre, in Kolumbien veröffentlichen Straftäter zu einem besonderen Zeitpunkt ihrer Zuchthauskarriere (nach fünf oder zehn oder 15 Jahren) Anzeigen, in denen sie um Verzeihung bitten. Viele Zuchthäusler, viele Anzeigen. Ein gewisser Enrique Sepulveda lässt heute ausrichten, dass »ich durch den Mord an Señora Amanda Olivero der Gesellschaft im Allgemeinen und der Familie im Besonderen Schaden zugefügt habe und ich das zutiefst bereue. Obwohl diese Reue kein Leben zurückbringt, bitte ich um Verzeihung, umso mehr, weil die letzten zehn Jahre aus mir einen anderen Menschen gemacht haben.«

Ich besuche einen, der keinen mehr um Vergebung bitten kann. Zudem müsste er monatelang jede Zeitung im Land anmieten, um sich bei allen seinen Opfern entschuldigen zu können. Ich fahre zum Friedhof Montesacro, hübsch über Medellín gelegen. Tausende Totschläger und Totgeschlagene liegen hier. Ein Leichenwagen kommt mir am Eingang entgegen, große Aufschrift: *VIDA*, Leben. Welches? Sicher das ewige.

Ich gehe zum Grab von Pablo Emilio Escobar Gaviria, viel pompöser als die Ruhestätten jener, die es dem ehemaligen »rey de la cocaína«, dem Kokainkönig, verdanken, dass sie hier früher als vorgesehen zu ihrer letzten Ruhe fanden. Pablo war der begabteste Drogen-Grossist und Massenmörder dieser Stadt, jahrelang wurde er von einer ganzen Polizei-Division gejagt. Bis sie ihn Ende 1993 via Kugelhagel niederstreckte.

Medellín ist wunderbar anders, ja satirisch, genährt von einem beinharten schwarzen Humor. Zwei Gärtner jäten gerade das Unkraut von Pablos schmucker Anlage, graben um, harken, wischen mit feuchtem Tuch über die Tafel (1.12.1949–2.12.1993), polieren das Relief mit den sieben Engelsköpfen.

Wir kommen ins Gespräch, Antonio arbeitet weiter und redet dabei, Ignacio hört auf, dreht sich einen Joint und pafft Marihuana-Ringe Richtung Sonne. Den beiden stinkt Kolumbien, allen voran die Politiker. Okay, einige versuchten sogar, den Sumpf zu verlassen, vergeblich, denn »la oligarquía«, die paar Hundert Allesbesitzer, verhinderten es. Weil es den Status quo in Frage stellen würde. Der Sumpf ist ihr Reich, wer ihn trockenlegen will, muss froh sein, wenn er seinen nächsten Geburtstag noch feiern darf. Antonio redet wie einer, der sich auskennt. Aufs Volk, die Habenichtse, legt er auch an, nimmt sich nicht aus: »Somos tontos«, wir sind Dummköpfe, er redet von der Ignoranz der großen Mehrheit, die nicht aufhört, auf die Versprechungen der Polit-Gangster hereinzufallen.

Ich frage nach Pablo Escobar und Antonio hält nichts zurück: Gut war der Böse auch, denn er habe Häuser für die Armen bauen lassen, Trinkwasser besorgt, Erste-Hilfe-Stationen eingerichtet. Freundlicherweise behält der Gärtner die Information für sich, dass »el Pablo santo« die guten Taten mit dem Geld der Rausch-gift-Leichen finanzierte, mit den Scheinen jener also, die er gut gelaunt in den Tod getrieben hatte. Auch wahr: Einen Teil der Unkosten deckte das Vermögen konkurrierender Bösewichter ab, die Pablo ebenfalls umstandslos aus dem Weg räumen ließ.

Antonio macht einen fidelen Eindruck, er mault zwar, aber das Gesicht bleibt entspannt. Ich frage ihn trotzdem, ob er ein glücklicher Mensch sei. Und die Antwort (das ist einer der Gründe, warum ich die Frage immer wieder stelle) fällt wie so oft poetisch aus: »Weil ich lebe.« Das ist ein verräterisches Eingeständnis, denn kurz zuvor hatte er behauptet, dass er an Gott und das Himmelreich glaube, in das alle Glaubensstarken hineindürfen. Antonios spirituelle Überzeugung ist ausgesprochen schwach. Warum so ein inniges Glück über die Anwesenheit auf Erden empfinden, wenn doch das Paradies um so vieles erfreulicher ist? Ganz einfach: Weil der 56-Jährige *nicht* glaubt, nur nachplappert und tief drinnen, vollkommen unbewusst, den Sprüchen misstraut. Er will leben, nicht sterben, nicht in den Himmel kommen. Wenigstens nicht vorzeitig.

Zurück fahre ich mit der vorbildlichen Metro, sauber, zuverlässig, rapid, überall Hinweise: »Zeigen Sie Drogenhändler und Laboratorien an!« Soldaten ziehen durch die Waggons, auf der

Suche nach (explosivem) Gepäck. 114 Vorschriften hat der Bürgermeister erlassen, um das korrekte Benutzen der U-Bahn zu garantieren. Leicht übertrieben, aber ein Diktat trägt zum Heil der Menschheit bei: »Gesang und Chöre verboten!« So bleibt die Metro der gnadenvolle Ort, wo kein Ghettoblaster plärrt, kein begnadet talentloser Gitarrist sein Instrument malträtiert, kein Ex-Bandleader und nebenberuflicher Schlagzeuger zur Solotournee durch die öffentlichen Verkehrsmittel aufbricht.

Ich brauche kolumbianisches Geld, kein leichtes Unterfangen, viele Banken wollen nicht wechseln, da zu viele Blüten im Land kursieren. Ich gehe in die Carrera 49, umtriebige Geschäftsstraße, links und rechts paradieren die Beinlosen und Pesolosen. Ich finde ein Geldinstitut, harmlos fängt es an: eine Nummer ziehen, warten, lange warten, drankommen, den Pass und die Euro übergeben. Und jetzt beginnt der Wahn: Die Angestellte prüft ausführlich alle Stempel aller Länder, schreibt alles ab, blättert intensiv im herbeigeholten Telefonbuch, da ich die Nummer meines Hotels nicht weiß, ich notiere – auf Wunsch – nochmals die Passnummer und unterschreibe sie (!), bestätige, dass ich sie persönlich hingeschrieben habe. Wir haben sogar noch einen heiteren Moment, da mich Señora Gutiérrez fragt, ob ich verheiratet sei, und mich bittet, wenn ja, den Vornamen meiner Frau anzugeben. Ich bestätige mit »sí«, ich bin verheiratet, und meine Gattin nennt sich »Libertad«, Freiheit, und ihr hätte ich ewige Treue geschworen. Ich höre das Kichern hinter mir, der kleine Spaß kommt gut an, umso besser, als in der spanischen Sprache das Wort *esposa* zwei Bedeutungen hat: Ehefrau und Handschelle.

Hinterher ist der Humor dahin, jetzt wird der Fingerabdruck eingefordert. Nach der vierten Aufforderung, die Prozedur noch einmal durchzuführen, holt mich der Zorn ein und ich frage, ob das Ergebnis noch immer nicht dem Gesetz 3287, Dekret 18A, Klausel 477 zur makellosen Herstellung eines ausländischen Fingerabdrucks entspricht. Ein anderer Bankmensch eilt an meine Seite und will mir zeigen, wie man den inzwischen rußschwarzen (rechten) Zeigefinger korrekt auf ein Stück Papier drückt. Jetzt muss ich laut reden und will vor versammelter Mannschaft wissen, ob wir uns hier in einer Irrenanstalt befinden, die augenblicklich auf Vollbeschäftigung trainiert. Ich bringe 300 lausige Euro hierher, mein Pass wurde inzwischen per Hand und per Maschine kopiert, die Scheine elektronisch für echt befunden, nebenbei habe ich zwei Dutzend Fragen anstandslos beantwortet, und wir führen uns auf, als wäre ich mit fünf Hutschachteln voller Dollarbündel angekommen, als stünde hier jemand mit aufgepapptem Schnauzbart, den Wurstfingern eines Pablo Escobar und dem schlecht sitzenden Glasauge eines brasilianischen Zuhälters. Warum kein Gipsabdruck von meinem linken Fuß? Warum keine Nacktaufnahmen von jedem Kunden, immer auf der Suche nach besonderen Merkmalen?

Während der wütenden Rede schiele ich nach hinten, registriere verhaltenes Kopfnicken, die Medelliner wissen, wovon ich gerade spreche. Die Wut hilft, das Personal hat inzwischen verstanden, dass hier kein Schaf herumsteht, sondern einer, der sich Gedanken darüber macht, wie andere mit ihm umgehen. Señora Gutiérrez schiebt die Banknoten rüber.

Draußen auf der Straße bin ich ohne Reue (nach manchen Auftritten bin ich das sehr wohl), im Gegenteil, bin froh, dass sich mein pädagogischer Eros geregt hat. »Don't fuck with me«, sagen sie in Amerika, halte mich nicht für schwachsinnig! Dafür nehme ich auch in Kauf, dass manche mich für den »hässlichen Fremden« halten. Aber einer muss anfangen, sich zu wehren. Auch auf die Gefahr hin, dass sich nichts ändert. Oder doch, vielleicht sinnieren die Bürokraten fünf Minuten darüber nach, was hier abgeht, vielleicht wächst einer über sich hinaus und macht dem Chef einen Vorschlag zur Vereinfachung des menschlichen Lebens vor einem Bankschalter.

Das Getue vom sanften Reisen. Reisen in diesen Landstrichen ist nicht sanft. Ich bin nicht rotzig, weil ich mich im Ausland befinde, ich bin es auch – bei gegebener Situation – als Inländer, auch in Deutschland, auch in Frankreich. Jeder sollte von seinem Recht Gebrauch machen, dazwischenzurufen, sobald der Verdacht aufkommt, hier ruiniert jemand anderer Leute Lebenszeit.

Guter Tag, lehrreicher Tag. Jetzt habe ich Geld, jetzt will ich frühstücken. Ich frage den Besitzer eines Cafés, ob ich hinterher sitzen bleiben kann, will arbeiten. Nein, kann ich nicht. Die Antwort kenne ich schon, in Kolumbien konsumiert man. Und räumt den Platz. Auch wenn Tische leer bleiben und keiner drängelt. Das Ansinnen, hier zu lesen, ja zu schreiben, klingt für hiesige Ohren absurd. Araber und – später – die Österreicher haben den wunderbaren Brauch erfunden, nicht für einen Kaffee bezahlen zu müssen, sondern fürs Sitzen, fürs Sitzenbleiben-Dürfen. Wie sagte der Pressesprecher von Harley Davidson: »Wir verkaufen den Leuten ein Lebensgefühl, das Motorrad geben wir ihnen gratis dazu.« Nicht anders in anständigen Kaffeehäusern, der Mokka kommt als Zugabe, denn wichtiger als das Getränk ist der wunderbare Ort, der zur Kommunikation einlädt, zum Sinnieren, zum Denken, zum Schauen.

Ich suche weiter und verirre mich, stehe plötzlich vor einem dreistöckigen Hotel, das den hübschen Namen *Gloria de su media naranja* trägt. Ich stehe fünf Sekunden und bin von fünf schönen, enorm großbusigen Frauen umgeben. Sie lächeln eindeutig, und jetzt lüftet sich das Geheimnis: Schöne Männer, schöne Männerhuren stehen hier, die den ersten operativen Teil der Geschlechtsumwandlung schon hinter sich haben. Natürlich bestürmen sie mich, wollen mich abschleppen zum fixen Sex. Das sind lustige Augenblicke, denn wie Betonpuffer spüre ich ihre Silikonbomben, die sie resolut – andere Visitenkarten haben sie nicht – gegen meinen Leib pressen.

Leicht derangiert entkomme ich, nach 200 Metern checke ich meinen Besitzstand. Das Gedränge war inszeniert, um nach meinen Habseligkeiten zu fingern. Sogar die Knöpfe an den Oberschenkeltaschen haben sie abgerissen. Ergebnislos, da für das Fummeln am Reißverschluss (Sicherheitsmaßnahme) keine Zeit mehr war. Immerhin räumten sie die beiden Hosentaschen aus, magere Beute, nur der Bankzettel mit der (für sie deprimierenden) Nachricht, dass ich gerade 300 Euro gewechselt habe. Und die Flohmarktuhr fehlt, Kaufpreis drei Dollar.

Am Ende der Carrera 49 befindet sich der Parque Bolívar, in der Mitte das Standbild des Helden, der die Spanier aus Südamerika vertrieben hat. Hier sitzen sie auf den Bänken, reden über die Welt. Andere blicken nur, einsame Teufel, denen keiner mehr etwas erzählt. Einer von ihnen hat sein Transistorradio neben sich stehen, in Plastik eingewickelt. Es rauscht gewaltig, kaum etwas zu verstehen. Aber das stört den Alten nicht, das Geräusch allein beruhigt ihn.

Die Unterhaltungsindustrie ist omnipräsent. Einer dreht die Standorgel, Verkäufer mit Lotterielosen ziehen vorbei, für ein paar Pesos misst ein schwer Atmender den Blutdruck der Passanten. Wir sind mitten in Medellín und es ist ununterbrochen friedlich.

Zwei Ecken weiter steht ein *Sala de Billares*. Schon der zufällige Blick vom Bürgersteig aus zieht hinein, denn eine solche Szene gibt es in Europa nicht, nicht mehr. Ein halbes Hundert Senioren spielen Billard, alle elegant gekleidet, Anzug oder Zweireiher, weiße oder hellblaue Hemden, alle eitel und mit dem gelassenen Gesichtsausdruck derjenigen, die wissen, dass sie gut aussehen. Hier treten fünfzig 70-Jährige den Beweis an, dass Eitelkeit schon immer ein probates Mittel war, um den Rückflug zu verlangsamen.

Nicht genug, die Herrschaften scheinen auf selige Weise bei der Sache. Das konzentrierte Einkreiden der Queue-Spitze, das entspannte Anlegen, die lässigen Schritte um den Tisch, das unaufgeregte Markieren der Siegerpunkte an der Tafel. Kein lautes Wort fällt, sie reden wie Profis, gedämpft, ein paar Lacher, keine Bewegung zu viel. Die Alten treibt einer der beneidenswertesten Zustände des Lebens an: der *Flow*, die vollkommene Hingabe an *eine* Beschäftigung. Eben nicht zappen, eben hängenbleiben und sich durch keine andere Versuchung bestechen lassen. Ein Hausierer geht durch die Reihen, er preist lautstark seine Spazierstöcke an. Keiner würdigt ihn eines Blickes. Jetzt spielen sie Billard, jetzt soll nichts anderes gelten. Sie führen sich auf wie Kinder.

Pablo Picasso: Es dauert verdammt lang, bis man jung wird.

Plötzlich fällt mir ein Ort ein, wo ich essen, sitzen, rauchen, lesen und schreiben darf. Das sind fünf harmlose Tätigkeiten, und man glaubt nicht, welche Anstrengungen unternommen werden müssen, um sie ausüben zu dürfen. Aber der weite Weg dorthin lohnt, denn am helllichten Tag werde ich Zeuge einer Tat, von der ich jahrzehntelang habe reden hören, die ich aber nie gesehen habe. Jetzt bin ich dabei, als Kronzeuge, nur sieben Schritte entfernt: Ein Kolumbianer geht an einer Kolumbianerin vorbei und … tätschelt ihren Hintern. Die Frau dreht sich um und nennt den Grabscher einen »hijoputa«, der Hurensohn geht kichernd weiter.

Ich gestehe, dass die Freude, es einmal im Leben leibhaftig gesehen zu haben, stärker ist als meine Empörung. Seriöse Frauenversteher hätten jetzt Anlass, einen Absatz über die Abscheulichkeit der Tat zu verfassen. Klar, der Kerl ist ein Kümmerling, aber die Geste ist auch der Beweis dafür, welche Hilflosigkeit weibliche Pracht auslöst. Ein Hintern geht vorbei und Hände zucken. Die Macht der Schönen über (uns) Männer ist beängstigend.

Kurz vor dem Ziel höre ich jemanden »Andrés!« schreien, ich drehe mich um und sehe Mario am Eck stehen, den Bettler, mit dem ich gestern gesprochen habe. Ich frage ihn verwundert:

– Wie kannst du mich erkennen, vor 24 Stunden warst du noch blind?

– Ja ja, das stimmt schon, aber heute bin ich als Taubstummer unterwegs, es gibt schon zu viele Blinde in der Gegend.

– Aber dann kannst du doch nicht schreien?

– Mann, bist du kompliziert, wir sind in Kolumbien, so genau will es hier keiner wissen.

Natürlich fällt wieder was ab für Mario, Gerissene müssen belohnt werden.

Das Hotel *Nutibara* ist der rechte Ort, um die Terrasse hat die Direktion eine Hecke hochziehen lassen. Um beide Seiten auseinanderzuhalten, die Gäste und die Habenichtse, die auf dem Trottoir davor auf und ab defilieren. Deshalb ist der Kaffee hier auch teurer. Um das Wohlbefinden der Anwesenden mitzufinanzieren.

Beschwingter Nachmittag, sogar die frischen Zeitungen kommen, ein Artikel verschafft schallendes Gelächter. Google legt seinen letzten Jahresbericht vor. Nicht der Tsunami, nicht Saddam Hussein, nicht Afghanistan, nicht George Bush, nicht bin Laden, nicht Hurrikan Katrina, nicht Harry Potter, nein, die Albereien aus der Welt der Celebrities lagen an der Spitze der Anfragen: Angela Jolie schwanger? Hat Brad Pitt schon die Hochzeitsringe gekauft? Was sagt Jennifer Aniston dazu? Und stimmt es, dass ihr Schönheitsgeheimnis viel Wasser und Schlaf ist? Kriselt es wieder zwischen Guy Ritchie und Madonna? Wie heißt die neue Flamme von Jennifer Lopez? Mag sie jetzt Blonde? Ist die Nase von Michael Jackson wirklich aus Wachs? Wann funkte es tatsächlich zum ersten Mal zwischen Charles und Camilla? Hat der Königssohn wörtlich gesagt, dass er gern der Tampon in ihr wäre? Ja, braucht Camilla überhaupt noch Tampons? Und Tom Cruise? Noch immer Sehnsucht nach Penelope? Oder ist es jetzt ernst mit Katie Holmes? Oder alles Superlüge, da Tom superschwul? Und Nicole Kidmann? Wird sie nun Country-Jodler Keith Urban ehelichen? In Australien oder auf den Bahamas? Und ist es wahr, dass ihr eine Kartenhexe das Geheimnis der Liebe verraten hat: nie voneinander Abschied nehmen, ohne sich einen Kuss zu geben. Auf dass die Liebe nimmer entschwinde?

Mir fällt der Schweizer Journalist und Borderliner Tom Kummer ein, der vor ein paar Jahren durch besonders kluge Interviews mit Hollywood-Berühmtheiten auffiel. Leider waren sie alle erfunden. Ich erinnere mich noch an die Entrüstungswelle der moralisch Tadellosen, die damals durch die Presse ging. Ich war eher erfreut, sofort auf Kummers Seite. Er hat wohl geahnt, dass ein Originaltext mit Damen und Herren wie Pamela Anderson und Bruce Willis nur grämliche Langeweile auslösen würde. Haben wir doch dergleichen Flachköpfigkeiten schon zu oft lesen müssen. Kummer hat also geschrieben, was Pamela und Bruce gesagt hätten, hätten sie was zu sagen. Er hat sie geistig geliftet, sozusagen eine Schönheitsoperation am Hirn vorgenommen. Damit tat er allen gut, den Stars und den Lesern.

Mit dem Taxi zum Hotel. Fahrer Ramiro meint, es wäre eine gute Idee, zu dieser Uhrzeit nicht zu Fuß unterwegs zu sein. Vernünftiger Satz, denkt man. Bis uns ein Wagen überholt, scharf vor uns bremst, wir scharf bremsen, vier Muskulöse mit je einer Knarre aussteigen, auf uns zurennen, sich ducken, um zu sehen, wer im Taxi sitzt, und – ich altere gerade um Jahre – »¡pasen, pasen!«, weiter, weiter, schreien. Als ich zurückblicke, sehe ich einen fünften Mann aussteigen, einen Unbewaffneten, einen Eleganten. Ramiro klärt mich auf. Hier wohnt wahrscheinlich ein Politiker, das Quartett ist seine Leibwache. Wir kamen im falschen Moment vorbei, das ist alles. Ich merke plötzlich, dass ich lautlos atme, ziemlich lautlos. Für ein oder zwei Sekunden dachte ich, hier hört die Reise auf, in der Calle 51. Ich erhole mich schnell, als glücklicherer Mensch komme ich an.

Nun, die letzte Nacht in Medellín bleibt dornenvoll, eine Freitagnacht, kein gutes Datum, um zu entspannen. Unten in der Halle des Hotels hängt ein Poster mit den *Zehn Gründen, Liebe zu machen* (Punkt 5: »... lindert die Arthritis«). Die Lektüre hätte mich stutzig machen müssen. Als ich um 23 Uhr die Treppen hochsteige, wird bereits auf sechs Stockwerken geliebt. Kolumbianische Frauen sind mit einem außerordentlichen Mitteilungsbedürfnis über den jeweiligen Grad ihrer Erregung gesegnet. Da den meisten Beteiligten der Lärmpegel noch immer nicht reicht, läuft im Hintergrund der Pornokanal. Wo ebenfalls Frauen auftreten, die nichts zurückhalten. Zudem will ich mir einbilden, dass im Nebenzimmer die Inbetriebnahme des Gynäkologenstuhls gerade vonstatten geht.

Ich habe volles Verständnis, die Jungen wohnen noch bei den Eltern, am Wochenende wird aushäusig gefeiert. Trotzdem, anderen beim Aufbauen von Spielsachen zuzuhören, die zur Maximierung sinnlicher Nähe beitragen, ist eine Zumutung. Unglaublich, wie oft Reisen in den Zustand von Einsamkeit versetzt.

Ab zwei Uhr nachts höre ich *Radio Caracol*, der auf FM 100.9 *Las voces del secuestro*, die Stimmen der Entführung, ausstrahlt, jene Sendung, in der die Angehörigen zu ihren Vätern, Müttern, Söhnen und Töchtern sprechen, die irgendwo im Dschungel darben, als Geiseln von den Terrorgruppen bewacht. Sprechen drauflos, um Mut zu machen und ihnen das Gefühl zu vermitteln, dass sie nicht vergessen sind, nicht aufgegeben, nicht hilflos ihrem Schicksal überlassen. Es gibt nur Monologe, die Opfer antworten nie. Sind ihre Schinder schlechter Laune, dann gibt es Radioentzug, dann dürfen die Geschundenen nicht einmal zuhören.

Kolumbien ist ein intensives Land. In einem Hotelbett liegen, aus allen vier Himmelsrichtungen Lustschreie vernehmen und gleichzeitig von Menschen erfahren, die seit fünf, zehn Jahren in feuchten Baracken siechen, es gibt nicht viele Länder, in denen sich solch spektakuläre Extreme gleichzeitig ereignen.

Am Morgen herzlicher Abschied von Arturo, dem Nachtportier. Wir schlossen sofort Freundschaft, denn er war der erste Kolumbianer, den ich beim Lesen eines Buches erwischt hatte. Wann immer ich an seinem Glashäuschen vorbeikam, schmökerte er. Vor dem Auseinandergehen beschenkt er mich gleich zweimal: Ich suche in der Hosentasche nach dem Zimmerschlüssel, finde ihn nicht, behaupte aber, dass ich ihn garantiert eingesteckt hätte. Worauf Arturo kommentiert: »Hast ihn wohl platonisch (»platonicamente«) eingesteckt«, sprich, nur virtuell, nur im Kopf. Welch Freude, hier sitzt einer und weiß von Europa, von der Wiege Europas, von Platon. Und richtig, der Schlüssel liegt noch immer auf dem Bett. Mit der Rechnung reicht mir Arturo einen gefalteten Zeitungsausschnitt, sein zweites Geschenk, grinsend erklärt er: »Du hast mich einmal gefragt, warum ich Bücher liebe. Und ich habe geantwortet, dass ich nach einer Antwort suchen werde. Hier ist sie.« Ich öffne und lese den rot unterstrichenen Satz des spanischen Philosophen und Schriftstellers Fernando Savater (der sich gerade in Kolumbien aufhält): »Die Nichtleser werden nie verstehen, dass eine Bibliothek wie eine Apotheke wirkt, in der Medikamente für die Seele bereitstehen.«

Ach, Kolumbien. Draußen vor der Tür stolpere ich über einen versifften Mann, der quer liegt, haarscharf links vom Ausgang. Verschorfte Haut, offene Wunden an beiden Handrücken, der rechte Zeigefinger fehlt (wie sich herausstellt, hat er ihn aufgegessen), er riecht wie frisch einer Müllkippe entstiegen. Neben ihm steht eine Frau, die ihm einen Becher Kaffee und einen Sandwich reicht. Sie reden miteinander, ganz offensichtlich ist Eduardo geisteskrank.

Als sie weggeht, spreche ich sie an. Señora Pérez kümmert sich um die Bettler in dem Viertel. Ich frage nach dem Beweggrund, sie sagt: »Ich habe gesündigt, ich habe meinen Mann betrogen. Und ich habe bereut. Und damit mir Gott verzeiht, helfe ich den Armen.« Was für ein bigotter Sums, sie hilft nicht, weil da ein armer Teufel im eigenen Kot liegt, sie hilft, damit ihr ein Herrgott eine außereheliche Vögelei nachsieht. Logischerweise erwähnt sie auch nicht den Gatten und seine Bereitschaft, ihr die »Sünde« zu erlassen. Zuletzt kommt ein noch dümmerer Satz: »Wir sind alle gleich vor Gott.« Ganz offensichtlich nicht, denn wir beide haben es gut, wir fressen uns nicht die Gliedmaßen vom Leib und liegen nicht stinkend wie räudige Hunde auf dem Trottoir. Wütend drehe ich mich ab. Wie mich dieses spirituelle Blech nervt.

Als ich ins Taxi steige, fällt mir Elke Heidenreich ein. Sie schrieb vor Jahren eine Kritik über eines meiner Bücher, in einem Fax hatte sie noch erwähnt, dass sie nicht mehr in die »Dritte Welt« reise, denn sie halte den Blick auf das Elend nicht mehr aus, auch nicht das Wissen, dass nichts sich ändert. Kein schlechtes Argument.

Mit dem Bus nach Cali, ich bekomme einen Fensterplatz, freundliches Geplauder mit dem Nachbarn. Sobald der Fernseher losgeht, schaue ich die Welt an und er schließt die Augen. Wir kommen gut miteinander aus.

Zeitungslektüre. In Tunja, kleine Großstadt nördlich von Bogotá, versucht der Bürgermeister an öffentlichen Plätzen Automaten aufzustellen, wo man Kondome kaufen kann. Um die kolumbianischen Rekordzahlen minderjähriger Mütter zu senken. »Das ist ein Akt des Teufels«, predigt der zuständige Klerus. Was? 12-Jährige schwängern? Nein, das Verhindern der Tat. Das Unheimliche an der Dummheit ist ihre Grenzenlosigkeit. Im selben Artikel wird von einer 11-Jährigen berichtet, die sich gerade auf die Geburt ihres zweiten (!) Kindes vorbereitet.

Wieder die Soldaten-Kolonnen entlang der Panamericana. Präsident Uribe hat das Militärbudget massiv erhöht, um die innere Sicherheit zu verbessern. Das ist ihm gelungen, auf die Hauptstraßen trauen sich die Terroristen nicht mehr, der viele Verkehr, die vielen Truppen schrecken sie ab. Selbstverständlich werden auch die Mautstellen bewacht. Wer versucht, ohne Bezahlung durchzufahren, muss – so steht es geschrieben – »zehn Löhne Strafe zahlen«.

Nach neun Stunden ankommen. Ich finde ein passables Bett, eine leichte Brise zieht durch die Straßen. Ein erstes Streunen durch eine fremde Stadt erhöht wie immer die Zahl der Glückshormone. Cali ist eine Spur kleiner als Medellín, aber als unruhiges Pflaster mit 24-stündigem Drogenanschluss fast ebenso berühmt. Als berühmter gelten jedoch, obwohl unbewaffnet – sagen wir, anders bewaffnet –, die *caleñas*, die Frauen von Cali. Die hiesigen Männer haben sie zu den Schönsten erkoren (auch zu den Schönsten Kolumbiens), und kein Fremder wird je widersprechen. Wer an ihnen vorbeigeht, muss leiden. Weil dieser Augenblick an die Ungerechtigkeit der Welt erinnert.

Ich gehe in eine Kneipe, über deren Tür der Wirt eingravieren ließ: »Ich mag Leute, die vibrieren.« Die mag ich auch. Aber kaum sitze ich, nähert sich jemand meinem Tisch, der den Satz wohl überlesen hat. Da der Mann obstinat englisch spricht, sprechen wir englisch. (Hinterher wird mir klar, dass die Fremdsprache seine Geschichte »bezeugen« sollte.) Señor Christian kommt auf Krücken und setzt sich. Er ist willkommen, in seinem ramponierten Gesicht stehen hundert Geschichten. Stillschweigend einigen wir uns auf folgenden Warenaustausch: Ich lade ihn zum Essen ein, er zahlt mit Worten.

Vor vier Monaten und 13 Tagen kam der 46-Jährige zurück in sein Land, in Handschellen und Fußketten. So bestückt hatten ihn Agenten des FBI von Los Angeles nach Bogotá verfrachtet. Per Flugzeug. Vor zwölf Jahren wurde Christian T. in Kalifornien zu 22 Jahren Haft verurteilt, wegen guter Führung jedoch früher entlassen. Die Untat: Auf dem Highway One mit 35 Kilo Kokain im Kofferraum erwischt, die Flucht angetreten und dabei die beiden Polizisten beschossen, keinen verletzt. Während des Verhörs (nach seiner Ankunft) bei der DAS, dem berüchtigten Drogendezernat Kolumbiens, plündern sie ihm seine 144 Monatsgehälter. Als freier und bankrotter Mann verlässt er den Flughafen.

Seine amerikanische Frau hat der dreifache Vater in den Staaten zurückgelassen. Sie mag ihn noch immer, glaubt er, auch verdient sie ihren eigenen Lebensunterhalt. So wäre nichts einfacher, als sie zu kontaktieren, per Telefon, per Brief, per Internet. Aber das Allereinfachste hat der Ex-Zuchthäusler inzwischen verlernt. Seine Hüften wackeln, die zwei Polizisten haben zurückgefeuert und mehrmals getroffen. Deshalb auch die Krücken. Und seine »guts«, so sagt er, seine Eingeweide, sein Mumm wackeln auch. Nichts stachelt ihn an. Ich sitze gerade vor einem Erwachsenen, der einst ein umsichtiger, gewaltbereiter Dealer war und sich heute außerstande sieht, einen Telefonhörer in die Hand zu nehmen und ein R-Gespräch anzumelden. Wie zum Beweis seiner Verfassung nimmt er meine rechte Hand und führt sie über die unbedeckten Einschusslöcher, entlang dem Beckenrand.

Seltsam, welch intime Nähe bisweilen zwischen Fremden entstehen kann. Nach einer halben Stunde fühlt einer die nackte Haut eines anderen. Es hat wohl mit der Dramatik von Christians Existenz zu tun, sie schafft diese Vertrautheit.

Nach dem Essen, beim Genießen der Zigarillos, die er wegraucht wie jemand, der lange darauf verzichten musste, frage ich ihn, wer Schuld hat am Zustand seines Landes, seines Lebens. Und der Wacklige: »Nosotros, yo«, wir, ich. Tapfere Antwort. Weil er sich und das Volk nicht herausredet, weil er die Wirklichkeit nicht ausblendet und sich nicht hinter Sündenböcken verschanzt.

Die Calle 5 entlang, Bars, Spielhöllen, Lotteriebuden. Ich gehe in einen riesigen Saal, in dem über 300 Leute Bingo spielen. Ein Paar mit zwei Kindern lädt mich an seinen Tisch. Endlich, denke ich, bin ich bei häuslichen Verhältnissen angekommen, alles adrett hier, jetzt brechen die Familienwerte aus. Aber wir sind in Kolumbien, und die folgende Geschichte soll zeigen, in welchem Ausmaß die Droge Kokain dieses Land zuschanden macht.

Myriam, die schwarze, gewaltig dicke Mutter der zwei Töchter, ist eine leutselige Frau. Umso leutseliger, als sich ihr Begleiter, ein »guter Freund«, bald verabschiedet. Sie kommt zur Sache. Vor 13 Jahren wurde ihr Mann, ein Bulle, erschossen. Bei einer Drogenrazzia. Später erfährt sie (über Umwege), dass er selbst am Handel beteiligt war. Die »Narcos«, die Geschäftsfreunde des Polizisten, hatten sich bei ihr gemeldet. Nach seinem Tod. Um sie auszuhorchen, was sie weiß, was nicht. Sie wusste nichts, ahnte aber etwas. Wenn sie früher bei ihrem Polizisten-Gatten nachfragte, flogen die Fäuste. Damit das Ahnen aufhört. Myriam bekommt heute eine Witwenrente, der Staat tut, als wäre ihm die kriminelle Freizeitbeschäftigung des Ordnungshüters entgangen. Eine gehörige Heuchelei, aber der Ruf der Beamten soll in der Öffentlichkeit nicht noch tiefer sinken.

Als ich Myriam zu einem Kaffee einlade, lehnt sie ab, sagt todernst, dass sie nie Kaffee trinke. Denn je mehr sie davon konsumiere, umso schwärzer (sie ist bereits pechschwarz) würde ihre Haut.

63

Dieser kleine Irrsinn, den jeder mit sich herumträgt, er ist mir sehr nah.

Auf dem Weg nach draußen komme ich an einer Zeitung vorbei, die auf einem der Tische liegt. Die Überschrift nehme ich noch mit, auch sie strahlt etwas Irres aus, Thema Verbrechensstatistik: »Im Vergleich zum Vorjahr haben es pro Tag durchschnittlich zwölf Personen mehr geschafft, nicht ermordet zu werden.« Man erschrickt nicht, wenn man das liest, man schmunzelt. Weil man es irgendwie nicht glaubt.

Tage in Cali. Schwierige Nacht, ich bin umzingelt von Zimmern, in denen Stühle umfallen und Lampen zu Boden gehen. Die Geräusche sind eindeutig. Ich vermute Betrunkene, die jede Orientierung verloren haben.

Am Morgen sehe ich Blinde im Frühstücksraum sitzen. Ich erkundige mich an der Rezeption, und der Verdacht wird bestätigt. Sie wohnen alle auf meinem Stockwerk, alle stocknüchtern, aber in ungewohnter Umgebung. Ich frage die Gruppe – über 20 Personen –, warum sie nach Cali kamen. »Zum Fußballspielen«, rufen sie, vergnügt und voller Vorfreude. Blinde spielen Fußball, na klar, dümmer kann man nicht fragen, nichts scheint offensichtlicher. Ich lasse mir die Adresse des Austragungsortes geben, das will ich sehen. Um 15 Uhr werden sie antreten.

Streunen. Ein Schuhputzer sieht mich, ruft mich mit einem Kompliment zu seinem Stuhl: »Siéntese, bien elegante«, setzen Sie sich, Eleganter. Jairo ist ein Verschönerer, nebenbei noch Fußmasseur und Unterhalter. Wie seine Kollegen, die lässig rauchend auf Klienten warten. Sie leben in einer anderen Welt, sie haben die Armut und die Leichtigkeit, wir Weißen haben das Geld und die Schwermut.

Mit den strahlenden Stiefeln setze ich mich in ein Eck der Calle 13 und warte. Stände werden aufgebaut, manche haben nur einen Karton, auf dem die Ware liegt. Ich bin ohne Ziel und Kolumbien schenkt mir einen schönen Alten, der mit einer Hutschachtel an mir vorbeigeht.

Vielleicht besteht das einzige Talent eines Reporters darin, dass er im rechten Augenblick auf jene Person zugeht, die was zu erzählen weiß: eine Wehklage, einen Höhenflug, einen poetischen Satz.

Rafael, der schöne 68-Jährige, ist momentan mit einer Hose unterwegs (in der Schachtel), schon seit gestern auf der Suche nach einem Kunden, der sie haben will. Wir verschieben die Suche und gehen frühstücken, sein erstes, mein zweites. Sogleich berichtet der ambulante Schneider von Laura, seiner Exfrau. Ich frage ihn nichts, er fängt damit an, umgehend. Die Erinnerung an sie schwelt noch immer. 20 Jahre war er verheiratet und jeden Tag taumelte er am Abgrund seiner Eifersucht entlang. Er weiß, worüber er redet: »Immer, wenn eine Frau in Kolumbien das Haus verlässt, beginnen alle Männer die Jagd auf sie.«

Das Misstrauen hat ihn zerfressen, wie ein Hund war er ihm ausgeliefert. Ich bin naiv und will wissen, warum er das aushielt, statt davonzugehen? Und Rafael: »Sabes, la soledad es el cancer del alma«, aber du weißt doch, die Einsamkeit ist der Krebs der Seele. Inzwischen hat der Einsame eine andere gefunden, eine »Beständige«. Auch hätte sie ein Alter erreicht, das sie vor jeder Art Jagd schützt. Rafael redet beim Abschied wie ein Vater zu mir, legt mir die Hand auf den Unterarm, sagt verschwörerisch: »Göttliche Frauen gleich teuflische Frauen, pass auf dich auf.«

Als Kind war ich immer fasziniert von katholischen Priestern, die Männern und Frauen die Beichte abnahmen. Nicht, dass ich eine Sekunde geglaubt hätte, dass ein Wildfremder anderen Wildfremden Sünden vergeben könnte, nein, es schien mir nur ein ungeheuerliches Privileg, andere dazu zu bringen, ihre Geheimnisse und Heimlichkeiten preiszugeben. Inzwischen bin ich selbst Beichtvater geworden, nur ohne Anmaßung. Auch muss niemand vor mir niederknien, im Gegenteil, meist biete ich dem Beichtenden einen Stuhl und ein Essen an. Und einen Zuhörer, wie er einen aufmerksameren nicht finden wird. Dafür, was für ein Geschenk, öffnet er sein Herz.

Ab elf mache ich mich auf den Weg zu der Adresse. Weit weg vom Zentrum und ungenau. Zudem gehören Kolumbianer zu jenen, die einen Verirrten gnadenlos freundlich auf den nächsten Irrweg schicken. Ein kleines Stadion soll es sein, so geheimnisvoll, dass ich einmal vor drei Männern stehe und jeder in eine andere Richtung zeigt.

Im amerikanischen Journalismus gibt es das Wort »legwork«, Beinarbeit. Sie allein steht bei, wenn Logik, Verstand und Taxifahrer nicht weiterhelfen. Vier Stunden lang deliriere ich durch Straßen, an deren Rändern aufgeschlitzte Abfalltüten mit der Aufschrift liegen: »Sauberkeit ist eine Freude«. (Die Müllabfuhr streikt.) Bis ich irgendwann vor einem Hausmeister stehe, der einen kennt, der es wissen müsste. Und tatsächlich, ich gehe nochmals um vier Ecken, und da sitzt ein Mann in einem Range Rover, der sich auskennt. Er heißt Andrés Filipe und ist der persönliche Mitarbeiter des Bürgermeisters von Cali. Er wartet hier auf seinen Chef, der im Gebäude nebenan eine Besprechung führt. Ach ja, so erfahre ich noch, der Bürgermeister ist auch blind, er wird ebenfalls zum Match antreten. Ich halte an mich und tue, als hätte ich einen völlig normalen Satz gehört. Die Zweieinhalb-Millionen-Stadt hat einen blinden Bürgermeister, der am

Samstagnachmittag den Libero spielt. Gefasst nehme ich einen Zettel mit der akkurat beschriebenen Anschrift entgegen und stehe zehn Minuten später vor dem *Coliseo Evangelista Mora*.

Alle Umwege haben sich amortisiert, weil alle Mühe und Mühsal zuletzt an einen Ort und zu einem Ereignis führten, das keiner der Anwesenden vergessen will bis ans Ende seiner Tage. So bewegend war es, so nah führte es an die Wahrheit von Menschen, die nicht sehen.

Ein kleines Stadion, der asphaltierte Boden nicht größer als ein Handballplatz, an den Längsseiten ein paar Tribünenreihen für die (wenigen) Zuschauer. Hier findet heute eine »Meisterschaft« statt, fünf Mannschaften nehmen teil, zwei aus Cali, die anderen aus der nahen und fernen Umgebung.

Kurz nach drei Uhr marschieren sie ein, die zwei Schiedsrichter führen sie aufs Spielfeld, je sechs Spieler im Gänsemarsch, immer eine Hand auf der Schulter des Vordermannes, alle im properen Dress, alle mit einer Schlafbrille über den Augen. Händeschütteln, Lächeln, Anstoß zu einem Wunder.

Sie stürmen los und der »sonore Fußball« fliegt, ein Ball, der ein surrendes Geräusch erzeugt, um die Orientierung zu erleichtern. Als weitere Hilfe steht hinter jedem Tor ein Coach, der sofort schreiend darüber informiert, wo sich der Ball befindet, wo der Gegenspieler, wo das gegnerische Tor.

Trotzdem, das ist anrührend und überaus komisch: Das Hinterherwetzen und Haarscharf-am-Ball-Entlangflitzen und Nicht-Wissen, dass sich die Kugel fünf Zentimeter neben der eigenen Turnschuhspitze befindet. Das ahnungslose Passierenlassen des Balles durch die eigenen Beine, das bisweilen wunderbar elegante Tänzeln mit dem rechten Fuß über dem Ball,

den man gerade berührte, der jedoch weiterrollte, während der
Fuß weitertänzelt, jetzt aber über einem Luftloch. Die nach
vorn gestreckten Arme, während sie über den Asphalt pesen
und den Schreien des Coachs folgen, der ihnen zubrüllt, dass
genau jetzt eine Torchance lauert und sie – genau jetzt – blind
und heldenhaft durch die Dunkelheit auf ein Tor zustieben, das
sie nur ahnen und nie sehen.

Strafstöße gibt es mehr als sonst, denn Blinde rempeln und
rennen ineinander, fahren mit ihren steifen Armen – ihren An-
tennen, um Gegner und Zäune zu fühlen – in den Magen, in
den Rücken des anderen, natürlich auch in die Leiber der eigenen Mannschaft, immer hinreißend tapsig und verletzbar.

Zwei Frauen stehen am Spielfeldrand und geben per Lautsprecher die begangenen Fouls und die entsprechenden Straf-
aktionen bekannt. Einmal stellen die beiden Schiedsrichter eine »Mauer« auf. Da aber die Spieler den Ball nicht kommen
sehen und der Schütze nicht sieht, wohin sein Geschoss geht,
stehen sie mit dem Rücken zum Ball. Damit die empfindliche-
ren Körperteile nicht unter Beschuss geraten. Und doch, wie es
der Teufel will, knallt das Leder einmal direkt an einen der Köpfe der sechs: Peng!, und keiner der Anwesenden kann sich zurückhalten. Ein phänomenal lustiger Augenblick, alle lachen,
auch der Getroffene, auch die Freunde und Gegner, die schnell
erfahren, was passiert ist. Nein, sie wollen nicht greinen, sie
wollen kämpfen, wollen beweisen, dass sie nicht weniger aus-
halten als die Sehenden.

Und natürlich tricksen sie wie überall auf der Welt, legen sich
nach einem läppischen Foul dramatisch auf den Boden, wälzen
sich, wimmern und seufzen. Nach der zweiten Spielzeit will
man nur aufspringen und sie umarmen und bewundern und
losheulen über so viel Lebensmut.

Jeder hat seine Geschichte, jeder wurde auf seine Weise blind. Ich spreche mit Jaime, dem Rechtsanwalt, ihm hat als junger Mensch eine Infektionskrankheit die Sehkraft zerstört. Andere verloren durch einen Unfall ihr Augenlicht, einen Sturz, eine Gewalttat. Ich frage den heute 36-Jährigen, ob er glücklich sei, und Jaime antwortet geheimnisvoll: »Ja, weil ich mit ansehen darf, wie meine Kinder aufwachsen.«

Kurz nach 16 Uhr kommt Señor Apolinar Salcedo. Der gepanzerte Wagen mit den dunklen Scheiben hält, links und rechts zwei Polizisten auf Motorrädern, die Türen gehen auf und vier Bodyguards mit kugelsicheren Westen und der Uzi im Anschlag steigen aus. Man weiß sofort wieder, dass man in Kolumbien ist. Eine Szene wie aus einem Mafiafilm, zuletzt erscheint der Pate: untersetzt, dunkel wie ein Kreole, üppiger Schnauzbart, eine Fernsehkamera bewegt sich auf ihn zu und eine Journalistin interviewt ihn.

Aber der Bürgermeister bricht das Bild sofort. Er ist bereits umgezogen, auf seinem hellblauen Trikot steht »Libertad«, der Name seiner Mannschaft. Der 49-Jährige ist lässig, ohne Allüre, ausgesprochen höflich und zuvorkommend. Ich erkenne Andrés Filipe wieder, er führt seinen Arbeitgeber zu den anderen Spielern, heitere Begrüßung, die Leibwächter beziehen Stellung, ein neues Spiel beginnt. Und der Boss ist begabt, er saust so hilflos und tapfer wie die anderen in die falsche Richtung, spürt aber bisweilen intuitiv den rechten Augenblick und donnert zielgenau aufs Tor, schafft irgendwann den Ausgleich. Toll und absurd, hier sprintet der blinde Bürgermeister einer Großstadt durch die Gegend und jauchzt und flucht wie ein 16-Jähriger.

Nach dem Spiel kommt es zu einer Begegnung, die zu den innigsten dieser Reise zählen wird. Andrés ruft meinen Namen, winkt, ich soll kommen, er will mich vorstellen. Und er stellt mich einem Mann vor, der eine überwältigend warme Ausstrahlung hat, blind vor mir steht und seine Rechte in die Luft streckt, um mich zu begrüßen. Er weiß nichts von mir, nur, dass ich Deutscher bin und sein Land besuche. Seine Wärme ist ohne Hintergedanken. Dass ich als Reporter arbeite, verschweige ich, er rechnet also nicht damit, dass ich von ihm berichten werde. Keine billige Politikergeste, keine sinnleeren, abwaschbaren Worte. Ich soll ihn zu einer Bank bringen, dort könnten wir reden.

Kaum sitzen wir, schildert er, wie es zu seiner Blindheit kam: Eine Dummheit, ein Kinderspiel. Einer seiner Freunde verwechselte den Karabiner eines Onkels mit einer Spielzeugflinte. Und ein Schuss ging los, trat nahe der linken Schläfe des siebenjährigen Apolinar ein und trat nahe der rechten Schläfe wieder aus. Und seit diesem 14. Oktober 1962 ist er blind, unheilbar, ewig.

Doch das Verhängnis legt Kräfte in ihm frei, die möglicherweise sonst nicht ausgebrochen wären. Er besucht die damals einzige Blindenschule des Landes, macht das Abitur, schließt zwei Studiengänge ab, wird Rechtsanwalt, geht in die Politik, wird dreimal mit höchstem Stimmenanteil zum Stadtrat gewählt, wird Bürgermeister. Er gilt (davon erfahre ich später) als »proprio«, als sauber, sprich, nicht korrumpierbar.

Vor dem Gespräch kam von Andrés Filipe der Hinweis, dass das einzige blinde Stadtoberhaupt der Welt ein Buch geschrieben hat. Ich frage den Autor danach und er verspricht, es mir noch heute bringen zu lassen.

Nach unserem Gespräch führe ich Señor Salcedo zurück zu den anderen Spielern, zurück zu den zwei Dutzend Zuschauern. Das Turnier ist zu Ende, alle sitzen zusammen, gestikulieren verschwitzt, reden, lachen. Aus den Augenwinkeln heraus sehe ich, wie sich die Bodyguards diskret mitbewegen. Auf ganz sinnige Weise erinnert mich der Mann, der aussieht wie ein Schurken-Häuptling aus einem Spaghetti-Western, an meinen Zen-Meister in Japan. Vollkommen unprätentiös, in jedem Augenblick hundert Prozent »da«. Der Blinde war zu mir nicht besonders freundlich, er ist es zu jedem. Er verschenkt diese »absichtslose« Freundlichkeit ohne Kalkül, ziellos. Sie wärmt den Fremden nicht anders als den Jungen, der die Zeitung bringt. Sie ist eine bestimmte Form der Existenz, die nicht verhandelt wird. Sie gehört zu ihm, wie das Blindsein.

Eine Stunde später liegt das Buch an der Rezeption meines Hotels, Titel: *Signos de luz*, Zeichen des Lichts. Mit einer Widmung: »Einen herzlichen Gruß an Andrés, der aus Paris kam, um uns zu besuchen, mit Freude, danke, Apolinar Salcedo.« Ein schmales Taschenbuch, in dem er sein Leben erzählt. Mit Absätzen, die man besser angegurtet liest. Wie jenen über den Tag des Kopfschusses, als das Kind im eigenen Blut badet, die Freunde schreiend nach Hilfe suchen und die Mutter schreiend zum Tatort rennt. Der davon erzählt, wie die 24-Jährige den Sohn auf ihre Schultern hievt und – mittellos und Analphabetin – zu Fuß durch das Dorf Richtung große Straße hastet, um eine barmherzige Seele zu finden, die sie beide in diesem heruntergekommenen Kolumbien in ein Krankenhaus bringt, sie, eine dem Irrsinn nahe Mutter, ihn, den blutüberströmten Sohn. Und sich endlich einer erbarmt, und die beiden irgendwann eintreffen und erfahren, dass die Baracke völlig überfordert ist von der Schwere der Verletzung und der Junge sofort ins Hospital von Cali gebracht werden muss. Aber *sofort* funktioniert nicht in diesem Land, sie haben hier keine Ambulanz vor Ort, wieder muss ein Gütiger gefunden werden. Bis sie zuletzt am rechten Ort ankommen, doch nur um zu hören, dass die dringend notwendige Operation nicht eher stattfinden kann, bis eine (für Besitzlose) astronomische Summe hinterlegt wurde. Man liest dieses Buch nicht, man hechelt die Zeilen entlang, hungrig auf jede nächste Seite.

Apolinar erzählt aber auch eine Liebesgeschichte. Die Liebe seiner Eltern zu ihrem Sohn. Denn ein halbes Jahr nach dem 14. Oktober kommen die ersten Kanaillen zu Besuch, wollen sich das Kind ausborgen und als Opferstock aufstellen: den Achtjährigen zum klimpernden Gitarristen oder täppischen Krüppel dressieren, der die Passanten um Pesos anwimmert. Dafür bekäme die Familie Salcedo eine monatliche Leihgebühr. Aber die Eltern, die elenden Schlucker, verkaufen keine Söhne, sie beschließen, noch elender zu werden, um dem Jungen jede denkbare Ausbildung zu ermöglichen.

Noch in der Nacht lese ich das Buch zu Ende. Betäubt vor Freude und Staunen legt man es an sein Herz.

Sonntag, Tag des Herrn. Ich spaziere in die hübsch renovierte *Catedral de San Pedro*. Der Pfarrer schwadroniert bereits, es geht mal wieder um die Verteilung der Plätze im Paradies. Wer rein darf und wer nicht. Natürlich die Gottesfürchtigen und natürlich all diejenigen nicht, die ihn nicht fürchten. Jemand schiebt sein Fahrrad neben die Bank, ein Obdachloser liegt vor dem Beichtstuhl. Plötzlich klingelt das Handy einer Frau, die zwei Reihen vor mir steht. Sie antwortet und geht gleichzeitig raus, ich folge ihr. Und bin schwer beruhigt. Das Gespräch dreht sich um das bald stattfindende Picknick der Familie, wo man sich trifft und was jeder mitbringen soll. Damit steht fest: Selbst die nichtigsten Nachrichten verfügen über mehr Anziehungskraft als das Gemunkel vom Himmelreich. Trotzdem haben sich die hier Versammelten stillschweigend darauf geeinigt, einmal die

Woche zusammenzukommen, um eine Körperhaltung einzunehmen, die nach gespanntem Zuhören aussieht und gleichzeitig erlaubt, an nahe oder ferne Aufregungen zu denken.

Nach dem Überirdischen kommt das ganz Irdische, ein Trupp Kirchendiener geht mit halben Meter (!) tiefen Klingelbeuteln (das muss Weltrekord sein) durch die Reihen. Gleichzeitig – ich bin nicht mehr fähig, ein lautes Lachen zurückzuhalten – schlurft ein Trio Bettler herein, mit geöffnet hingehaltenen Plastiktüten. Sie wollen auch absahnen. Kolumbien ist ein Traumland, es schenkt einem die absurdesten Bilder: Drei Abgerissene und zehn Küster im Kampf ums Kleingeld. Als die Messe zu Ende ist, applaudieren alle. Das erinnert an die Daddys, die nach der Landung auf Ibiza ebenfalls klatschen. Aus Dankbarkeit, dass sie überlebt haben. Hier ganz ähnlich, dankbar, noch immer zu atmen, noch immer nicht an Fadheit verwelkt zu sein. Freudestrahlend eilen alle davon.

Ich liebe solche Erfahrungen: die Frau, das Handy, ein Picknick, die Messe. Weil sie einen blitzlichthaften Blick hinter die Fassade erlauben. Weil für Sekunden die Wirklichkeit wie ein Flash auftaucht, ansonsten verbarrikadiert vom jahrhundertealten Geleier, von Gedankenträgheit, von der pomphaften Erfindung ewiger Wahrheiten.

Cali hat die witzigsten Ampeln der Welt. In den letzten Sekunden der Grünphase fängt das Fußgänger-Männchen zu laufen an. Ultimative Warnung, den Schritt zu beschleunigen, um nicht von den fiebrig wartenden Autofahrern weggefegt zu werden.

Nachmittags ins Stierkampfstadion, heute treten *Los enanitos* an, die Zwerglein. Einen Meter kurze, furchterregend mutige Männer und Frauen, die es mit tonnenschweren Bullen aufnehmen. Um 16 Uhr geht es los, die 17 000 Plätze bietende Arena ist voll. Zuerst die Nationalhymne, bei der alle aufstehen und ergriffen zuhören, dann zwei Stunden Lachen und Weinen (vor Lachen) und nicht fassen, wie gewieft und gewaltlos winzige Menschen und wild schnaubende Stiere miteinander umgehen können. Die Capote, das rote Tuch, hinhalten und immer rechtzeitig zur Seite hüpfen, wenn die schiere blöde Gewalt losstiebt. Oder nicht ausweichen, dafür blitzschnell alles fallen lassen und sich zu Boden werfen. Damit die tausend Kilo darüber hinwegjagen. Und immer unverletzt hochfedern und schreiend davonlaufen. Und schreiend zurückkommen und die Bestie zu dritt am Schwanz ziehen, während vorne zwei Winzlinge das Vieh an den Hörnern packen und kurz mal per Flickflack die Seiten wechseln. Oder zu fünft wie Gladiatoren mit einer drei Meter langen Stange auf den Kampfplatz einziehen und sich mittels Stabhochsprung über das rasende Getüm katapultieren. Die Bewunderung fällt umso leichter, als die Tiere ebenfalls unverletzt davonkommen, keinem ein Ohr abgeschnitten, keines blutverschmiert und röchelnd vom Platz gezogen wird.

Abends sitze ich im Hotelzimmer und schaue fern. Ich rechtfertige die Sünde mit der Lektüre der heutigen Zeitung. Ein Artikel berichtet vom Interesse amerikanischer TV-Anstalten an südamerikanischen Telenovelas. Jenen Endlos-Soaps, die den Kontinent überschwemmen, einen Intelligenzquotienten von minus 300 voraussetzen und 24 Stunden pro Tag gesendet werden. Die Amerikaner wollen am rapide wachsenden Markt der spanisch sprechenden Bevölkerung im Land – Kaufkraft sechs Milliarden Dollar – profitieren.

Nun denn, so in etwa könnte eine TV-Vorstandssitzung in New York oder Los Angeles aussehen, die gerade stattfindet, um neue Märkte zu erkunden. Der Boss: »Listen up, gentlemen, wir haben über 40 Millionen bescheuerte Hispanics im Land. Was tun, damit es dabei bleibt und wir nebenbei ein paar Tonnen Geld verdienen?« Und der Neue, der Superscharfe, springt auf und sprudelt los: »Ganz einfach, Boss, wir kaufen die Rechte südamerikanischer Telenovelas, drehen sie nochmals, aber auf die Lebensumstände der 40 Millionen Bescheuerten zugeschnitten.«

Das gefällt dem Boss, das gefällt allen. Und so sei es: Ein halbes Hundert Drehbuch-Autoren wird beauftragt, den importierten Schwachsinn auf hiesige Verhältnisse umzuschreiben. Das geht schnell und ist umgehend im Kasten. Jede Folge soll um die Hälfte weniger kosten als eine – original – in den USA gedrehte Episode. Kanal ABC ist bereits dabei, die kolumbianische Telenovela *Bea la fea* (Bea, die Hässliche) zu adaptieren.

Deshalb sitze ich hier. Um der hässlichen Bea zuzuschauen. Drei Stunden zappe ich, das arme Weib ist nur *ein* Beitrag, der an diesem Sonntagabend zu sehen ist, hier die Titel anderer Perlen: *Die Frau im Spiegel* und *Erste Liebe* und *Lehre mich zu lieben* und *Betrogene Frauen* und *Die Söhne des Nichts* und *Mein Schicksal bist du*. Wer einen langen Abend übersteht, kennt sich aus, weiß um das Grundmuster: Viel pralle (sekundäre) Geschlechtsmerkmale treten auf, viele behaarte Männerbrüste kommen dem Prallen aus dem Off entgegen, viel Niederknien vor dem heiligen Antonio, viele ratlose Ehefrauen, die aus teuren Linnen in die Nacht starren und – eine Etage tiefer – das (selig schlummernde) Gesinde der ratlos starrenden Gattinnen. Es ist weniger aufwendig toupiert, weniger teuer behängt und entschieden zufriedener. Allen gemeinsam: Hier mimen die handverlesen miserabelsten Schauspielerinnen und Schauspieler, ihr Können und die ihnen in den Mund gelegten Textzeilen belegen in jeder Einstellung, dass sie fest entschlossen sind, nicht ein einziges Gramm Hirn vom Zuschauer einzufordern.

Als ich spät nachts ermattet nach Rettung suche, gerate ich an einen Dokumentarfilm. Und mit einem Schlag wird klar, was Fernsehen auch könnte: zum geistigen Reichtum der Welt beitragen, ihn vermehren. Der Bericht handelt von der Beziehung des französischen Schriftstellerpaars Simone de Beauvoir und Jean-Paul Sartre, die nie verheiratet waren und nie eine gemeinsame Wohnung teilten. Und er handelt von ihren Nebenbeziehungen und Versuchungen, hin zu anderen Männern und Frauen. Wobei trotzdem nie der gegenseitige Respekt verloren ging. Man sieht und hört ausschließlich intelligente Menschen – Freunde und Feinde der beiden –, die kluge Worte über die Liebe und die Fluchtversuche der Liebe zu Protokoll geben.

Selig gehe ich hinunter auf die Straße, jetzt dunkel und fast leer. Die Brise soll den glühenden Kopf kühlen. Eine Bar hat noch offen, *Los inquietos de la 5a*, die Unruhigen der fünften Straße, cool und entspannt spielen sie hier Billard. Bis sieben Soldaten in den Keller hinabsteigen und sich jeder Gast an die Wand stellen muss, Hände nach oben, Leibesvisitation, alle, bis auf die anwesenden Frauen (da keine weibliche Polizistin dabei ist) und ich (Europäer gelten grundsätzlich als schuldlos). Dann Ausweise einsammeln und über Funk abfragen. Keine giftige Atmosphäre entsteht, beide Seiten verhalten sich ruhig und korrekt.

Der Morgen beginnt mit inniger Heiterkeit. In der Zeitung steht, dass der amerikanische Trend der *revirginación*, der Wieder-Jungfernschaft, möglicherweise auf Südamerika übergreift: Gattinnen frischen ihre Ehe auf, indem sie sich ihr Hymen zunähen lassen. Als Geschenk an den Gatten, der somit wieder eine »Unberührte« genießen darf. Jedoch erst nach drei Wochen Fastenzeit, denn so lange wartet das durchschnittliche Paar nach dem Eingriff, um sich ein weiteres Mal neu »zu erkennen«.

Wer jedoch das Foto der frisch operierten Jamie K. genauer betrachtet, entdeckt einen Zug Verdrossenheit um ihre Lippen. Man wird den Gedanken nicht los, dass sie, die *reborn idiots*, noch immer nicht zufrieden sind. Denn das Ziel *Zero Sex* bleibt ihr Traumziel. Und auch die chirurgisch verpasste Jungfräulichkeit schützt keine Frau und keinen Mann vor dem Sündenfall.

ECUADOR

Mit einem Kleinbus zur Grenze nach Ecuador. Nochmals über zehn Stunden unterwegs, Kolumbien ist riesig, dreimal größer als Deutschland. Und 305-mal ärmer. Blick durch das Fenster auf Männer und Frauen, die alle paar Hundert Meter mit Schaufel und Erde ein Loch in der Straße stopfen. Notdürftig, für die nächsten zehn Tage. Fährt jemand vorbei, halten sie den Hut auf. Dahinein soll die Belohnung.

Zudem haben wir einen ausgesprochen sensiblen Fahrer. Vor dem Start verteilte er MP3-Player mit Kopfhörern. So kann einer stillsitzen und schauen oder reden oder lesen oder Musik hören und swingen. No TV. Toleranter kann es nicht werden.

Ich höre Glemis und seiner Frau Angela zu, zwei verliebten Rentnern. Sie legt den Arm um seine Schultern, er streichelt ihre Hände. Man will auf die beiden starren, so gerührt ist man von einer Liebe, die durchhält. Irgendwo auf der Strecke steigt das Paar aus, denn hier gibt es einen Schrein der (heiligen) Jungfrau, bei der wollen sie sich bedanken. Denn 40 Jahre lang war

Glemis Lastwagenfahrer, und nie geriet er in einen Kugelhagel, nie wurde er entführt, nie ihm ein Haar gekrümmt. Das ist eine Leistung auf diesen Breitengraden. Erstaunlich, was Jungfrauen alles vermögen.

Abends über die Grenze, und plötzlich ist man in einem Land, in dem alles kleiner ist. Die Frauen, die Männer, die Häuser, die Straßen, die Betten, die Preise. Nur die Freundlichkeit ist geblieben, wenn sie sich auch anders äußert: verhaltener, leiser. Hier sprudeln sie nicht, gehen scheuer mit dem Fremden um. Vielleicht liegt es am hohen Anteil (40 Prozent) der Indigenen, der Ureinwohner.

Der Begriff »Indio« wird heute von den Betroffenen abgelehnt, zu sehr erinnert er sie an die Mordtaten der spanischen Conquista, bei der – oft im Namen römisch-katholischer Menschenliebe – etwa 80 Millionen von ihnen ihr Leben verloren. Will einer mehr darüber erfahren, lese er das Buch des spanischen Dominikanermönchs Bartolomé de las Casas, eines Zeitzeugen, der sich anrühren ließ vom fassungslosen Leid der »Heiden«: *Kurzgefasster Bericht von der Verwüstung der westindischen Länder.*

Ecuador macht keine Schlagzeilen, auch auf der Bühne der Weltpolitik hält es sich zurück. Keine Terroristen (von den kolumbianischen, die versuchen, sich hier in Sicherheit zu bringen, einmal abgesehen), kaum Anbau von Koka, keine Todesschwadrone, die um die Wette morden. Der Mindestlohn wurde vor kurzem von 150 auf 160 Dollar pro Monat angehoben. Und eine Demokratie haben sie auch, keine unumstößliche, aber eine, die (fragil) funktioniert.

Am nächsten Morgen mit dem Bus in die Hauptstadt, nach Quito. Irgendwo steigt ein fahrender Gitarrist ein. Pietro trällert von der Liebe, mit Kopfstimme versucht er herauszufinden, »warum du mich verlassen hast«. Mehrmals lausche ich gespannt auf eine Antwort, aber sie kommt nicht. Zweimal unterbricht die Polizei, die den Bus anhält, um Gepäckstücke zu durchsuchen, nach Schmuggelware aus dem Nachbarland. Und beim dritten Stopp steigt der Musikus wieder aus, mitten im Lied.

Doch dann tritt ein vitaler Mensch auf. »Guten Tag, ich bin Raúl«, so begrüßt er uns, stellt sich vorne neben den Fahrer und legt los. Der junge Kerl hat einen teuflischen Charme und ein luftleichtes Entertainer-Lächeln. Und er weiß, dass er das alles hat. Umgehend schlägt er ein dickes großes Buch auf, mächtig wie ein Atlas, eine Fotomappe mit Abbildungen aus einem Medizinlexikon. Man sieht Querschnitte von verschiedenen Körperteilen, vom Magen, vom Herz, von den Nieren, der Leber, dem Hirn. Allerdings sind alle Teile bereits im Zustand der Auflösung, überall drohen Krankheit, Niedergang und Raucherbeine, auch der Uterus ist vor nichts sicher, ganz zu schweigen von den allzeit gefährdeten Eileitern. Alles droht zu entzünden, zu verstopfen, zu verwelken. Bei uns Männern sieht es nicht besser aus. »Con todo el respeto«, mit allem Respekt, so die allzeit einleitenden Worte des Verführers, bevor er mit einem Stift auf unsere geheimsten Organe zeigt. Die Zeichen stehen auf Sturm, Inkontinenz, Hodenkrebs und – wahrlich geschickt inszeniert – Raúls gnadenloser Hinweis auf ein Foto, das einen Mann geknickt am Bettrand sitzend zeigt, den Kopf in den Händen, im Hintergrund – nackt und schön – die ebenfalls konfuse Frau: Frühzeitiger Samenerguss!, unerbittlich hallt Raúls Stimme im Bus, ja, noch hallender, noch schmerzlicher: »¡Impotencia!«

Silentium, so lange, bis das Genie zum letzten Foto blättert, das die Antwort auf jedes Elend zeigt: Eine Wurzel »direkt aus China«, Ginseng. Hurtig greift er in seinen Koffer und holt kleine Schachteln hervor, in denen sich je 150 Minitabletten befinden. »Je fünf morgens und abends, bei Kleinkindern je drei« (in Ecuador haben ganz offensichtlich schon Vierjährige Erektionsschwierigkeiten). Nun gießt der Handlungsreisende Wasser in ein Glas, zieht aus der anderen Hosentasche eine mit Flüssigkeit gefüllte Pipette, gibt ein paar Tropfen ins Wasser, das sich umgehend trübt. Um zu beweisen, dass Ginseng überall aufräumt, wirft er nun zwei Kapseln in die hässlich braune Brühe, zerstückelt sie mit Hilfe einer Nagelfeile und rührt um. Bravo, die Tunke wird wieder klar, wasserklar. Ein leises Pfeifen geht durchs Publikum, alle Achtung, hier gibt's ein Wunder zu kaufen.

Die Packung reicht für zwei Wochen und kostet 2,50 US-Dollar, die hiesige Landeswährung. Raúl, das Ass. Noch bevor er das Placebo auspackt, rascheln die Scheine. Nie zuvor gesehen, bisher nur talentlose Besenverkäufer und Schnappmesser-Vertreter beobachtet, die froh sein mussten, wenn sie einen einzigen Artikel losschlagen konnten. Zu einem viel geringeren Preis. Aber heute ist alles anders, vier, ja fünf Packungen werden lautstark angefordert. Während der Filou links und rechts austeilt und einkassiert, schaue ich genau hin. Um die Lippen des vielleicht 25-Jährigen zieht sich ein fast unsichtbares, wohl schwer beherrschtes Grinsen. Das sardonische Lächeln des Siegers, der hier souverän abzockt. Ich mag die Listigen, einen wie Raúl, der von der Dummheit der anderen lebt.

Ein Weißer steigt zu, er trägt einen Poncho, das typische Kleidungsstück der Indigenen. Der Kerl sieht sympathisch aus, wenn auch dünn, fast dürr. Das Teil hängt an ihm wie ein Bau-

ernkittel über einer Vogelscheuche. Trotzdem, seine Geste hat
was Rührendes, als wolle er der Welt sagen: »Ich mag sie, die
immer verachteten Ureinwohner, ich halte zu ihnen!« Wobei
mir plötzlich klar wird, dass ein Weißer, auch ein weniger dün-
ner, nie in einen Poncho passt. Weil der Körper nicht gelernt hat,
sich darin zu bewegen. Einen Poncho zu tragen verlangt eine
ganz bestimmte Eleganz. Wie das Tragen eines Kimonos oder
eines Zweireihers. Das kann Jahre dauern.

Zwischenstopp am Busbahnhof in Quito, der Himmel ist noch
immer freundlich. »Ain't it good to be alive?«, singt Mick Jagger
im Radio, eine poetische Zeile, die genau zum Tag passt. Ich
will mir einbilden, dass jeder heute gerne lebt.

Mein nächster Bus geht erst in einer halben Stunde. Ich habe
Zeit und ein Schuhputzer will meine Stiefel polieren. Soll er,
ich liebe glänzendes Schuhwerk. Xavier reicht mir die Zeitung
Extra, ich setze mich. In dem Schmuddelblatt leuchtet über jedem nackten Hintern ein weißer Punkt. Genau da, wo man den
Ausgang vermuten darf. Der Aufkleber als Hinweis auf das acht-
same (erregte) Auge der Sitte. Selbstverständlich intensiviert er
den Blick. Wie immer ist der Aufruf zur Sittlichkeit eine Einladung zur Scheinheiligkeit. Aber Xavier mag beides, das Fleisch
und den Geist. Neben dem Stuhl liegt ein Buch, Titel: *Die Kontrolle der Sprache – Worte können verletzen, Worte können heilen*. Ein Schuhputzer, den die Geheimnisse seiner Sprache interessieren, vermehrt die Lebensfreude.

Fahrt nach Otavalo, 150 Kilometer nördlich der Hauptstadt.
Vor zehn Jahren war ich schon einmal hier, für eine Reportage
über die *Otavaleños*, die hier an jedem Samstag den größten
Freilichtmarkt des Landes abhalten. Inzwischen sind sie be-

rühmt und gelten als die wohlhabendste Gruppe von Indigenen in Südamerika. Die rund 40 000, die in der Gegend leben, arbeiten nicht, sie schuften. Wenn sie ein paar Minuten rasten, dann reden sie wie die Banker auf der Wallstreet: »Tiempo es oro«, Zeit ist Gold, und wetzen weiter. Wurden sie früher von ihren (weißen) Herren ausgebeutet, so beuten sie sich heute selbst aus. Wer ihre Fabriken und Werkstätten besucht, wer ihnen zuschaut, wie sie um sechs Uhr morgens loslegen, der begreift sofort, warum sich die halbe Welt mit Kleidungsstücken wärmt, die hier in 2500 Metern Höhe gewebt werden. Ich notierte mir damals einen Satz von Jaime, dem Flötenmacher. Bis heute habe ich keinen anderen gehört, der origineller sein Volk beschreibt: »Wenn du gehst, schau nicht zu Boden, das macht traurig. Deshalb sind die Weißen so allein. Schau nach oben, schau in den Himmel. Der ist unendlich.«

Viel hat sich inzwischen geändert. Weil der Bürgermeister in volle Kassen greifen kann. Radwege werden gerade eingeweiht. »Radwege in Ecuador« klingt wie Dschungelpfade in Deutschland, unheimlich exotisch. Polizisten auf hochmodernen Bikes stehen entlang der Route (wir befinden uns in einem großen Dorf) und erklären den Einwohnern, was die Neuigkeit bedeutet und dass sie respektiert werden muss. Von allen.

Auch wachen jetzt Männer mit dicken Flinten vor Banken und teuren Geschäften. Natürlich stinkt Geld, die Gangster des Landes haben es längst gerochen, Otavalo steht auf ihrer Liste. Aber das ändert nichts an der Lebenslust der Einwohner. Als ich die Bäckerin frage, was sie denn glücklich mache, sagt sie: »Alles, was mich umgibt.« Auch das klingt fremd und unerhört. Von solchen Untertanen wagen andere Bürgermeister nicht einmal zu träumen.

Das wird ein interessanter Abend, ich sitze im SISA, angenehmes Café, plus Galerie und Buchladen. Entspannte Atmosphäre, ein paar andere Gäste, Einheimische, führen leise Gespräche, alles hoch zivilisiert. Bis drei Dutzend Amerikaner das Lokal betreten. Da sie laut englisch reden, fällt die Identifizierung leicht. Plötzlich ist alles anders. Ohne Rücksprache und Umstände packen sie die leeren Tische und gruppieren sie in der Mitte. Die sechs anderen Gäste räumen widerspruchslos das Feld. Hier kommen Touristen, die dürfen alles. Da ich bleibe, werde ich mehrmals aufgefordert, das Rauchen einzustellen und – wortlos, aber mit entsprechenden Blicken – meinen Platz zu räumen. Ich weise darauf hin, dass das Rauchen hier ausdrücklich erlaubt ist und dass andere Räumlichkeiten für Nichtraucher zur Verfügung stehen, obgleich ich nichts dagegen habe, wenn sie nicht rauchen. Wieder sind ihre Blicke vielsagend, man sieht den Gringos die Mühe an, das Problem nicht per Faustrecht zu lösen.

Die 36 setzen sich, umstandslos werden nun – noch lauter und ohne ein einziges spanisches Wort, auch kein *por favor* und kein *gracias* – Getränke bestellt. Rauchen strikt verboten, kastenweise Bier aber hoch willkommen. Als jemand die Gitarre rausholt, gebe ich auf und verziehe mich ins hinterste Eck. In Rekordzeit steigen die Stimmung, der Alkoholpegel, die Lautstärke, in Windeseile sind wir in *Joey's Pop-in* gelandet, irgendwo in Nebraska. Als drei Gläser am Boden zerschellen, erreicht die Seligkeit einen ersten Höhepunkt. Ballermann à l'americaine in Otavalo. Grölende, kerngesunde Nichtraucher unter sich. Sinnigerweise beginnt das erste Lied mit der Zeile: »If I were the king of the world«. Gnade uns Gott.

Manchmal besteht das Leben aus einer Kaskade von Klischees. Und dann passiert etwas, das eben das genaue Gegenteil beweist. Wie jetzt. Irgendwann löst sich eine Frau, eine

Gringa, aus dem Haufen, kommt an meinen Tisch und fragt, ob sie mir etwas zum Trinken bestellen darf. Ihre Augen sprechen den Subtext: ein Friedensangebot, ein Versuch, das Auftreten der Rüpel gutzumachen. Wie versöhnlich diese Geste wirkt. Eine hat den Kontakt zur Wirklichkeit noch nicht verloren, sie verfügt noch über diesen Seismografen, der die Umwelt wahrnimmt, den anderen.

Auf dem Nachhauseweg durch das jetzt verschlafene Nest höre ich plötzlich Laute, die ich für kurze Zeit nicht einordnen kann. Sie kommen aus einem schwach beleuchteten Fenster im ersten Stock. Für ein, zwei Sekunden muss ich nachdenken, was das Geräusch bedeuten könnte. Es klingt angenehm. Bis es mir einfällt: Jemand sitzt vor einer Schreibmaschine. Seit vielen Jahren habe ich solche Töne nicht mehr gehört. Ein eigenartiges Gefühl von Trauer überkommt mich, Trauer über die rasend vergangene Zeit.

Frühstück bei Billy James (genauso heißt er), der 21-Jährige macht einen hellen Eindruck, vif im Kopf. Ich frage ihn nach der Beziehung zwischen Mestizen (wie er), den »Mischlingen«, und den Indigenen, den »Reinrassigen«. Und der Helle überrascht mit absoluter Ignoranz. Kein Schimmer Wissen, schlimmer, kein Schimmer Neugier für die andere Bevölkerungsgruppe bewegt ihn. Auch kein Rassismus. Nicht ein abwertendes Wort fällt. Jeden Tag lebt er neben ihrer Welt, und auf vollkommen geheimnisvolle Weise geht sie an ihm vorbei. Ein Waffenstillstand herrscht, ein apathisches Desinteresse, beide Gruppen ahnen wohl, dass die zwei Welten nicht kompatibel sind.

Das Gespräch beim Frühstück bestätigt eine Lieblingsidee: Dass »Multikulti« eine Schimäre ist, dass multi (viel) nichts anderes als keine Kultur bedeutet. Weil Fremde nebeneinander leben und dazwischen zero Kommunikation stattfindet. Sie kann erst dann stattfinden, wenn ein übergreifendes Generalinteresse für die Welt vorhanden ist. Das beide Seiten teilen, teilen wollen. Was hier nicht geschieht. Das Weltwissen ist klein und noch kleiner das Verlangen, darüber mit dem (fremden) Nachbarn zu reden. Alle bleiben unter sich, gehen nie über die Straße in ein Haus, in dem die andere Welt wohnt. So nah sind sie sich, so fern.

Samstag, ich wandere zum Viehmarkt, der nur von Einheimischen besucht wird. Bauern kommen und bringen ihre Bullen und Kühe. Dazwischen Schafe, Schweine und Lamas. (Die Schweine quieken wütend, ein Zeichen von Intelligenz, denn als Einzige scheinen sie zu begreifen, dass heute ihr letzter oder vorletzter Tag angebrochen ist.) Dazwischen patente Marktschreier, die wissen, wie man einer Hausfrau drei Kochtöpfe verkauft, die sie nicht braucht. Und Manuel, der Sonntags-Maler, geht durch die Reihen. Fünf Stunden war er mit dem Bus unterwegs, um seine Bilder von Schafshirten vor dem Vulkan Chimborazo zu verkaufen. Auf meine Frage nach dem Glück kommt eine moderne Antwort: »Ja, wenn ich Geld habe. Und schlecht gelaunt, wenn pleite.« Eine Rentnerin tritt mit dem »göttlichen Kind«, dem Jesuskind im Bettchen, vor jeden und zeigt auf die Sparbüchse am Fußende der Wiege. Jede 25-Centavos-Münze, so Señora Elena, bringt den Spender eine Himmelssprosse näher. Viele Münzen fallen nicht rein. Ganz offensichtlich hält sich der Drang der Bevölkerung nach Höherem in Grenzen.

Ich spreche mit Pepito, einem kleinen Schwarzen, Nachkomme der nach Südamerika als Sklaven verschleppten Afrikaner.

Er wohnt in Palestina, sagt er, einem Ort im Süden des Landes. Der Junge deutet auf den Mestizen neben ihm, seinen »Onkel«, seinen Arbeitgeber. Den Besitzer eines Lastwagens voller Ziegen. Für zehn Dollar arbeitet der Kleine für den Großen. Pro Monat. Plus Kost und Logis. Herrische Zustände, noch immer.

Einen Katzensprung weiter wirtschaftet Dolores (höchstwahrscheinlich ihr Ganovenname). Sie könnte die Schwester von Raúl sein, auch sie eine Weltmeisterin. Wer an ihr vorbeigeht, entkommt ihr nicht. Sie zeigt einem am helllichten Tag, wie man mit der geistigen Gutmütigkeit seiner Mitbürger sein Brot verdienen kann. Das geht so: Dolores steht an einem Mauereck und verkauft eine Salbe. Für jede, absolut jede »Problemzone«: Hitzewallungen während des Klimateriums, geringe Scheidensekretion, Schweißhände, Fingernägelkauen etc. Einfach Salbe auftragen, fertig! Sie macht es vor. Um den anwesenden Männern das korrekte Auftragen bei Prostatabeschwerden zu demonstrieren, spreizt sie die Beine und zeigt den Punkt, wo die Paste hin soll. Allerdings, und das gilt für alle Wundstellen: »Nur nachts auftragen!« Das ist ein diabolischer Trick, weil er einerseits einen Mangel zugibt (tagsüber nutzlos), aber durch das Eingeständnis die Glaubwürdigkeit des Wunders nur bestärkt. Ausgepicht nennt sie die dunkelbraune Schmiere »el cuento oriental«, das orientalische Märchen. Statt nun lachend die (attraktive) Schwindlerin nach Hause zu schicken, kramen die Bäuerlein und ihre Weiblein die Dollars hervor, ja kramen sie euphorisch hervor, denn der »Originalpreis« wäre vier Dollar, doch »nur heute« gibt es ein »Spezialangebot«, genau die Hälfte.

Kaum hat Dolores die Scheine weggesteckt, breitet sie ein Tuch aus und bittet jeden Umstehenden, eine Münze darauf zu legen. Hat jeder gegeben, verschnürt sie den Stoff, nimmt einen Schluck »Agua de Jesús«, spuckt die Flüssigkeit auf die Cent und holt einen Beutel goldglitzernder Kreuze hervor (vermutlich der Zentner für acht Dollar). Nun fragt Dolores, ob sie die mit Jesuswasser geweihten Geldstücke zurückgeben soll oder ob es nicht klüger wäre, dass sie zu jedem Groschen je ein Blechkreuz legt, um dann beides gegen zwei weitere lausige Dollar – wieder ein Sonderangebot – den Besitzern der Münzen auszuhändigen.

Jetzt zögern manche, und jetzt läuft Dolores, das ausgekochte Frauenzimmer, zur Höchstform auf: Sie ruft den Zögernden nach, ob sie verantworten könnten, dass sie, Dolores, heute Nacht auf der Straße schlafe, hungernd, dürstend, in Gefahr? Und die Bäuerlein und Weiblein drehen noch einmal um und kaufen die Spucke und das Blech zum, sagen wir, Fünfzigfachen des Einkaufspreises. Ein begnadetes Biest.

Umtriebiges Otavalo, auf dem dritten Markt verkaufen sie Lebensmittel, Gemüse, Obst, alles, was man zum täglichen Leben braucht. Dazwischen jene, die schon lange nichts mehr verkaufen. Sie liegen oder kriechen auf dem Boden, appellieren an die Großzügigkeit der Vorbeikommenden. Ich begegne Cesar, der mit einem faustgroßen Batzen aus faulem Fleisch und blutgetränktem Eiter (wo einst das linke Auge war) an den Ständen vorbeizieht, eine Plastikdose schwenkend, in die hinein die Tapferen – tapfer genug, dieses Gesicht auszuhalten – Kleingeld werfen sollen.

Ich hole Luft und stelle mich ihm in den Weg. Cesar ist eine Ungeheuerlichkeit aus Kolumbien, irgendwann hierher verschlagen, 57 Jahre alt und seit zwei Jahrzehnten an Krebs leidend. Seltsamerweise hat er keine Schmerzen, vielleicht vom

Alkohol sediert. Was die Tapferkeit aufs äußerste fordert, ist der fünf oder sechs Millimeter breite Schlitz zwischen dem Batzen und der linken Schläfe. Hier tut sich ein Spalt auf und man kann in Cesars Schädel blicken, knapp zehn Zentimeter tief. »Schau ruhig«, sagt er, und ich schaue, hingerissen von der Idee, auf das nackte Hirn eines Menschen zu starren. Mitten auf dem flirrenden Markt, neben Birnen und Melonen, zwischen einem Kind in Pipi-Stellung und einem Metzger, der freudig auf die andere Straßenseite rüberruft: »Morgen ist mein freier Tag, ich fahre zu meinen Eltern.«

Vermutlich könnte man das grausige Geschwulst wegoperieren und das Loch im Gesicht mit einer Augenklappe verdecken. Während ich den Kolumbianer danach frage, fällt mir schon die Antwort ein: Das Grauen soll bleiben. Auf dass die Welt sich anrühren lässt und Almosen spendet.

Der Samstag ist Männertag, Sauftag, Kampftag. Ich lande am frühen Abend in einer Kaschemme mit Billardtischen, nicht weit vom Markt entfernt. Echte Kerle unter sich, sie spielen, sie trinken, sie sagen kurze virile Sätze, man spürt die Vorfreude. An den Wänden hängen Sätze, die für Machos geschrieben wurden: *Das größte Hindernis: die Angst. – Die schlimmste Niederlage: die Mutlosigkeit. – Das minderwertigste Gefühl: der Verrat.* Und noch ein Satz steht da, den man nicht unbedingt an einem solchen Ort erwartet: *Bitte, verbessern Sie Ihr Vokabular!*

Als es dunkel wird, öffnet die *Gallera municipal*, die städtische Hahnenkampfarena, nur zwei Schritte weiter. Wir alle ziehen um. Da es ab sofort auch hier ein paar Stühle mit Alkoholanschluss gibt, wird nahtlos weitergetrunken. Andere Männer kommen, in ihren Taschen tragen sie die Kampftiere. Jorge, der Hausmeister, wischt kurz über die Sitze, Zuschauer treffen ein,

Eintritt ein Dollar. Im Vorraum laufen die Vorbereitungen, die Gockel werden gewogen (zwischen dreieinhalb und vier Kilo) und auf einem Tisch nebeneinander aufgestellt: damit ein etwa gleich großes Paar antritt. Haben sich zwei Besitzer geeinigt, legen sie die Summe fest, die der »Verlierer« dem »Sieger« zahlen muss. Zwischen 50 und 100 Dollar. Zuletzt die Hähne präparieren: Je eine Spore an jedem Bein befestigen, sie streicheln, ihr Federkleid küssen, in ihre Ohren den blinden Zorn auf den Gegner flüstern. Das hilft. Noch vor dem offiziellen Beginn picken sie sich aufs Haupt, spüren eine grundlose Wut, kochen langsam, warten nur darauf, endlich loslegen zu dürfen. Sobald sich die ersten (meist gedopten) Hähne in der Arena befinden, nimmt auch das Publikum teil. Zuerst lautstark, dann schreiend, dann brüllend. Wenige Zärtlichkeiten sind zu hören, eher Aufrufe zum schnellen Totschlag: »Bring ihn um!« und »Mach ihn fertig!« und »Schlag die Tunte (!) k. o.!« Ich hetze auch, denn wie die meisten habe ich Geld gesetzt. Tierlieb ist das nicht, aber hier in Südamerika sind die Sitten weniger fein als dort, wo man sich die feinen Sitten erlauben kann. An der runden Einfassung knien die Eigentümer und rufen wie Fußballtrainer ihren Schützlingen Anweisungen zu. Zum Durchhalten und Niedermachen! Mehr, so ist zu vermuten, verstehen die bald schwer blutenden Tiere nicht. Verheddert sich das Federvieh, wird es vom Schiedsrichter getrennt und neu aufeinander angesetzt. Nach spätestens zwölf Minuten ist jede Keilerei zu Ende. Anders als in Mexiko sollen die Beteiligten das Gemetzel überleben. Für kommende Samstagabende. Nach den ersten drei Kämpfen gehe ich, neue Aufregungen sind nicht zu erwarten, das Muster wiederholt sich.

Draußen vor der Tür steht der Nachtwächter auf Posten. Mit zwei 38er-Revolvern. Die Standbesitzer bezahlen ihn, damit im Schutze der Dunkelheit keine Ganoven kommen und das Gemüse und die Obsthalden unter den Planen abräumen. Schon passiert, »und«, so der seelenruhige Roberto, »es wird wieder passieren«.

Nachts durch die Straßen schlendern, immer mit Überraschungen rechnen, immer. Auch im Kuhdorf Otavalo. Finster die Gassen. Bis ich an einem erleuchteten Fenster vorbeikomme, verschlossen, Erdgeschoss, totenstill. Und dahinter ein Mann, der liest. Im Schein einer Lampe, die genau auf das Buch leuchtet. Ich stiere auf ihn wie auf eine Epiphanie. So selten scheint mir der Anblick. Gestern der Schuhputzer, heute der Mitternachtsleser, ergriffen schleiche ich nach langem Starren davon. Als hätte ich etwas wunderbar Extravagantes gesehen, als wäre ich dem Mitglied eines Geheimbundes begegnet, der sich geschworen hat, kein Wort, keinen Buchstaben verloren gehen zu lassen.

Ein paar Nebenstraßen weiter sehe ich eine Frau, sie sitzt in einem geparkten Auto. Fürsorglich frage ich durch das geöffnete Fenster, ob alles in Ordnung ist. Aber ja, meint sie, »mach dir keine Sorgen, Junge«. Da ich nach einem solchen Satz nicht nach Hause gehen will, ohne etwas über die Person zu erfahren, die ihn gesagt hat, frage ich nach. Und Señora López erklärt trocken die Situation: Eine Tür weiter befindet sich der Eingang zum Dorfpuff, und sie überwacht ihn. Damit sich kein Gesindel nach oben verirrt.

Otavalo kann man nur lobpreisen. Hier sorgen sie für alle. Auch dafür, dass Männer entspannter an den häuslichen Herd zurückkehren. Lesen und Eros, die eine Tätigkeit so menschlich und erfüllend wie die andere. Der nächtliche Leser so imponierend wie die Bordell-Chefin, die sich darum sorgt, dass kein Grobian ihre Mädels belästigt.

Zeitung lesen auf der Fahrt zurück nach Quito. Die Globalisierung hat tausend Gesichter. Wissenschaftler berichten, dass die Bevölkerung im Dritte-Welt-Land Ecuador immer mehr an Übergewicht leidet, Männer, Frauen, Kinder. Die Gründe, auch sie global: Fettreiche Ernährung und Bewegungsfaulheit, konkret (ich traue es mich kaum hinzuschreiben): die drögen Stunden vor dem Fernseher, das bequeme Leben, die Unlust zum Kampf gegen die tranige Schwerkraft des Körpers. Neben dem Bericht über den Status quo stehen die Aufrufe zur Umkehr, die Ernährungstabellen, die (gräulichen) Aussichten, wenn nichts geschieht.

Wer jetzt weiterliest, bekommt etwas geschenkt: einen dreckigen Lacher. Denn unterhalb des Artikels sieht man ein Foto von Angela Merkel, es illustriert einen Bericht über die wirtschaftliche Situation in Deutschland. Das Witzige ist die Nähe der beiden Reports, die in keinem direkten Zusammenhang stehen, sich wohl zufällig auf derselben Seite befinden. Und doch, auf heiterste Weise gehören sie zusammen, denn unter dem Bild der Bundeskanzlerin ist zu lesen, dass sie das deutsche Volk inständig bittet, »noch härter zu arbeiten«, um das »Wachstum Deutschlands« zu sichern.

Noch absurder: Auf dem Foto sieht man eine Reihe Korpulenter, die ihr interessiert zuhören. Sofort muss man an eine Irrenanstalt denken, in der jeden Morgen der Direktor (Merkel) vor die versammelte Mannschaft tritt (die Deutschen) und ihnen den Befehl »Noch mehr!« zuruft. Und die Irren begeistert durchstarten und – trotz Übergewicht, Bluthochdruck, Smogalarm, Autostau, Herzkranzverengung, Depression, Ozonloch, Alkoholrekorde und stresskaputter Leiber – wie besessen drauflos hämmern. Obwohl jeder weiß, ganz genau weiß oder diffus ahnt, dass so ein gieriges Wachstum mitten in die Hölle führt.

In Quito erfahre ich über die Botschaft den Namen einer Deutschen, die hier wegen Drogen einsitzt. Ich bekomme die Adresse der Anstalt und den Vornamen Anna (geändert). Ich mache mich auf den Weg zum Frauenzuchthaus. Ich bilde mir ein, dass ich anhand eines solchen Schicksals etwas Entscheidendes über das Land erfahre. Und Anna hat ein Schicksal, bei Gott.

Ich kaufe in der Nähe Obst, und der Händler weist mich darauf hin, dass es verboten ist, Ananas und Weintrauben mitzubringen. Denn damit würden die schweren Mädchen Schnaps brennen. Somit nur Äpfel, Bananen, Mangos und Birnen (Birnenschnaps?). Dann mit den zehn Kilo vor dem großen Eisentor warten, mich anstellen, links die Frauen, rechts die Männer, die Ehefrauen, die Ehemänner, die Töchter, die Söhne, die Freunde, die meisten mit prallen Tüten. Dreimal die Woche Besuchserlaubnis. Auf einer Tafel stehen die Dinge, die nicht reindürfen, unter anderem: Liköre, Zigaretten, Heizmaterial, Brillen, jede Art Mützen und Hüte, Zubehör für Zauberei, Medikamente.

Schubweise werden Leute eingelassen, auf den Vorplatz. Dann links den Ausweis deponieren, die Sonnenbrille abnehmen, den Namen der Person angeben, die man besuchen will, den ersten Stempel auf den rechten Unterarm erhalten, rechts rüber zum Body-Check. Prekärer Moment, denn die beiden Wachposten fassen alles an, auch die Bananen (versteckte Messer?), greifen an jedes Körperteil, jedes, schnüffeln in den Schuhen, sammeln alle Fundsachen ein, auch Schlüssel, auch Zahnstocher, auch eine Dose Aspirintabletten (vielleicht raffiniert verpacktes Kokain?). Fehlerlose Profis sind sie dennoch nicht, denn keiner findet mein Geheimfach mit den großen Dollarscheinen. Besser so, Wachposten wachen nicht unbedingt über den Besitz anderer. Jetzt der zweite Stempel.

Mehrere Türen durchschreiten, neben der letzten sitzt »Chocolate«, die (dunkle) Schönheitskönigin vom letzten Jahr. Jeden November, erzählt sie, treten die Etagen-Schönsten an und man wählt die Zuchthaus-Königin. Augenblicklich bittet sie die Vorbeikommenden um eine Spende für die Kinder der Gefangenen.

Irgendwann tatsächlich ankommen und vor einem der drei Hinterhöfe, sechs Meter breit, 30 Meter lang, stehen. Ein Massenbetrieb, man begreift sofort, dass die für 250 Insassen konzipierten Bunker mehr als doppelt belegt sind, aktuell hausen über 600 Frauen hier. Da heute Besuchstag ist, gleicht der Anblick einem orientalischen Bazar. Mit dem Unterschied vielleicht, dass manch eine Mörderin, Autoschieberin und Drogenspediteurin mit einem Mann schmust, auf einer Bank vor aller Augen. Und keiner schaut hin. Ein Flirren von Stimmen auf jedem Quadratmeter, vor den Fenstern hängt die Wäsche, lässig patrouilliert – nur mit Schlagstock bewaffnet – weibliches Personal (auf dem Vorplatz steht das männliche Personal, mit Schusswaffen). Ich gebe jemandem ein paar Pesos, damit er nach Anna D. sucht. Sie weiß natürlich nicht, dass ich komme. Und natürlich muss hier jeder Handgriff bezahlt werden. Geld taugt auch hier als Schmiermittel für alles, fast alles.

Anna kommt, Mitte dreißig, superblond, kinnlanges Haar, eher schlank, blasses, nicht unhübsches Gesicht, schwarze Bluse, schwarze Hose, Brille. Ihre tief ins Fleisch abgenagten Fingernägel verraten, was sie ist: ein nervöser Mensch. Außerdem, sagt sie bald, »vibriert« ihr Körper in regelmäßigen Abständen. Vibriert immer wieder im Laufe der etwa zehn Stunden, die wir die nächsten Tagen miteinander reden werden. Mitten im Erzählen zieht eine Welle durch ihren Leib, er zuckt. Wie bei einem Menschen auf dem elektrischen Stuhl. Das sei »normal«, sagt sie, sie bemerke es kaum noch.

Nicht leicht eine Ecke zu finden, in der man sein eigenes Wort versteht. Sie freut sich über die Früchte, ist froh über den fremden Besuch, fragt erst viel später nach den Motiven meines Interesses. (Ich versuche grundsätzlich den Hinweis zu vermeiden, dass ich über jemanden schreiben werde. Damit die Begegnung nicht zur Performance wird, der andere nicht die Wirklichkeit aufbläst oder Taten verheimlicht.)

Als Zweijährige kommt Anna in ein Heim, abgegeben, aufgegeben von der Familie. Die Trennung traumatisiert sie, sie braucht lange, um gehen und sprechen zu lernen. Jahre später wird sie von einem Ehepaar adoptiert und schafft nach Besuch einer Sonderschule den Hauptschulabschluss. Sie wäre gern Sekretärin geworden, begann sogar eine EDV-Ausbildung, scheitert jedoch und wird Bedienung.

Als argloser Mensch ist sie das ideale Opfer, Männer erkennen das sofort. Der erste heißt Lahya, stammt aus Marokko, heiratet sie, legt sich tagsüber auf die Fernseh-Couch und schickt die Frau zur Arbeit. Nach drei Jahren – Anna braucht grundsätzlich viel Zeit, um die Realität zu entziffern – stänkert sie zum ersten Mal. Dafür bekommt sie Prügel, die sie von nun an regelmäßig einsteckt. Nach vier Jahren dann die Scheidung.

Sie mag noch immer Männer, wird Zimmermädchen, Küchenhilfe, wieder Bedienung und geht – nach 20 Uhr – »auf Abendschicht«, stellt sich auf zum Straßenstrich in Köln. Denn Anna hat einen neuen Freund (»ich war sehr verliebt«). George greift sie jetzt ab, ein Nigerianer, der in einer Dönerbude arbeitete, bis er die 32-Jährige traf. Und die Arbeit niederlegte und – Anna sagt es recht blumig – »einen höheren Bedarf an Kleidung und so weiter entwickelte«. Somit ging die Hälfte des durchschnittlichen Nebenverdienstes – fünf Johnnys à 50 Euro – an den zum Zuhälter umgesattelten George: 125 Euro, pro Tag.

Nach vier Monaten stieg der höhere Bedarf ins Uferlose und George heckte Plan B aus. Er kauft Anna ein Ticket und bittet sie, »in Brasilien Designer-Klamotten« abzuholen. Anna glaubt alles und besteigt das Flugzeug. Irgendwo über dem Atlantik erfährt sie von ihrem Sitznachbarn, dass die Reise nach Quito geht, nicht nach Rio. Anna hat von der Stadt noch nie gehört und landet in Ecuador. Ohne drei Wörter Spanisch und mit hundert englischen Vokabeln. Sie geht ins nächste Hotel und ruft George an. Dem alles leidtut, wohl ein Missverständnis, aber jetzt ließe sich nichts mehr ändern. Sie solle doch bitte weiter nach Guayaquil fliegen (Stadt im Süden) und dort im Hotel California absteigen, »ein Freund von mir«, so Dandy George, würde sie besuchen. Anna schluchzt, glaubt immer noch an den Afrikaner und Textil-Grossisten, wittert noch immer nicht, für was sie hier abgerichtet werden soll.

In der Hafenstadt nimmt die *Gambia-Mafia* – Kumpel des Nigerianers – die Zügel in die Hand. Joel kommt sie im Hotelzimmer besuchen. Ein eher schweigsamer Typ, der anfängt, ihren Körper, exakter, ihren Unterkörper, mit dem Maßband abzumessen. Auf ihre verdutzte Frage nach dem Sinn seines Tuns antwortet er: »Du bist doch auf dem Laufenden, oder?« Nein, ist sie nicht (Anna scheint eher selten auf dem Laufenden), so stößt Joel kurz Bescheid: dass er ihr einen Spezial-Slip verpassen werde, damit sie »unauffällig« zweieinhalb Kilo Kokain nach Deutschland schleusen könne. Jetzt kapiert auch Anna, wo sie gelandet ist. Sie sagt aufgeregt: »Nein, das mache ich nicht«, und Joel sagt ruhig: »Dann bringen wir deine Familie um.« George war umsichtig genug, sich rechtzeitig über Adresse, Gewohnheiten etc. der Eltern seiner Freundin zu informieren.

Abends heult Anna wieder ins Telefon, doch der afro-deutsche Drogendealer in Köln vertröstet sie, verspricht ihr 15 000

Euro bei »erfolgreicher Rückkehr«. (Wenn man bedenkt, dass er das Gramm in Europa für 50 Euro absetzen wird, dann kann man im Kopf nachrechnen, dass er das Siebenfache verdienen wird.) Am nächsten Tag kommt Joel mit der Maßarbeit zurück, dem mit weißem Pulver vernähten Schlüpfer. Damit die 2500 Gramm schwere Unterhose nicht rutscht, kommt eine grobe zweite darüber, eine Art Mieder. Zum Festhalten.

Anna erzählt mit Humor, nicht wehleidig, heute sieht sie den Aberwitz der Situation, das Groteske. Nun, beim Nesteln am Unterleib der weißen Frau muss sich der Gambianer erregt haben, denn mit einfachen Worten fragt er nach, ob sie nicht »mit ihm ficken wolle«. Anna hat ein Faible für schwarze Männer, zudem eine gehörige Wut auf George, folglich: »Why not?« Und die beiden – er ein potenzieller Killer ihrer Familie, sie das von allen geplünderte, strohdumme Luder – legen los.

Zwei Tage später fliegt sie zurück nach Quito, kokainbehängt und von keinem belästigt. Doch bei der Kontrolle für den Flug nach Frankfurt ist es so weit. Anna berichtet von ihrer geradezu hysterischen Nervosität. Sicher hätte sie auch ein blinder Zöllner überführt. Da die Fahnder weder in ihrer Handtasche noch im Koffer etwas finden, wird sie in die Kabine gebeten. Und die Karriere der Drogenbotin Anna D. ist zu Ende. Sie wird verhaftet und in ein Krankenhaus gebracht, wo die zwei begleitenden Polizisten sie auffordern, ihnen 25 Dollar auszuhändigen. Einfach so, als »Fahrtkosten«. Offensichtlich wissen auch ecuadorianische Männer sofort, dass sie jemanden vor sich haben, der sich umstandslos schröpfen lässt.

Korrekt wird sie von weiblichem Personal untersucht, auch Scheide und After werden inspiziert, auch der Stuhl. Sie kommt in ein Untersuchungsgefängnis, teilt die Zelle mit etwa zehn anderen Gefangenen. Anna: »Ich war mit dem Leben fertig.« Sie isst nicht, sie trinkt nicht. Nicht aus Protest, nur aus Unfähigkeit, denn ihr Körper steht unter Schock, er verweigert. Sie denkt an Selbstmord.

Die schwärzeste Phase vergeht, Anna hat innere Ressourcen, sie verwahrlost nicht, sie will am Leben bleiben. Starkes Mädchen, denn viel Hilfe ist von außen nicht zu erwarten. Die Pflegeeltern haben nichts, kein Geld, keine Macht, keinen Einfluss, der Stiefbruder lebt wegen Alkoholsucht in der Psychiatrie und die beiden Stiefschwestern sind »normal«, verdienen und fliegen trotzdem nicht nach Quito. Ein Vertreter der deutschen Botschaft kommt sie besuchen, bestärkt, klärt auf, stellt materielle Zuwendung in Aussicht. Aber natürlich hat er die (mindestens) 10 000 Dollar nicht dabei, die für einen »Privatanwalt« nötig wären. Das wäre einer, der mit einem Teil des Geldes den Richter bestechen könnte, um – was keinesfalls sicher wäre – das Urteil weniger hart ausfallen zu lassen. So verteidigt sie nur ein Pflichtanwalt. Desinteressiert kommt der Winkeladvokat in keinem Augenblick seiner Pflicht nach. Sie wird dreimal verhört, beim letzten Mal fällt das immer gleiche Urteil bei Drogendelikten: Acht Jahre!

Am selben Tag erfährt sie, dass das Gesetz *dos por uno* (zwei für eins) von der Regierung auf Druck Washingtons abgeschafft wurde. Jene Verordnung, die erlaubte, die Strafe bei guter Führung um die Hälfte zu verkürzen. Präsident Bush, so sagt Anna, und so hat sie es gehört, wollte damit verhindern, dass die Entlassenen gleich wieder anfangen, Stoff in die USA zu verkaufen. Wie auch immer: Acht Jahre sind acht Jahre. Sie kommt nach »El Inka« (so genannt, weil im gleichnamigen Stadtteil gelegen), dem größten Frauenzuchthaus des Landes.

Wir verabschieden uns, die Zeit ist um.

Am nächsten Besuchstag muss ich warten, auch Geld hilft nicht, um die Ankunft Annas zu beschleunigen. In der Zwischenzeit komme ich mit Tania ins Gespräch, sie verkauft hier Kaffee und sitzt wegen Diebstahl. Ein fremdes Auto wurde bei ihr in der Garage gefunden, und natürlich ist sie die Letzte, die wüsste, wie es dort hineinkam. Tanias Benehmen gehört wohl zum seelischen Inventar vieler Insassen, weltweit: sich als Opfer zu fühlen. Und oft sind sie beides, Opfer und Täter.

Anna taucht auf, sagt, dass sie beim Arzt war (»eine Frauengeschichte«), fünf Dollar kostet die Visite, viel Geld, sagt sie, für einen Doktor, der »nichts taugt«. Sie führt mich durch die Haftanstalt, die drei Innenhöfe, zeigt auf hohe Mauern und die Flutlichter, erzählt von vergeblichen Fluchtversuchen. Auch jene Ausbrüche scheiterten, die professionell vorbereitet, sprich, durch Schmiergelder an das Personal abgesichert schienen. Anna vermutet, dass jemand übersehen, nicht oder nicht großzügig genug bedacht wurde. Gewalt unter den Frauen gibt es auch, aber weniger als im Männerzuchthaus. Auch haben sie hier keine Mafia, die »Schutzgelder« einprügelt. Dennoch: Bisweilen gehen die Damen mit Messern aufeinander los oder hauen Nägel in Stöcke, um sich zu wappnen. Oder sie raufen, zerren an den Haaren, keifen, keifen lange. Auch Mörderinnen sitzen hier ein, meist Mord aus Eifersucht, meist das Drama einer tödlichen Dreiecksgeschichte. Ansonsten der fiese Alltagsstress, plärrende Radios, schlaflose Unglückliche, die stundenweise polternd aufs Klo müssen, wüste Schnarcherinnen, haltlose Depressive, die halbe Nächte lang in die Matratze flennen. Fast die Hälfte der Insassen sind Kolumbianerinnen, die Spezialistinnen Südamerikas in Sachen Drogen und Drogentransport. Manche Stockwerke der drei Blöcke gelten als rabiat, andere als »okay«. Plötzlich sagt Anna, die hier nie Opfer von Gewalt wurde: »Nun sitze ich hier, traurig und verraten, während sich die Welt ohne mich dreht.« Die Einsamkeit sei das gemeinste Problem, die »franst sie an«.

Die Nahrung ist bescheiden, aber nicht katastrophal. Drei Mahlzeiten gibt es, mittags und abends meist Reis und eine Frikadelle, ab und zu Salat. Morgens Haferflockenbrei, ein Stück Brot, Kaffee. Wer Geld hat, kann sich selbst versorgen, Kochgelegenheiten existieren. Jede muss ihre Wäsche selbst waschen, von Hand. Kosten fallen an, zwei Dollar pro Monat für Gas, TV wird auch berechnet, für das Zimmern einer Pritsche muss jeder Neuzugang 20 Dollar hinterlegen.

Wir warten einen günstigen Moment ab, dann führt mich Anna hinauf in ihre Zelle (Zutritt für Männer verboten). Keine Suite, 180 Zentimeter mal 180 Zentimeter winzig. Vier Menschen leben hier, die durchaus internationale Besetzung: eine Ecuadorianerin, eine Kolumbianerin (mit fünf Monate altem Säugling), eine Deutsche. Die drei Kojen liegen übereinander, ein Schrank im Eck, der Rest des Raums reicht, um sich einmal umdrehen zu können. Die drei kommunizieren kaum, da die gemeinsame Sprache fehlt. »Das«, sagt Anna, »hat seine Vorteile. Wir sagen uns keine bösen Sachen, wir denken sie nur.« Auf Annas Bettdecke liegt *Die Wanderhure*, ein 600-Seiten-Schmöker über die Geschichte der Prostitution. Eine (bereits entlassene) Deutsche hat das Buch dagelassen, jetzt liest es Anna. Der pädagogische Einfluss von Zuchthäusern ist unübersehbar: Früher kamen Bücher und Lesen nicht vor in Annas Leben.

Wir verschwinden rechtzeitig aus dem Kabuff, denn Personal ist im Anmarsch, um zu prüfen, ob jemand in den letzten 24 Stunden die Eisenstäbe vor dem Fenster angesägt hat.

Das Erdgeschoss ist für jeden Besucher frei zugänglich. Intensives Leben, Friseursalons gibt es, eine Wurstbraterei, einen Laden, der Postkarten, Schreibmaterial und DVDs verkauft, darunter Jacky Chans *Rush hour*, Brad Pitts *Troja* und viel Porno, mehrmals *¡Cójeme!*, nimm mich! Jedes Mittel liegt aus, um die Haut, die Zähne, die Haare zu verschönern. Winzige *Restaurants* laden ein, daneben *Cafeterías*, alle von den Insassen geleitet. Drogen gibt es auch, nicht über der Theke, aber darunter. Wer Geld hat, führt ein besseres Leben.

Während ich drei Gangsterinnen unter der Heißlufthaube zuschaue, fällt mir Monsieur Le Joliff in Paris ein, der das dortige Chanel-Laboratoire leitete, als Genie und Alchemist, um Tinkturen, Lippenstifte, Eyeliner und Make-ups für das berühmte Modehaus zu erfinden. Ich interviewte ihn, erwähnte ihm gegenüber eine Alte, die ich am Vortag verlaust in der Metro gesehen hatte. Sie roch nach den eigenen Körpersäften und dem Neuen Beaujolais. Aber irgendwann zog sie einen Kamm und einen Spiegel heraus und versuchte – begleitet von zischenden Flüchen – ihr verfilztes Haar zu ordnen. Die Geschichte gefiel Monsieur, triumphierend interpretierte der Meister sie so: »Sobald bei einer Frau die Sehnsucht zu gefallen aufhört, unterbricht sie den Kontakt zur Welt, erlischt das Leben.« Die Erinnerung beruhigt, die meisten hier haben sich nicht aufgegeben, sie wollen zurück, schön zurück in die Welt.

Ich frage Anna, was ihr Kraft gibt. Und sie antwortet: »Im Gefängnis bin ich Christin geworden, Gott hat mir sehr geholfen, ohne ihn finde ich keinen Halt.« Sie berichtet von vier US-Bürgerinnen aus Minnesota, die hier jeden Mittwoch das »Wort Gottes« predigen. Mit Halleluja und Jauchzen und viel Psalmodieren, mit Texten wie: »Wir sind Gesetzesbrecher und Betrüger, doch der Herr steht uns bei.« Donnerstags und freitags werden Postkarten mit Bibelsprüchen gebastelt, Kostprobe: »Jesus ist der Retter aus meinen Sünden.«

Anna nimmt an keinem der hier angebotenen Kurse teil, Englisch könnte man lernen, Spanisch, ja, ein Seminar über Weltpolitik belegen. Ich vermute, solch Tun ist anstrengender und fordert mehr Selbstverantwortung, als das Lob Gottes zu jubilieren und anderen das Denken zu überlassen. Ich will die Frau provozieren, wie immer nerven mich spirituelle Ammenmärchen. Ich frage sie, warum dieser so hilfreiche Gott nicht früher eingegriffen hat, sagen wir, bevor sie George, das Monster, traf? Ich will wissen, ob sie nicht einem seltsam böswilligen Gott folge, einem, der zur Menschenliebe erst fähig ist, wenn der Mensch gedemütigt und anbetungsbereit vor ihm liegt? Und Anna, inzwischen randvoll mit den Sprüchen aus der Mottenkiste ambulanter Heilsverkünder, haspelt nach, was ihr gestern oder vor sechs Wochen eingetrichtert wurde: »Gott hat nicht eher geholfen, weil ich vorher nicht auf ihn gehört habe.«

Themawechsel, zurück zur Erde. Ich erkundige mich bei Anna, wie sie – eingedenk ihres gesunden sexuellen Appetits – hier mit ihren fleischlichen Regungen fertig werde. So mitten unter lauter Frauen. Und die Hellblonde – keine Spur pikiert – leiert schon wieder nach, was sich Dritte für sie ausgedacht haben: »Natürlich bin ich manchmal geil, aber ich befriedige mich nicht mehr. Ich bete dann, bitte Gott um Nachsicht und andere Gedanken.« Ich bin ein rühriger Tor und glaube das scheinheilige Geschwafel.

Das Mädchen hat es nicht leicht, viele versuchen, ihr einen Nasenring umzuhängen. Henry Miller meinte, es wäre gut, sich in seiner Jugend das geistige, das emotionale Werkzeug zu schmieden, um einigermaßen souverän sein Leben hinter sich zu bringen. Anna hat das Schmieden irgendwann unterbrochen, jetzt steht sie ohne Waffen da, weiß keine Spielregeln, lässt sich von jedem überfahren. Sie reicht mir den letzten Brief ihrer Pflegemutter, um den ich sie gebeten hatte. Das Dokument einer sadistischen (masochistischen?) Betschwester. Im ersten Teil lässt sie klar erkennen, dass die missratene Tochter zu Recht einsitzt, dann: »Die Katastrophen werden immer häufiger und immer schlimmer. Das kann nur bedeuten, dass Jesus bald wiederkommt. Da können wir uns darauf freuen! Das ist noch viel besser, als aus dem Gefängnis entlassen zu werden. Denn dann werden wir *richtig* frei sein.«

Ein Mann setzt sich neben uns und alles wird besser. Es ist Gabriel, Bankangestellter und seit kurzem Annas Freund. Kennengelernt haben sich die beiden in einem der Hinterhöfe, als der 32-Jährige eine (kriminelle) Bekannte besuchte. Sympathischer Mensch, gute Manieren, kein Flegel, sicher um einiges schneller im Kopf als seine deutsche Freundin. Die zwei halten Händchen. Ich schaue gern hin, die Geste vermindert ganz offensichtlich die Einsamkeit einer Frau, die seit über drei Jahren kein einziges Mal den Bunker verlassen hat.

Das arme Ding, längst gehirngewaschen. Noch ein letztes Mal schwindelt Anna und redet von einer »nur geistigen« Beziehung zu dem Ecuadorianer. So, als müsste sie sich vor mir (und dem lieben Gott) rechtfertigen. Aber diesmal lache ich laut, das entspannt sie endlich, hinreißend wahrhaftig und wirklichkeitsnah sagt sie: »Natürlich vögeln wir miteinander.« Oben in der Zelle, ohne Probleme, für die Stunde steckt Gabriel der Wachhabenden fünf Dollar zu.

Anna und ich werden noch Komplizen. Bevor das Liebespaar sich auf ihre Koje verzieht, frage ich, woher sie denn Geld bekomme, außer den 75 Dollar, die ihr die Botschaft als »Sozialhilfe« monatlich vorbeibringt. Und wild zwinkert Anna mir zu, die Aufforderung ist deutlich: Sprich nicht davon! Ihr (diskreter) Fingerzeig auf den Banker leuchtet ein: Der Liebhaber soll

102

nichts wissen von anderen Zuwendungen. Damit er weiterhin spendet, an sie.

Nun, ich habe mich geirrt, ein paar Waffen hat sich auch die Frau mit dem vibrierenden Körper zugelegt, unter anderem die Tricks eines Schlitzohrs. Sie wird abgezockt. Und sie zockt ab. Ich mag sie, sie hat was Heiteres, und sie ist noch immer kein schäbiger Mensch geworden. Nur ein bisschen ausgebufft, bauernschlau, listig. Um nicht unterzugehen.

Ich bin nicht bedrückt beim Abschied. Das anschließende Gespräch bei der Botschaft gibt Annas guter Laune recht. Nach langwierigen Verhandlungen hat Ecuador am 1.11.2005 das *Straßburger Übereinkommen zur Überstellung verurteilter Personen* unterschrieben: Wer bereits zwei Jahre und fünf Monate Zuchthaus hinter sich hat, keinen Fluchtversuch unternommen hat und – in diesem Land ein Akt herkulischer Mühsal – ein rechtskräftiges, schriftliches Urteil in Händen hält, ist Nutznießer dieses Abkommens. Sind alle Bedingungen erfüllt (Anna braucht noch das Schriftstück), kann die Botschaft den Antrag stellen, und bald sitzt der Verurteilte den Rest seiner Strafe in Deutschland ab. Meist wird ihm dann, bei guter Führung, ein Drittel der Zeit erlassen.

Zurück im Bus zu meinem Hotel. Da Studenten und Polizisten wieder einmal miteinander raufen – das passiert oft, und meist, wie in diesen Tagen, geht es um die Erhöhung der Fahrpreise des öffentlichen Verkehrs –, sind die Straßen verstopft. Der Bus ist voll und so niedrig, dass einige Fahrgäste (auch ich) den Kopf einziehen müssen. Das hindert aber einen wütenden Halbwüchsigen nicht daran, sich bettelnd und greinend nach hinten durch die Leiber zu fräsen. Wie ein verstockter Maulwurf bohrt er sich zwischen Bäuchen und Schultern seinen Weg zum Rücksitz. Um zuletzt ohne einen Centavo (wie denn Geld aus der Hosentasche ziehen?) und noch lauter fluchend über die Gemeinheit der Welt durch ein Fenster den Bus zu verlassen. Der Glückliche, denn kurz darauf zieht Tränengas durch die Öffnung (die sich nicht schließen lässt), zur erbärmlichen Raumnot kommt der tränenfördernde Schmerz in den Augen. Wir fahren mitten durchs Kampfgebiet, überall Polizei, Wasserwerfer, vermummte Jugendliche. Erstaunlicherweise fehlt die Dramatik, Zuschauer blicken rüber, eher belustigt, man kennt die Inszenierung, so war es immer, so wird es immer sein, nirgends der wahre Schrecken auf den Gesichtern. Es dauert, bis der Fahrer stehen bleibt und wir fluchtartig ins Freie dürfen.

Rotäugig stelle ich mich unter die Dusche.

In den Süden, nach Guayaquil. Erfüllter Tag, ein wuchtiges Land zieht vorbei, Berge, Täler, Serpentinen, dicke Kühe, fette Wiesen, fröhlich winkende Kinder. Gäbe es keine (armen) Ecuadorianer, das (reiche) Ecuador wäre längst in der *Ersten Welt*.

Durch *El Triunfo* kommen und boshaft grinsen, weil ein Stinkloch »Der Triumph« heißt. Und über einem Restaurant den Hinweis *menú ejecutivo* lesen. Wie beruhigend, dass es jetzt auch ein spezielles Mittagessen für den Businessman gibt. Jede Fürsorge um ihn scheint gerechtfertigt. Damit die Geschäfte gut laufen und es überall aussieht wir hier im Stinkloch: weggeholzte Bäume und schöne blaue Abgase. Warum gibt es kein *menú viajero*, keinen Imbiss für Reisende?, warum keinen für Clowns?, keinen für Blumenhändlerinnen? Um sie zu stärken im Kampf gegen die Verwüstungen nimmermüder Profiteure?

Später – in irgendeinem Kaff, in dem wir kurz halten – fällt der Blick auf einen Mann, einen Macho: den schwarzen Haarschopf zum Zopf gebunden, die coolen Gesten, der gerade Rücken, mit dem er auf einem Stuhl sitzt und sich stolz die Stiefel polieren lässt. Ich lasse das Wort Macho weg und sehe ein fabelhaftes Bild, sehe einen, der mit sich und den anderen sechs Milliarden im Reinen ist. Dann darf er auch eitel sein, sich umwerfend und grandios finden. Solange er nur den Swing ausstrahlt, so was Nachsichtiges und Weltoffenes. Und das tut er, ich strecke ihm durch das Fenster die Hand hin, und er steht lässig auf und nimmt sie, lächelt, wie nur Helden lächeln, und stellt sich als »Don Enrique« vor. In Sekunden entsteht Wärme zwischen zwei Fremden, gegenseitiger Respekt.

Lange Fahrt, zwei Bänke vor mir sitzt Dominique, eine Französin (leicht zu erkennen an ihrem Akzent, wenn sie spanisch spricht). Ich darf mich neben sie setzen und die Pensionärin erzählt munter, dass sie »jetzt Zeit für die Welt hat«. Der Beruf liegt hinter ihr, zwei Gatten hat sie begraben und die drei Kinder sind aus dem Haus. Hört man sie reden, könnte man denken, sie hat alles genau so geplant. Die Ex-Mutter, Ex-Ehefrau und Ex-Angestellte im Rathaus von La Rochelle sagt verschmitzt: »Jetzt bin ich dran.«

Frauen wie Dominique kommen auf die Liste der Lieblingsmenschen. Weil sie uns vormachen, wie Neugier und Lebensfreude funktionieren können: ein Leben lang. Vor einem Jahr hat sie einen Sprachkurs belegt, um sich auf Südamerika vorzubereiten. Während die Sprudelnde redet, fällt mir ein Bericht ein, den ich vor der Abreise in einer französischen Zeitung gelesen habe. Es ging um den Rentner-Blues in Paris, um jenes düstere Loch, in das viele schon am ersten Tag ihres (ersehnten, denkt man) arbeitsfreien Lebens fallen. Und so lange abstürzen, bis das Sterben sie erlöst. Dominique fällt nicht, sie hebt erst jetzt richtig ab.

Die Französin überraschte, aber irgendwann kommt der Schock. Den verpasst mir eine Ecuadorianerin. Nichts Schockierendes passiert, und dennoch bringt der folgende Anblick die standhaftesten Vorurteile eines Europäers durcheinander: Ein Paar steigt ein, er Mestize, sie Indigene. Eine echte, keine, die für Geld als Touristen-Eingeborene posiert und sich fürs Foto neben einem Lama aufstellt. Und die zwei setzen sich auf die hinterste Bank – sie legt Poncho und Bowler-Hut ab, er legt seine Hände auf ihre schwarzen Zöpfe – und: küssen sich. Ich habe Heerscharen von Indigenen in meinem Leben gesehen, aber nie war eine dabei, die in der Öffentlichkeit einen Mann zärtlich berührte. Was absolut tabu ist. Bis heute. Es vergeht eine gewisse Zeit, bis ich kapiere, dass ich den Anfängen einer Revolution beiwohne.

Später werde ich Zeuge einer Szene, die uralt ist und noch ein paar Jahrhunderte Gültigkeit haben wird. Neben einer Christus-Statue am Straßenrand halten wir, der Beifahrer steigt aus und alle Passagiere reichen ihm durch die Fenster ein paar Münzen. Damit er die Handvoll Klingelgeld in den Brustschlitz des hölzernen Jesus steckt, um eine unfallfreie Weiterfahrt zu garantieren. Sinnigerweise drückt der Fahrer anschließend energischer als zuvor aufs Gaspedal, so als hätte er gerade die Zusage erhalten, dass nichts schiefgehen wird. Wir sausen und der Herrgott beschützt. Das scheint versprochen.

Noch eine Stunde nach Guayaquil, dem größten Hafen, der größten Stadt, dem verruchtesten Zentrum und Schwarzmarkt-Dorado der Republik. Jeder Zwölfte lebt hier in Luxus, jeder

106

Zweite als armer Hund. Eine gierige Metropole, heißt es, flüchtig, windig, immer bereit, sich jedem dahergelaufenen Zeitgeist an den Hals zu werfen.

Ein Junge geht durch den Bus und verkauft *El Universo*, ein Zeitungsartikel berichtet von einem Phänomen, das seit geraumer Zeit die 2,5-Millionen-Metropole in Atem hält, *el secuestro express*, die Schnell-Entführung: einem Autofahrer den Pistolenlauf an den Kopf halten, ihn auffordern, auf den Rücksitz zu verschwinden, lospreschen und dem ehemaligen Eigentümer an einem ruhigeren Ort sein restliches Hab und Gut wegnehmen, Mobiltelefon, Brieftasche, Kreditkarten, Uhr. Und ihn irgendwo abladen, lebendig. Wenn die Entführer gut gelaunt sind.

Beachtlich der Fall von R. E. Bulgarín. Der Gangster wurde von einem attackierten Autofahrer zum Krüppel geschossen. Was den emsigen Verbrecher nicht hinderte, nach der Flucht aus dem Krankenhaus (die Familie schläferte mit einem präparierten Drink den wachhabenden Kriminalbeamten ein) wieder nach schönen Modellen Ausschau zu halten. Vom Rollstuhl aus. Sobald er sich für ein neues Opfer entschieden hatte, schickte er seine Bande los. Für die Drecksarbeit. Der letzte Coup ging allerdings schief, denn die Polizei kam vorbei und alle Bandenmitglieder stoben davon. Nur der 25-Jährige blieb sitzen.

Tage in Guayaquil. Die Stadt tatsächlich ein Brutkasten, von oben und unten gleißt die Hitze, vom Himmel, von der Erde. Wie hochtourige Panzer donnern die Busse durch die Schluchten, mit Auspuffen, die wie Flammenwerfer die Welt mit Gift überziehen. Wer danebensteht, dem fliegen die Haare. Ich frage meinen Taxifahrer, ob er glücklich ist, und er antwortet wie einer, der schon lange hier wohnt: »Klar bin ich glücklich. Weil ich nicht mehr verlange, als ich habe, ich träume nicht.«

Die *Avenida 9 de octubre* entlangmarschieren, die Hauptstraße, die Einkaufsstraße. Am 9. Oktober 1820 forderten die Einwohner die Unabhängigkeit von der spanischen Krone. Inzwischen ist die Freiheit gekommen und mit ihr die Versuchung.
Sogar vor dem McDonald's stehen zwei Mann mit Schrotflin-
ten und wachen darüber, dass keiner unbezahlt einen Ham-
burger davonträgt. Grimmige Wachposten, würde man ihnen
nachts begegnen, man käme nie auf die Idee, dass sie hauptbe-
ruflich für Recht und Ordnung unterwegs sind.

Ich gehe in eine Bank, brauche Dollars. Ja, heißt es am Emp-
fang, hier werden Euro gewechselt (aus unerfindlichen Gründen akzeptieren nur wenige Geldinstitute europäisches Geld).
Lange Warteschlange, auch hier Security. Einer kommt auf mich
zu und fordert mich auf, die Kappe abzunehmen. Ich könnte ja
ein Maschinengewehr darunter versteckt haben. Da ich grundsätzlich schlecht gelaunt bin, wenn ich meine Lebenszeit in einer Warteschlange verbringen muss, antworte ich, dass ich
keine Anordnungen entgegennehme, nur Bitten. Und der andere sagt »por favor«. Um der Szene einen Touch von Heiterkeit
zu geben, bitte ich alle anderen armen Teufel, die hier schwitzend wie ich herumstehen, darauf zu achten, ob jetzt eine Der-
ringer 38' zum Vorschein kommt. Kommt nicht, nur blonde
Haare, wie langweilig. Trotzdem, alle lachen, auch der Mann mit
der Flinte.

Als ich endlich drankomme, erfahre ich vom Schalterbeam-
ten, der jeden eingezahlten Dollarschein nach dem Original-
Wasserzeichen absucht (deshalb die Endlosigkeit), dass keine
Euro gewechselt werden. Das, hätte mein Meister in Japan gesagt, ist eine unbezahlbare Gelegenheit, um »Zen zu üben«, Con-
tenance zu bewahren, die Fähigkeit, sich nicht provozieren zu
lassen. Ich atme ruhig und bin mir klar darüber, dass gerade ein

Abschnitt meines tollen Lebens verstrichen ist: lange warten und erfolglos ankommen. Bravo.

Guayaquil fordert heraus. Eine Seitenstraße weiter, in der Calle Rendón, direkt neben der *Iglesia de la merced*, Kirche der Güte, liegt ein Mann. Füße im Rinnstein, Oberkörper auf dem Bürgersteig. Starker Verkehr, ein Polizist steht in unmittelbarer Nähe und unterhält sich gut gelaunt mit zwei Fußgängern. Ich gehe auf den Freund und Helfer zu, frage, ob der Rinnsteinmensch nicht Hilfe brauche. Die Antwort hätte ich wissen müssen: »Está borracho!«, ein Besoffener halt, welche Art Hilfe soll der schon brauchen? »Mach dir keine Sorgen, in drei Stunden hat er seinen Rausch ausgeschlafen.« Wie richtig das klingt, und dennoch: Ein Mensch liegt neben der Straße, mit offenem Mund, bewusstlos, mitten am Tag, mitten unter uns. Irgendwas stimmt da nicht, irgendwas ist da falsch gelaufen. Mit uns.

Entlang dem Río Guayas hat die Stadt eine der kostspieligsten Renovierungsprogramme des Kontinents durchgeführt. Aus einer dubiosen Gegend wurde der *Malecón 2000*, eine über zweieinhalb Kilometer lange Hafenmole mit Restaurants, Boutiquen, Kinderspielplätzen, Helden-Standbildern und viel Polizei. Damit die Dubiosen nicht zurückkommen.

Familien spazieren heute den blitzsauberen Kai entlang, jeder Dritte transportiert ein Handy, auf das er immer wieder blickt. Zum Checken der Nummer oder Lesen der SMS. Als Schriftsteller kann man die Erfinder von Mobiltelefonen nur beneiden. Wer würde nicht gern ein Buch schreiben, in das ein Drittel der Menschheit alle fünf Minuten hineinschaut, um zu wissen, was drinsteht.

Ich will wohin, wo es aufregender zugeht. Ich ziehe in den

Norden, zum Hauptfriedhof. Der Hotelportier hatte »viel Raub, viel Überfall« für die Gegend in Aussicht gestellt. Ich gehe trotzdem. Weil ich jetzt was brauche, wo es intensiver zugeht als zwischen Souvenirläden und polizeihundüberwachten, von ehrbaren Mitmenschen gespendeten Parkbänken.

Als ich mich verirre, sehe ich ein Schild hängen, auf dem *Peligro*, Gefahr, steht. Ein Pappschild, sicher von einem Witzbold montiert. Ich folge der Richtung und bleibe nach etwa 100 Metern wieder stehen, um jemanden nach dem Weg zu fragen. Das hätte ich nicht tun sollen, denn im selben Augenblick saust eine Tafel neben mir zu Boden, ein ganzer Quadratmeter Blech, auf dem *Cerveza y Vino,* Bier und Wein, steht. Zweifellos Materialmüdigkeit, leicht zitternd wiege ich das Teil in meiner Hand. Für eine kleine Ohnmacht hätten die paar Kilo gereicht. Soll keiner sagen, ich wäre nicht gewarnt worden.

Am Eingang zum Friedhof steht ein Mann mit kugelsicherer Weste, Pistole und Gewehr. In Guayaquil bewachen sie sogar die Leichen. Nicht einmal tot sein garantiert ewigen Frieden. Grabräuber sind unterwegs, um den Begrabenen ihre letzten sieben Sachen vom Leib zu reißen.

Die *weiße Stadt* sieht gut aus, ein riesiges Areal, bedeckt von Tausenden, Abertausenden Gräbern, von ganz unten bis ganz hinauf zur Spitze der Hügel. Aus Granit, aus Gusseisen, aus Marmor, aus falschem Marmor, mit schwebenden Engeln und Heiligen oder blutenden Jesus-Herzen. Karge Sarkophage oder wahre Mausoleen, geschmackvoll oder vulgär, bescheiden oder größenwahnsinnig. Noch im Tod. Frische Blumen liegen auf den Grabdeckeln, oder Plastikrosen in Plastiktüten, oft steht nur der Name da, manchmal hängt ein Foto des Verstorbenen daneben, einmal entdecke ich einen kleinen Knochen, mit Tesafilm an das Bild geheftet. Ganz oben liegen die Habenichtse, an sie erinnert ein Holzkreuz, neu oder längst verwittert. Jeder steht hier die Ewigkeit durch, so gut er kann.

Eine Frau kniet vor einer Steinplatte, sie weint, sie weint zum Gotterbarmen. Ich schleiche vorbei und sehe, dass ein Mario Víctor vor einer Woche hier beerdigt wurde. Ihr Mann? Ihr Sohn? Ich habe nicht die Nerven, sie danach zu fragen. Die Frau scheint unauslotbar einsam, von aller Zukunft verlassen heult sie auf den Stein.

Drei Pfade weiter finde ich einen Mann, der fröhlich grinsend das linke Ohr an sein Transistor-Radio drückt, verkratzt und lautstark wird ein Fußballspiel übertragen. Totengräber Juan erzählt, dass der FC Barcelona gerade auf Freundschaftstour durch Ecuador unterwegs ist. Und dass der hiesige *Delfín SC* Sekunden zuvor ein Tor geschossen hat.

Es wird noch amüsanter. Als ich zurückgehe zur Pforte, hat sich ein Mann mit Tisch und Stuhl eingerichtet, direkt auf der Hauptallee. Señor Herrera von der Firma *Grupo Elit* sitzt hier, einem Beerdigungsunternehmen mit allen Schikanen. Unsere Begegnung beginnt mit einem Missverständnis, das in Heiterkeit ausartet. Der Boss hält mich für jemanden, der sich gerade umsieht, um nach einem Platz für seine letzte Ruhe Ausschau zu halten. Ich steige umgehend in das Spiel ein und will beraten werden. Welch glücklicher Zufall, »nur heute« gibt es ein befristetes Sonderangebot: Fünf verschiedene Offerten liegen vor, vom einfachen *Service der Erinnerung* bis zur *Exclusiv-Dienstleistung*, die Grundausstattung für 525 Dollar, der Pomp für 1575. Natürlich will ich den *Luxus-Sarg*, die *noble Totenwache*, die *exzellente Karosse*, die *Versicherung bei Tod durch Unfall* (sic!).

Ich liebe den ganz normalen Irrsinn, er verführt mehr zum Kichern als vieles andere. Was jedoch überrascht: Noch als Toter muss ich mein Ego behalten, nicht einmal jetzt darf ich es loslassen. Elite Group und Señor Herrera sorgen dafür, dass es mit in die Grabkammer kommt.

Abends lerne ich Mister Hien kennen, so stellt er sich vor. Er führt ein lausiges Restaurant, aber ein paar brauchbare Tische stehen da zum Essen, Lesen und Schreiben. Dass Chinesen notorische Abzocker sind, ist ein altes Vorurteil und immer wahr. Auch jetzt. Es geht um die Steckdose, in die ich mein Mac-Kabel stecken will. Mein (verschwenderisches) Angebot von einem halben Dollar für maximal zwei Stunden lehnt er ab. »Reiner Betrug«, sagt er. Zufällig habe ich ein Beweisstück mitgebracht: die heutige Zeitung, in der täglich die Strompreise stehen. Es gibt verschiedene Kategorien, die teuerste kostet 8,11 Centavos pro 60 Minuten und Kilowatt, das heißt, ich biete das Dreifache. »Never mind«, so der Wirt, er will einen Dollar, und so sei es. Dafür bekomme ich (zur Steckdose) die Erkenntnis, dass Vernagelte auch dann nicht die Wirklichkeit zur Kenntnis nehmen, wenn sie sich direkt davor befinden.

Aber ich unterschätze Hien. Ein ganzes Abendprogramm wird geliefert. Er schaltet den Fernseher ein und der Ton und die Bilder sind so mitreißend, dass ich näherrücke. Das muss einer erlebt haben. Man sieht die typische Studioeinrichtung einer Talkshow, Stühle, bunte Lichter, das pausbackige Publikum. Aber die eingeladenen Gäste – vier Frauen – talken nicht, sondern ... prügeln aufeinander ein. Erst, als sie anfangen, sich die Kleider vom Leib zu fetzen, greifen starke Männer (angeheuert vom Sender) ein und trennen sie, versuchen, sie zu trennen. Als die vier zerzaust und verkratzt wieder auf ihren Sesseln sitzen und jetzt aufeinander einbrüllen, wird langsam klar, um was es geht: Die Anstalt hat verfeindete Nachbarn eingeladen, um sie öffentlich zu konfrontieren. Um die rasende Wut – unter dem dröhnenden Gelächter der Zuschauer – weiter anzuheizen, wird den vier nach der ersten Runde ein (heimlich) gedrehter Film gezeigt. Und der Streifen beweist unmissverständlich, wie zwei der Frauen, *die Angeklagten*, die zwei anderen, *die Klägerinnen*, in ein Wirtshaus einladen, sie zum Trinken verführen und hinterher filzen und ausnehmen. Die Fünf-Minuten-Dokumentation ist noch nicht zu Ende, und wieder tritt das Quartett zum Vierkampf an. Fraglich natürlich, ob hier die Realität gezeigt wird oder ob nicht alles abgekartet ist, sprich, der Hass und die Keile nur erfunden und inszeniert. Wenn ja, dann ist es gut inszeniert, denn die vier lassen keinen Körperteil aus, hauen mit letzter Überzeugung rein.

Der Abend ist noch nicht vorbei, der Fernseher verstummt wieder und Hien serviert das Essen. Ein Bettler sieht mich von der Straße aus und kommt an meinen Tisch. Ich teile das Huhn und den Reis mit ihm, lege alles auf den Salatteller und bestelle eine zweite Cola. Lauter Fehler, denn der Chinese wetzt heran, deutet mit dem Finger auf den jungen Ecuadorianer und beginnt zu keifen: Der Kerl hätte für ihn gearbeitet, ein Nichtsnutz, der sogar eines Tages mit dem Messer auf ihn losgegangen sei. Der Junge grinst nur, isst eine Spur schneller und verschwindet.

Irgendwann wird die Welt friedlicher, selbst in der Nähe von Hien, der eigentlich Feldherr hätte werden sollen, aber zufällig in Guayaquil eine Pinte besitzt. Ein Sänger und ein Gitarrist kommen, ich winke sie zu mir, ich will jetzt von Liebe und der Sehnsucht nach Liebe hören, will die Kriegerinnen und den Zänkischen vergessen. Und die zwei spielen *Jardín ajeno*, ein Lied von Máximo León Pasillo. Eine wahre Schmelzkeule, tief und kitschig und heilsam wie das Flüstern einer verliebten Frau. Spanisch klingt gesungen noch schöner, es lässt sich wunderbar dehnen und randvoll laden mit Empfindung und Pathos.

Als ich zahle, höre ich den Chinesen nach seinem Hund rufen: »¡Venga, Hector!«, kommen Sie, Hektor!, immerhin hat er vor dem Köter Respekt. Er siezt ihn und hat dem Bastard den Namen eines trojanischen Helden gegeben. Unergründliches Menschenherz.

Guayaquil ist für jeden Reisenden eine gute Stadt: Sie liefert Geschichten, sie ist noch nicht satt. Am nächsten Morgen bin ich früh auf, Rudel von Straßenkehrern fegen den Müll von gestern, die ersten Sonnenstrahlen blitzen auf den Asphalt, die Stadt erwacht, sie hat es nicht eilig. Noch riecht sie gut, noch überzieht sie eine Temperatur, die nicht erdrosselt, noch ist sie still und schont jeden, der sie augenblicklich bewundert.

Ich kaufe eine Zeitung, mit einem Fünf-Dollar-Schein. Der fliegende Händler hat kein Kleingeld. Wir kontaktieren mehrere Männer und Frauen, um diese geschäftliche Transaktion zu bewältigen. Die rührigen Guayaquileños, in drei Himmelsrichtungen starten sie, um mir zu helfen und einen zu treffen, der – unter Umständen – diesen pyramidalen Betrag wechseln kann.

Frühstück im *La Palma*. Da alle Tische schon belegt sind, setze ich mich zu einem uralten Mann. Señor Francisco ist sehr damit einverstanden, der Greis ist fast blind, aber an meinem Akzent erkennt er, dass ich kein Ecuadorianer bin. Das scheint ihn zu beruhigen. Wir kommen gut miteinander aus, sogleich ergibt sich eine ganz logische Arbeitsteilung. Er erzählt und ich schenke ihm Kaffee ein und überwache das Wechselgeld, das er zurückbekommt. Seinen Landsleuten will er nicht trauen, einem Wildfremden schon. Sein Argwohn hat Gründe, er berichtet von der »Undankbarkeit« seiner Söhne, die jeden Kontakt mit ihm abgebrochen haben, nachdem er, der Vater, Geld an der

Börse verloren hatte. Und plötzlich viel Geld, sprich, viel Erbe, weg war. Jetzt ist er 88 Jahre und »hat niemand auf der Welt«.

Zum Flughafen. Taxifahrer Hilario ist ein Kleinkrimineller (das wird mir erst hinterher klar). Was ihn erfolgreich macht, ist sein artiges Gerede. Der Dicke spricht von »Ehrlichkeit und menschlicher Wärme«, beides wäre so wichtig für das friedvolle Miteinander. Meist bin ich hellwach, wenn einer so anfängt. Um mich vorzubereiten auf eine Finte, denn wer Moral predigt, will was verheimlichen. Als wir ankommen, zahle ich die zehn vereinbarten Dollar. Bilde ich mir ein. Aber statt zwei Fünf-Dollar-Scheinen lege ich – wohl in übermüdeter Trance – vier Banknoten auf den Vordersitz, eine säuberlich neben der anderen. Und Hilario streicht sie eiskalt ein. Schon Schritte vom Taxi entfernt wache ich auf. Zu spät, der Preller hat inzwischen Gas gegeben, Vollgas. Ich bin nicht böse, ich habe selbst als Taxifahrer andere übers Ohr gehauen. Jetzt bin ich dran.

PERU

Kurzer Flug nach Peru, nach Trujillo, der Hauptstadt des Nordens. Ich kenne die Strecke bereits, ich will sie nicht nochmals fahren. Vor dem Einchecken des Rucksacks habe ich ihn zerlegt. Gerüchte schwirren, dass das Hotelpersonal bisweilen ein Päckchen Kokain im Gepäck der Gäste verstecke. Um die Rucksackbesitzer ans Messer zu liefern und mit den fündigen Zollbeamten hinterher die Beute (das *Lösegeld* der Ertappten) zu teilen.

Fliegen, lesen, schauen, die Augenblicke genießen, in denen man keinem hinterherrennen muss. Dann vom Flughafen zum

Busbahnhof, um 18.35 Uhr startet ein knarriges Vehikel Richtung Santiago de Chuco. Der Ort steht in keinem Reiseführer, auch nicht im *Lonely Planet*, den ich mir während des Flugs ausgeliehen hatte. Vom berühmtesten Dichter, den Peru je hervorgebracht hat und der in Chuco geboren wurde, ist ebenfalls nichts zu lesen: César Vallejo war zeit seines Lebens ein Loser, warum sollte es 70 Jahre nach seinem Tod anders sein. Unfassbar, denn viele vergleichen ihn mit dem Chilenen Pablo Neruda. Was die Sprachmächtigkeit anbelangt, die Radikalität der Bilder, der Metaphern. Ansonsten waren sie milchstraßenweit auseinander. Neruda war ein Liebling der Götter, Vallejo ein verstoßener Engel. Ich kenne seine Gedichte, seit Hans Magnus Enzensberger sie in der Reihe Bibliothek Suhrkamp dem deutschen Publikum vorgestellt hat. Wer die letzte der 120 Seiten erreichen wollte, musste stark sein. Vallejo war ein Gründler, der keine Gelegenheit verpasste, dem Glück aus dem Weg zu gehen, war wohl einer, der lieber verreckte, als sich auf dem Markt der Lügen und Feigheiten feilzubieten.

Die über sieben Stunden lange Fahrt zum 3150 Meter hoch gelegenen Dorf – keine 150 Kilometer von der Küstenstadt Trujillo entfernt – wird zur Herausforderung. Ganz abgesehen von den Abgründen entlang der in Stein und Lehm gehauenen Route.

Ich hätte es wissen müssen, schon vor dem Augenblick, der das Unheil ankündigte. Weil der Weg zu einem Unglücklichen meist strapaziöser ist als der Besuch bei einem Leichtsinnigen und ins Leben Verliebten.

Kurz nach dem Abendessen in einer schmierigen Schenke fängt es an. Wir sitzen bereits wieder im Bus, und ich weiß sofort Bescheid, denn ich habe es so oft erlebt, kenne die Symptome auswendig. Wie jeder leiderfahrene Reisende bin ich mir in Sekunden darüber klar, dass es ab nun kein Halten mehr gibt:

Der erste Hinweis ist ein leichter, wellenartiger Krampf im Unterleib, das Startzeichen. Die Wellen wiederholen sich, somit hat der Betroffene Zeit, bei gleichzeitig anschwellendem Schmerz, über Maßnahmen nachzudenken. Wie das Desaster, wenn nicht in den Griff zu bekommen, so doch ohne bodenlos peinlichen Zwischenfall zu überstehen ist.

Das Aberwitzige – und ich liebe es selbst in solchen Situationen – ist die nicht zu überhörende Radiomusik, die über unseren Köpfen wogt, lauter brausend-fröhliche Lieder von Amor und Sinnenlust. Während weitere Krämpfe einen verdorbenen Magen signalisieren, suche ich nach einer Stellung, um den Körper so zu lagern, dass er seine Malaise vergisst, zumindest so lange vergisst, bis er an einen Ort gelangt, an dem Zurückgezogenheit und Hygiene ein souveränes Bestehen der Krise garantieren. Aber diese Stellung gibt es nicht und der Ort ist noch fern. Auch tröstet kein Blick mehr hinauf in den fulminanten Sternenhimmel.

Nach einer Stunde tritt eisiger Schweiß auf die Stirn, auf höchster Alarmstufe zuckt nun der Schließmuskel, denn jetzt kommt er, der Killerkrampf, der durch den ganzen Leib jagt und als letzte Aufforderung verstanden sein will, in Blitzgeschwindigkeit den Sitz zu verlassen, in totaler Dunkelheit über Koffer und quer liegende Arme und Beine nach vorn zu stürmen, an der Tür zu pochen, die Fahrer und Beifahrer von den Passagieren trennt, den beiden mit wildem Gesicht entgegenzutreten und den sofortigen Stopp des Vehikels zu fordern. Was auch geschieht, ohne ein Wort der Diskussion greifen die Bremsen, ich hechte hinter das nächste Gebüsch, und wieder stimmt die Behauptung von Freud, dass »jede Abgabe von Materie Lustgewinn ist«. Mit Tränen des Glücks bin ich nach Minuten wieder an Bord. Und darf vorne sitzen bleiben. Eingedenk der Tatsache, dass derlei Glücksmomente nicht von Dauer sind, scheint ein rascher Zugang ins Freie eine kluge Vorsichtsmaßnahme.

Ruben und Adrian, der Junge und der Alte im Führerhaus, bleiben bis zum Ende cool, zupfen an ihren Kokablättern, um wach zu bleiben, lassen das Fenster offen, um die kalte Nachtluft zu spüren, wissen, dass ein falscher Schlenker genügt, und keiner von uns wird je einem anderen von dieser Reise erzählen können.

Irgendwann muss ich nochmals hechten, auch das geht vorüber, ja freudestrahlend vorüber, denn das weiß jeder Reisende: Jetzt hat man gebüßt, die nächste Havarie wird so schnell nicht eintreffen. Das Beste an einer solchen Episode ist die radikale Klarheit, die sie im Kopf schafft. Plötzlich kennt man seine Prioritäten, man wird so eindeutig, so übersichtlich. Das intellektuelle Geschwätz hört auf, der innere Monolog, die Bedenken. Ein Ziel steht vor Augen, und das muss erreicht werden. Sofort, unwiderruflich.

Um zwei Uhr morgens kommen wir an, neben der Haltestelle warten ein paar Einwohner mit ihren Schubkarren, die hiesige Gepäckträger-Truppe. Am nächsten Eck steht eine Bruchbude, über deren Eingang *Hotel Santa María* steht. Im Vorraum hängt ein gekreuzigter Jesus, hell erleuchtet. Hier leiden sie, unübersehbar. Für zwei Euro fünfzig gibt es ein abschüssiges Kinderbett, in das ich mich in Embryonalhaltung hineinlege. Ich träume und gehe in meinem Kopf 100 Jahre zurück. Um diese Zeit verbrachte César Vallejo (1892 geboren) seine Jugend in Chuco. Von hier ist es weit, sehr weit nach Paris. Wo er 1938 starb.

Der Morgen strahlt, alles wird besser. Ich ziehe ins *Casa Blanca*, hier ist das Bett um eine Wade länger und eine Nasszelle gibt es auch. Anschließend bei Jordy frühstücken. Denn der Wirt ist bestechlich. Als ich ankomme, hopsen gerade Hip-Hop-Bimbos[1] aus Puerto Rico über den Bildschirm, die sich beim Hopsen pausenlos an ihre jogginghosenbedeckten Geschlechtsteile greifen. Sicher wollen sie uns wissen lassen, dass es sich um rastlose, mächtige Geschlechtsteile handelt. MTV ist so frei. Ich biete Jordy einen Geldschein, er nimmt ihn und der Raum wird leiser, ja menschlich leise, nur noch Stimmen, die miteinander reden. (Ist das anmaßend, sich Stille zu kaufen? Nein, es ist nur der Versuch, den Erniedrigungen für kurze Zeit zu entrinnen.) Und aus meinem Weltempfänger kommen die Lokalnachrichten, die schönste und überraschendste: dass Santiago de Chuco ab morgen ein dreitägiges Festival zu Ehren seines berühmtesten Bürgers veranstaltet. Gibt es Zufälle? Weiß der Teufel, ich spüre jedenfalls ein inniges Glück.

Durch das Andendorf wandern, nicht ohne Charme das Nest. Steil bergab, steil bergauf, enge Straßen, enge Gassen, windschiefe Häuser, Hunde streunen, eine Frau zerkleinert mit einem breiten Stein Paprika, Esel laufen quer, Bauern reiten auf ihre Felder, Ziegen versperren den Weg, ein Markt wird aufgebaut, Kinder gehen zur Schule, ein ambulanter Händler mit über den Bauch baumelnden Transistorradios zieht herum, an einer Mauer steht: *Por un país con pan y libertad*, für ein Land mit Brot und Freiheit. Ein Lehrer erzählt mir, dass knapp 4000 Leute hier

---

1 Das Wort »Bimbo« hat verschiedene Bedeutungen, je nach Sprache. In Amerika ist »a bimbo« eine Frau mit großen Brüsten und kleinem Hirn. Wir Deutschen benutzen das Wort, um einen Afrikaner zu schmähen. Einzig die Franzosen machen es richtig. Dort ist »le bimbo« der Trottel, der Strohkopf, und »la bimbo« das elend dumme Weib. Vollkommen unabhängig von Hautfarbe und Nationalität bekommen die geistig Armen jenes Wort verpasst, das sie verdienen. In diesem Sinne wird es hier im Buch verwendet.

119

leben, aber nicht mehr lange, denn der Ort schrumpft, die Alten sterben und die Jungen wollen weg. An jedem Dorfrand kann man ins Tal schauen, grandioses, gewaltiges Tal. Trotzdem, sie wollen weg, in die Städte, in ein anderes Leben.

Polizisten gibt es auch, aber keine Verbrecher. Dafür, so erzählt Alejandro, der Uhrenverkäufer, haben sie hier *El Paraíso*, so heißt die hiesige Disco. Und aus dem Paradies schwanken am Wochenende die Betrunkenen. Deshalb die Ordnungshüter.

Vorbei an einem Parteibüro, die Präsidentschaftswahlen stehen in Peru an. Mitglieder der *Apra*, eine der großen politischen Formationen des Landes, verteilen Broschüren an die Einheimischen. Waschzettel voller Beteuerungen, herausgegeben von einer Vereinigung politischer Hasardeure, die sich längst als käuflich und unfähig erwiesen hat. Ihr letzter Präsident (Alan García) verließ 1990 nach fünf Jahren ruinöser Politik – zuletzt 7 200 Prozent Inflation (Weltrekord!) und fünf Prozent Wählerzustimmung – fluchtartig das Land. Um sich anhängigen Korruptionsverfahren zu entziehen und luxuriös in Bogotá und Paris zu residieren. Jetzt – dem Volk ist bisweilen nicht zu helfen – kehrt er zurück, als Kandidat. Und liegt laut Umfragen vorne. Als ich vorbeikomme, trällert eine Schnulze aus dem aufgedrehten Lautsprecher, irgendwann wirft der Sänger seiner Geliebten vor: »Was hast du alles versprochen und nie gehalten«. Keiner brüllt vor Lachen, die Realsatire ist in Peru, schon vor Jahrzehnten, zur Realität verkommen.

Das Geburtshaus von César Vallejo besuchen. Ein Flachbau, heute ein Museum, mehrere Räume um einen Innenhof, in dem noch die Stelle markiert ist, wo der introvertierte Jüngling, das jüngste Kind der Familie, sein Pferd angebunden hatte. Einfache, aber nicht ärmliche Verhältnisse, zwölf Kinder, der Vater ein kleiner Beamter, die Mutter Gebärmaschine, Hausfrau und Heldin des Alltags. Auf knarzigen Holzböden stehen alte Grammofone, alte Tische und Stühle. Die Küche und der Herd führen in eine unheimlich ferne Welt. Viele Fotos hängen an den Wänden, auch ein Bild vom Dichter vor dem Brandenburger Tor. Nur bewohnt kann man sich den Ort heimelig und traut vorstellen. Jetzt wirkt er kalt und fremd.

César ist ein Einser-Schüler, geht mit 18 an die Universität nach Trujillo, will Medizin studieren, kann nicht, das Geld reicht nicht. Er fängt in Lima ein Literatur-Studium an, das Geld reicht noch immer nicht, selbst wenn er täglich seinen einzigen, abgewetzt-glänzenden Anzug trägt. Er hört wieder auf, jobbt wieder, wird Aushilfslehrer, beginnt ein Jurastudium, ist nebenbei längst das geworden, was er nur werden kann: Dichter, dichtet, veröffentlicht in windigen Literatur-Zeitschriften, bringt mit 27 sein erstes Buch heraus, *Die schwarzen Boten*. Voll schwarzer Botschaften, aber auch die berühmten Zeilen über die *dulce Rita*, die süße Rita, wohl eine Jugendliebe. Kurz darauf muss er für knapp vier Monate ins Gefängnis, man bezichtigt ihn der Brandstiftung, im *Hotel Santa María*. Die Gerüchte erzählen noch heute – und nichts ist je bewiesen worden –, dass er aus Eifersucht zündelte. Denn seine damalige Flamme war plötzlich mit einem der Söhne des Hotelbesitzers davongegangen.

Ein zweiter Gedichtband erscheint, *Trilce*, wundersamer Titel, nicht wirklich zu übersetzen, vielleicht: drei Sonnen, vielleicht drei Sonnenthaler. Auch dieses Buch – bis zum Exzess hermetisch und dunkel – nimmt Peru nicht zur Kenntnis. Was die Fluchtgedanken des 30-Jährigen nur intensiviert.

Im Juni 1923 flieht der Dichter auf einem Schiff nach Paris, die Stadt erschien ihm (wie vielen Künstlern damals) als Inbegriff von Poesie, Eleganz und geistiger Großzügigkeit. Er bringt nichts mit in die französische Hauptstadt, ist bargeldlos, sprachlos, wohnungslos. Und so wird es bleiben, auch die restlichen 15 Jahre seines Lebens. Die endlose Abfolge erbärmlicher Hotels nimmt ihren Anfang, Matratzengruften mit Petroleumkocher, grindigen Etagentoiletten und rissigen Tapetenwänden. Doch, etwas ändert sich: Die fremde Sprache wird er bald sprechen, fließend und fehlerlos. Aber die finanzielle Misere bleibt. Wie das Unglück im Dichterbusen. In einem seiner Gedichte schreibt er: »Ich wurde an einem Tag geboren, an dem Gott krank war.« Und woanders notiert er: »Ich werde sterben in Paris, warum auch nicht, / an einem Donnerstag vielleicht, wie heut, im Herbst.« Nun, um einen Tag hat er sich verschätzt, er stirbt an einem Freitag, an einem eisig verregneten Karfreitag in einem Pariser Krankenhaus. Drei Tage vor seinem 46. Geburtstag.

Dennoch, Paris hat auch ihn beschenkt. Er lernt die berühmtesten Genies und Kaffeehaus-Hocker seiner Zeit kennen, wie Picasso, Gris, Tzara, Neruda. Findet eine Liebe, findet Georgette, die hübsche Pariserin, die ihn bis zu seinem Tod nicht mehr verlässt. Und er wird – wie so viele in jenen faschistischen Zeitläuften – Kommunist, fährt in die Sowjetunion, schreibt darüber, lebt zwei Jahre in Spanien, kämpft (mit der Feder) wie seine Bekannten Lorca, Cernuda, Alberti um den Erhalt der Republik, hört nie auf, sich um andere zu kümmern, bleibt ein Wunder an Großzügigkeit, kehrt zurück nach Paris, muss dem Niedergang Spaniens zusehen und dem Untergang seines vom armen Leben gepeinigten Körpers, muss sterben.

Ach ja, die Todesursache ist nicht zweifelsfrei zu bestimmen. Es liegen keine eindeutigen Befunde vor, nur Mutmaßungen von Freunden und Feinden: An Traurigkeit verendet, am Hass auf den Faschismus, an Hunger, an Tuberkulose, an Malaria, an Blutvergiftung, an Krebs, wohl an allem. Vor Glück ist er nicht gestorben, das ist verbürgt.

Am Nachmittag treffe ich Señor Luis Aguilar, früher Agronom, heute Pensionär. Gescheiter Mensch, klug, rege, leicht entmutigt. Er organisiert die kommenden Festivitäten in Zusammenarbeit mit dem Bürgermeister und dem Kulturministerium in Lima. Jedes Jahr drei Tage lang, dieses Jahr unter dem Titel *Capulí 7*, da sie zum siebten Mal stattfinden. Die rote, hübsche Capulí war die Lieblingsblume von César Vallejo.

Dem umtriebigen Rentner ist zum Heulen, wenn er über die trostlose kulturelle Landschaft seines Landes nachdenkt. Er spricht von der Verdummung durch Kirche und Staat, von dem maßlosen Desinteresse an Sprache und Literatur. Die meisten lesen nie, nicht viele schaffen ein halbes Buch in zwölf Monaten. So packt Aguilar hier an, um sich für kurze Zeit gegen die Fluten der Seichtheit zu stemmen, will das Hohe Lied beschwingender Gedanken anstimmen, will die Jungen zu den »delicias«, den Freuden der Lektüre verführen. Überwältigend erfolgreich ist er nicht, sagt er, auf der Habenseite stehen immerhin zwei Töchter, die in Amerika studieren und nie ohne ein Buch unterm Arm das Haus verlassen. Natürlich besitzt er keine Antwort auf die Frage, wie man Kinder ohne lesende, weltneugierige Väter und Mütter zum Herumtragen von bedrucktem Papier verlockt. Kein Leser fällt vom Himmel, jeder braucht Vorbilder.

Ein Abend im Gebirgsdorf wie jeder Abend, Busse werden beladen, widerspenstige Schweine kommen in den Kofferraum, jemand will 50 frisch gebundene Besen mitnehmen, die Beifahrer verzurren Gepäck und Küken auf dem Dach. Die Motoren laufen bereits, für eine halbe Stunde produzieren sie hier Geräusche wie in einer großen Stadt. Alte Männer schauen zu, junge Männer gehen mit ihren Freundinnen in eine Bude mit Internetanschluss. Sie haben Zeit, denn hier kommt der Strom nicht per Lichtgeschwindigkeit, hier kriecht er. Ein handgeschriebenes Plakat informiert darüber, dass Bingo diese Woche ausfällt, wegen *fuerza mayor*. Das klingt einleuchtend, nur höhere Gewalt kann die Sucht nach dieser Tätigkeit bremsen. In der Dorfkirche steht der Pfarrer mit vier Ministranten vor dem Altar, sieben Greisinnen knien ihnen gegenüber. Das ist die Abendmesse, so steht es draußen an der Tür. Ich sitze hinten im Kirchenschiff und genieße den Singsang der 80-Jährigen. Bittgebete, die sich monoton wiederholen. Nicht vieles ist so schonend für die Nerven, für Minuten schlafe ich ein.

Noch bei Jordy essen, aber heute bereits eine Spur unbequemer. Schon hat sich herumgesprochen, dass hier ein Weißer im Eck sitzt. Somit ist das Startzeichen für die armen Schlucker gefallen, den Schwerreichen zu besuchen und die Hand auszustrecken. Einer ist dabei, der nicht recht bei Sinnen scheint. Ich frage Jordy diskret, ob der Mann verrückt ist, und der Wirt antwortet ganz ungeniert: »Sí, fifty-fifty.« Okay, nur zur Hälfte verrückt.

Später dann Ruhe, ich versuche zu schreiben. Was nur stockend gelingt. Dafür denke ich an Flaubert. An ihn, den Meister der Sprache, zu denken, ist vielleicht nutzbringender, als selbst Hand anzulegen. Eine Anekdote gibt es über ihn, die uns andere Schreiber das Fürchten lehren soll: Ein Klassentreffen fand statt, alle ehemaligen Mitschüler kamen, nur einer ließ sich wegen Grippe entschuldigen. Man bat den (bereits) berühmten Schriftsteller, dem Kranken eine Karte zu schreiben. Der Berühmte zieht sich zurück, halbe Stunde, ganze Stunde, Stunden, man hört Schritte, Stühle rücken, das Fenster öffnen, es schließen. Bis der Hochverehrte – dem jeder Satz der wertvollste war – vor seine Kameraden trat und das Ergebnis vorlegte: »Gute Besserung«.

Die drei strahlendsten Tage von Santiago de Chuco beginnen am nächsten Morgen. Auf der *Plaza de Armas* stellen sich Musikgruppen auf, die aus lauter kleinen Peruanern bestehen. Jede Schule hat eine Delegation geschickt, alle geputzt und in blitzblanken Uniformen. Und alle umrunden, nun trommelschlagend, dreimal den Platz, stehen dann still und sagen ein Vallejo-Gedicht auf. Die beste Gruppe soll prämiert werden.

Inzwischen sind die Honoratioren aus Lima eingetroffen (angestaubt vom beschwerlichen Weg), Dichter, Denker, Professoren, jeder ein glühender Anbeter des großen Vorbilds. Ansprachen und Verse werden ins Mikrofon geschmettert, Tausende harren jetzt vor dem Rathaus, alle scheinen ergriffen von der Magie einer Sprache, die heute zur Weltliteratur gehört. Ich blicke auf die Gesichter der Umstehenden, in denen jetzt nichts anderes steht als Freude und Stolz. Das muss jeden Schreibenden bewegen. Denn wer wünschte sich nicht, Worte zu hinterlassen, für die andere, viele andere, sich noch Jahrzehnte später unter eine nackte Sonne stellen, um sie zu hören.

Dann passiert etwas Seltsames, Señor Aguilar erwähnt meinen Namen, sagt, dass jemand eigens (naja, nicht ganz) aus Paris kam, um an den Feierlichkeiten für Vallejo teilzunehmen. Nicht genug des Schreckens, der Cheforganisator fordert mich auf, nach vorne zu treten und ein paar Begrüßungsworte zu sagen. Ich schwanke kurz, dann fällt mir der MTV-Schrott von gestern ein, sprich, ich will die Chance nutzen und reden. Und eine Minute lang hetze ich – verstärkt von Lautsprechertürmen – gegen *la mierda*, die Scheiße, mit der sie hier 24 Stunden lang per TV erniedrigt werden, und lobpreise anschließend zwei Minuten lang den Zauber von Versen, dem auch wir Nicht-Peruaner erliegen.

Nachdem ich mich bedankt habe, bin ich drei Momente lang der Held von Chuco, stürmischer Applaus, Schreie in den Himmel, sicher finden sie mich lustig, sicher werden sie bis zum Ende des Jahres keine 30 Sekunden weniger glotzen. Aber jetzt, für eine kurze, sehr kurze Ewigkeit, billigen wir den Sieg des Dichters über den Schwachsinn der Schafsköpfe und Mondkälber.

Das werden sinnige Tage. Öffentliche Lesungen finden statt, daneben Symposien über die Wirkungsgeschichte von Vallejos Poesie, seinen Einfluss auf die spanische Literatur, einmal tritt die »beste Deklamatorin« auf, die Schulen veranstalten Wettbewerbe, um jene Klasse ausfindig zu machen, die am dramatischsten Szenen aus dem Leben des Dichters nachstellen kann (sehr beliebt: sein Gefängnisaufenthalt mit finster bewaffneten Wächtern), auf Büchertischen findet sich alles von ihm und über ihn, ja eines Nachts werden sogar die Inkagötter angefleht für ein gutes Gelingen.

Einen Abend verbringen wir im Geburtshaus von Vallejo, alle Anwesenden stehen ab sofort auf *tierra santa*, auf heiliger Erde. Und die bekanntesten Exegeten und Linguisten des Landes, schon lange erwachsene Männer, stellen sich neben der *Capulí* auf und rezitieren mit ausgebreiteten Armen und Stentor-Stimme Vallejo-Gedichte, mit Blick nach oben ins Sternenmeer, mit wunderbarem Schmelz und Kniefall. Sie bürsten nicht gegen den bereits dramatischen Text, nein, sie legen noch nach, das Drama beschwingt sie, die traurigen Zeilen machen sie glücklich. Und immer wieder Zwischenrufe aus dem Publikum: »¡César Vallejo presente!«, César Vallejo ist da!

Irgendwann wird der einzige noch lebende Nachkomme der Familie vorgestellt, der 78-jährige César Vallejo Infante. Leichthändig erzählt der ehemalige Journalist, wie sein Vater Nestor, der Bewunderer seines Bruders, ihm, dem Sohn, den Namen César gab.

Am letzten Abend gibt es ein Abschlusskonzert und starke Reden. Gegen den Raubritter-Kapitalismus, gegen die Kälte unter uns. Von Santiago de Chuco soll die Nachricht in die Welt, dass sie besser werden soll, werden wird. Eben eine Welt der Brüderlichkeit, der Kultur, der Schönheit. Ich mag solche Reden nicht, weil meist die Welt der Weltverbesserer noch schreckensreicher wird als jene, die sie abschaffen wollen. Aber hier nicht, hier klingen sie friedlich, rufen nicht zu den Waffen, rufen nach Worten, nach Gedichten, nach Musik, nach Einsicht.

Der Abschied vom Dichter wird ähnlich anstrengend wie die Ankunft in Chuco vor drei Nächten. Als ich vor dem *Casa Blanca* stehe, kracht eine Bierflasche neben mir auf den Boden. Täter unbekannt. Als ich mich um 1.15 Uhr nachts umdrehe, ist die *Plaza de Armas* leer, nur Kotzflecken und der Mond.

Da Hotelgäste keinen Haustürschlüssel bekommen und die Klingel nicht funktioniert, muss man hinauf in den dritten Stock schreien, um den Hotelbesitzer aufzuwecken. Kommt der Mensch endlich, braucht er nochmals zehn Minuten, um das Schlüsselloch zu treffen. Er ist betrunken, seine Hände flattern.

Das Zimmer riecht, der Abfluss funktioniert heute nicht. Als ich mich ins Bett lege, brechen zwei Bretter des Lattenrosts. Ich darf mich nicht beschweren, ich befinde mich im »ersten Haus am Platz«. Ein gemeiner Schnupfen plagt mich, drei Tage Gebirgssonne machen krank, ich zittere vor Kälte, Leintuch und Decke sind feucht. Auf der Mauer des Nachbarhauses las ich einen Graffito, es ist der Zeilenanfang eines berühmten Gedichts Vallejos: »Hay golpes en la vida, tan fuertes ... ya no sé!«, »es gibt Schläge im Leben, so hart ... Ich begreife es nicht!« Ich muss grinsen, dem Dichter entging kein Unglück, mich plagt eine Erkältung. Genies müssen leiden, wir anderen kommen mit harmloseren Schlägen davon.

Am nächsten Morgen zurück nach Trujillo, mein letztes Bild aus Santiago de Chuco sind zwei kleine Mädchen, die auf dem Bürgersteig sitzen und einander das Haar flechten. Diese Rituale, jene über alle Zeiten, alle Rassen, über jedes Alter hinweg verbündenden Gesten unter Frauen, kleinen und großen, Gesten, um sich der Freundschaft zu versichern und, wie nebenbei, einzuweihen in die Geheimnisse der Schönheit.

Ein James-Bond-Film läuft im Bus, das ist okay, die schöne Halle Berry passt zur schönen, wilden Landschaft. Die Peruaner sind angenehme Mitreisende, nicht laut, nicht fordernd, wir alle scheinen die lange Fahrt zu genießen. Als der Bus nach kurzem Halt in einem Dorf langsam wieder anfährt, kann man in Sekunden etwas über Südamerika lernen. Ich sehe zwei Männer von links auf uns zuhasten, ganz offensichtlich wollen sie mit. Und doch, welch augenfälliges Beispiel für den überall grassierenden Fatalismus. Statt loszuschreien, statt energisch mit den Händen zu winken, werden sie langsamer, blicken belämmert hinterher. Ein kurzer Sprint hätte genügt. Ich rufe nach vorne zum Fahrer, er hält, die beiden steigen ein.

In Trujillo checke ich im *Hotel Americano* ein, ich kenne es von früher. Über dem imposanten Eingang hängt noch immer ein Zettel, inzwischen gelbbraun, auf dem das Gemäuer zum Verkauf angeboten wird. Aber keiner will es.

Auf dem Spülkasten meiner Toilette steht NIAGARA. Eher irreführend, denn nur ein Rinnsal kommt zum Vorschein. Die

Dreckschicht auf dem Wasserbehälter stammt aus dem letzten Jahrhundert. Hier verfügen sie über die beruhigende Eigenschaft, Unliebsames zu übersehen. Man ahnt sogleich, dass eine gewisse Schwachsichtigkeit das Leben erleichtert. Zwischen dem Gerümpel – alter Tisch, alter Stuhl, altes Bett – steht ein Herrendiener, Zeuge längst versunkener Zeiten. Die Hausordnung weist darauf hin, bei der Direktion den mitgeführten Geldbetrag anzugeben. Wer das tut, dem ist nicht zu helfen.

Auf dem Weg hinunter verliebt man sich in das Hotel. Man hört seine eigenen Schritte auf dem Steinboden, sonst nichts, glaubt sich allein zwischen den drei Stockwerken, hört dann doch etwas, ein Geräusch wie aus einem italienischen Film der fünfziger Jahre, hört eine Tür zugehen, aufgehen, zugehen, aber sacht, wie vom Wind bewegt. Schon möglich, dass ein Gast vor zwei Wochen vergessen hat, sie zu schließen, und keiner je auf die Idee kam, sich darum zu kümmern.

Ich begegne niemandem, nicht einmal an der Treppe. Das sind die Augenblicke seliger Romantik, in denen Schriftsteller die Idee für den nächsten Roman überkommt. In diesem Palast könnte man eine Bibliothek von Geschichten ersinnen, so leer, so gottverlassen einsam scheint der Ort. Dass man an einem Schild vorbeikommt, auf dem der »werte Gast« gebeten wird, »sein gutes Benehmen, sein Schweigen (!) und seinen Respekt den anderen Gästen gegenüber zu wahren«, sollte nicht überraschen. Die Bitte klingt so extravagant, sie erhöht definitiv die morbide Eleganz der Umgebung.

Unten in der riesigen Halle befinden sich drei Männer. Der Mann an der Rezeption, der schlief, als ich kam, und abwesend murmelte, dass etwa 50 der 100 Zimmer »noch funktionieren«, und der jetzt – man will es nicht glauben, so absurd wahr klingt es – *Solitario* spielt, ein Spiel für einen Spieler, einen allein.

Ein paar Schritte von ihm entfernt, auf einem dunkelbraunen Sessel, sitzt der zweite Mensch, ein älterer Herr im Zweireiher, volles Haar, dunkel nachgefärbt und mit Brillantine nach hinten gekämmt. Er liest die Zeitung, vor ihm liegt ein Buch, Titel *Justicia*, Gerechtigkeit. Er scheint unberührbar, kein Blick auf die Welt, kein Wort, ganz versunken.

Aber der dritte Mann ist der geheimnisvollste, er gehört zum Reisebüro *Tours*, das in der Halle untergebracht ist. Von meinem Platz aus kann ich ihn, diskret schielend, beobachten, die Tür steht weit offen: Da sitzt ein Mensch in einem dusteren Raum. Und wartet. Auf Kundschaft, so ist zu vermuten. Aber sein Warten ist sensationell. Denn über die Jahre ist aus dem Warten ein Zustand geworden, eine religiöse Haltung. Denn er wartet, ohne zu warten, ja ohne den Wunsch, dass jemand kommt. Der Mann hat sich auf grandiose Weise den Zuständen angepasst, ist wie sie geworden, auf ewig da, willenlos, wunschlos verurteilt zu lebenslänglicher Gleichgültigkeit. Die Verhältnisse machen mit ihm, was sie wollen. Und er macht mit, ohne den leisesten Widerstand.

Ich frage keinen der drei, will nichts wissen von ihnen, keinen Namen, keine Herkunft, kein Ziel, will sie als Geheimnis behalten, als Reliquien aus einer anderen Zeit. Ich trete hinaus auf die Straße, in den hellen lauten Nachmittag, und wette, dass keiner mich wahrgenommen hat. So fern sind sie.

Trujillo kann sich sehen lassen, noch stehen viele architektonische Andenken aus den Zeiten der Conquista, als der ehemalige Schweinehirte und spätere Eroberer des Inkareiches Francisco Pizarro 1535 die Stadt gründete. Heute die drittgrößte des Landes. Wer hier als Schwerhöriger ankommt, hat ein schöneres Leben. Denn die knapp 700 000 Einwohner, selbst schon stocktaub, produzieren gewaltige Mengen von Krach. Feinsinnige Zeitgenossen werden leiden, denn das Flanieren durch die Straßen – vorbei an Musiklawinen, die aus den Geschäften fauchen und wie Flammenwerfer den Fußgänger einäschern – strengt an.

Ich flüchte in die Kathedrale. Kirchen, das wissen auch Agnostiker, sind ein Hort der Geräuschlosigkeit. Und ein Wunder passiert, direkt vor meinen Augen. Wer es nicht gesehen hat, wird es nicht glauben: Sieben Männer und drei Frauen schieben gerade auf einem rollenden Podest die Statue der Jungfrau Maria – vor langer Zeit hat sie die Gegend von Piraten gesäubert, sagen die zehn – vom Hauptaltar zu einem Nebenaltar. Denn heute ist »Umkleidetag«, die Jungfrau bekommt frische Wäsche. Das ist so aufregend, dass der Mesner Umzug und Kleiderwechsel filmt.

Wem ist es noch nicht passiert, dass er etwas sieht und gleichzeitig denkt, er träumt? Wie jetzt: Ist das Podest angekommen, wird die Krone vom Haupt genommen und die Himmelskönigin von den Frauen nach hinten getragen, ins Eck. Ich folge, will zuschauen. Vergeblich, denn freundlich, aber bestimmt werde ich darauf hingewiesen, dass die Anwesenheit von Männern augenblicklich unerwünscht sei. Deshalb auch der provisorische Paravent aus Pappe.

Vorne, wo sie das Podest neu schmücken, darf man dabei sein: zuerst mit rosa Baumwollstoff beziehen, dann mit rosa Tüll, dann mit einer zweiten Schicht rosa Tüll, dann mit weißem Tüll – Jungfrauen sind weiß, sind rein –, dann die nach 52 Minuten himmelblau eingekleidete Gottesmutter wieder befestigen. Der verwirrendste Anblick wohl, als einer der Männer der Keuschen unter den Rock greift, um nach dem Gewinde zu tasten und – etwa in Höhe des göttlichen Intimbereichs – die Holzfigur wieder fachgerecht anzuschrauben. Anschließend umschwirren die sieben mit Stecknadeln im Mund ihr Lieblingsmodell – ähnlich wie John Galliano bei Christy Turlington – und streichen mit ihren Bauernhänden zärtlich über die Falten der Königstracht. Zuletzt ein zufriedener Blick auf das Werk, voller Genugtuung wird die nun strahlend Geputzte wieder zu ihrem Stammplatz gekarrt, nochmals verfolgt vom Mesner und seinem filmenden Handy.

Früher hätte ich sie verlacht, aber dieser Hochmut hat sich verflüchtigt. Ich glaube bis auf weiteres an keine heiligen Jungfrauen, dennoch, die innig in sie Verliebten beneide ich heute, ja an schwachen Tagen versuchen sie mich sogar, es ihnen gleichzutun und mich einer unverbrüchlichen Wahrheit anzuvertrauen.

Abends bei einem Chinesen, essen und lesen. Wobei plötzlich vor dem (offenen) Eingang des Restaurants die Diebstahl-Sirenen von zwei Autos losgehen und uns – gellend in Zehn-Minuten-Intervallen – darüber informieren, dass keines von beiden gestohlen wurde. Getöse besänftigt die Trujillaner. Ich sehe in die Gesichter der Gäste, keiner scheint die Trompeten von Jericho zu hören. Sie plaudern, lächeln, bleiben gelassen. Irgendwann gehe ich kurz hinaus und trete gegen die zwei Blechkisten. Sie verstummen. Als ich zurückkomme, hat sich kein Gesichtsausdruck verändert. Ich wusste es: Südamerikaner verfügen über einen Filter im Ohr, ein Ohrlid. Sie lassen es runter und entspannen.

Inspirierende Zeitungslektüre. Unruhen in São Paulo, die PCC (Primeiro comando da capital), ein strammer Zusammenschluss tatendurstiger Gangster, hat das Morden eingestellt. Wie berichtet, haben die Bosse mit der Regierung verhandelt und zwei Vergünstigungen erreicht: Intime Besuche und die Installation eines Fernsehers in den Zuchthauszellen. Das sind erfreuliche

Nachrichten. Wie doch die warme Haut einer hingebungsbereiten Frau den Trieb zu töten einzudämmen vermag, zumindest für eine gewisse Zeit. Das Metzeln auf den Straßen São Paulos – geschlachtet haben die Kumpane der Zuchthäusler – war ausgebrochen, nachdem die Anführer der PCC in einen Hochsicherheitstrakt überführt worden waren, da, wo beide Seligkeiten nicht existierten, weder Sex noch Telenovelas.

Um zwölf Uhr beginnt ein Radrennen rund um die *Plaza de Armas*, neunzehn Fahrer, jeder ein tapferer Amateur. Ein Rennen, sagen wir, peruanisch organisiert. Kinder laufen quer, ein Hund wird gejagt, ein Lotterieverkäufer hat noch immer nicht verstanden, dass sie hier um die Wette sprinten. Man muss ihn sanft von der Piste zerren.

Irgendwann kommt es zum ersten Sturz, zwei Meter hinter einer Linkskurve, zu scharf angeschnitten, das Vorderrad schrammt den Bürgersteig. Der Pechvogel wird weggetragen, flach gelegt und massiert. Als er beherzt sein Rad wieder auf die Fahrbahn schiebt, kann der Erste, der um die Ecke zischt, gerade noch ausweichen, der Verfolger jedoch fährt schwungvoll in den Benommenen. Der jetzt zum zweiten Mal zu Boden geht. Nun passiert etwas typisch (?) Südamerikanisches: Der Verursacher des Unfalls, der frisch Massierte, steht sogleich auf und fährt ohne einen Blick, ohne ein Wort der Entschuldigung los. Das leicht lädierte Opfer hingegen braucht ein paar Sekunden zur Orientierung, dann tritt es – ohne Anflug von Zorn und bösen Worten – wieder in die Pedale. Der Umgang zwischen den Menschen scheint so gleichgültig, optimistischer ausgedrückt, so cool, so nachsichtig. Man brüllt sich nicht nieder, man leidet wohl weniger aneinander. Der andere stört nicht, man erwartet aber auch nichts von ihm.

Mysteriöser Kontinent. Am Ende der Veranstaltung spricht mich eine ältere Dame an, Señora Raquel. Zu Recht vermutet sie, dass ich Deutscher bin. Nun, sie habe eine Freundin, »mi amiga Flor«, eine deutsche Witwe, die hier wohnt. Raquel sucht nach Worten, also, Flor würde sich langweilen, hier ist ihre Telefonnummer. Ob ich nicht anrufen und sie besuchen will? Augenzwinkernd stecke ich den Zettel ein. Natürlich halte ich den Mund, erwähne mit keinem Wort, dass die Frau, der ich nah sein will, weit weg von Trujillo wohnt, in Europa. So nah sein will, dass kein Platz mehr für Flor bleibt, die zwei Ecken weiter auf mich wartet.

Fahrt nach Lima. Der Bus hält an einer Kreuzung, wo Kinder Breakdance vorführen, Feuer schlucken oder mit Flickflacks den Zebrastreifen überqueren. Um hinterher ein paar Soles von den Autofahrern zu kassieren. Ein solcher Lebensmut, ein solcher Widerstand gegen ihre aussichtslose Welt, mit offenem Mund fährt man an ihnen vorbei.

Nach einer Stunde kommt es zu einem Zwischenfall, der Beifahrer kontrolliert die Tickets. Eine Szene, die auf frappante Weise dem Satz widerspricht, Südamerikaner würden weniger aneinander leiden. Ich sitze direkt hinter einem Paar. Der Ehemann (?) schläft, mit Geduld, viel Geduld, versucht die Frau, ihn aufzuwecken (er hat die Fahrkarten), spricht auf ihn ein, rüttelt sanft, spricht wieder. Der Alte wacht irgendwann auf, reagiert aber nicht, schläft weiter. Da der Kontrolleur wartet, insistiert die Frau. Und jetzt holt der Schläfer aus und gibt ihr eine Ohrfeige, mit Verve, zielgenau. Dann kramt er nach den beiden Billets.

Ich sehe die zwei förmlich vor mir, als sie sich vor dreißig Jahren »Ich liebe dich« ins Gesicht flüsterten und ihre vier Hände einsetzten, um einander gutzutun. Diese Zeiten sind vorbei, heute herrscht das Faustrecht, die Liebe ging längst k. o.

Pause in Huarney. Wir steigen aus, an den Wänden hängen Wahlplakate: *Alan Presidente – Gana el pueblo, gana Perú*, gewinnt das Volk, gewinnt Peru. Ein Hund trottet aus dem Off auf die einzige Straße, die Panamericana. Stromleitungen, die im Wind wippen, dürre Sträucher treiben über dem Boden, irgendwo verwittert ein Schild mit der Aufschrift *Hospedaje*. Kein Mensch zu sehen, nur die Häuser in der Wüste. Bilder aus einem amerikanischen Western, Momente vollkommener Gelassenheit.

Ich setze mich, lehne den Rücken gegen einen Brunnen. Eine alte Zeitschrift liegt da, auf der ersten Seite steht ein Bericht über Adriana Zubiarte, Peruanerin, Dritte der Miss-Universum-Wahlen 2002. Der Schreiber des Artikels schließt daraus, dass die 22-Jährige folglich den drittschönsten Körper im Weltall besitzen muss. Irritiert fragt man sich sogleich, den wievieltschönsten man selbst hat. Vielleicht irgendwo zwischen der ersten und zweiten Milliarde. Wäre ich nur unter den ersten Tausend, ich säße jetzt woanders, nicht im Staub, dafür unter Jupiterlampen, von Fotografenscharen umschwirrt und gedrängt, weitere Teile meines wahnsinnigen Bodys zu offenbaren.

Lange Kilometer vorbei an einer dreckigen Landschaft, dreckigem Sand, dreckiger Wüste, links und rechts die Halden hingefeuerter Abfälle. Vorbei an trostlosen Friedhöfen, auf denen noch Totsein eine Anstrengung sein muss, vorbei an eingezäuntem Niemandsland, ein Schild davor, auf dem *Privatbesitz* steht, vorbei an einer Kaschemme, die sich *Nueva Jerusalém* nennt.

Mit Peru verbindet mich ein dankbares Gefühl. Vor zwei Jahrzehnten, genau auf dieser Strecke – damals per Anhalter unterwegs – überkam mich der innige Wunsch, als Reporter zu arbeiten. Als einer, der die Welt besichtigen und hinterher darüber schreiben darf. Das dauerte, von der Sehnsucht zur Wirklichkeit kam ich nur über Umwege. Frühbegabte sehen wohl anders aus. Doch Schreiben ist eine Gabe, die sich Zeit lassen darf. Vieles muss früh blühen, muss sofort sich zeigen. Nicht das Finden der eigenen Stimme. Die kommt eher mühsam, eher scheu zur Welt.

Einfahrt nach Lima, zäher Verkehr, noch am Busbahnhof kaufe ich *El Comercio*. Die Zeitung druckt einen Stadtplan ab, in dem die Bezirke markiert sind, in denen am häufigsten entführt wird. Gemeinsam mit Vorschlägen für die Reichen (Leute mit Rucksäcken wurden bisher nicht gekidnappt), wie sie das Risiko mindern können: mit Chauffeur ohne Uniform unterwegs sein. Verschiedene Wege zum Arbeitsplatz einschlagen. Das Haus durch die Hintertür verlassen. Das Personal auf absolute Verschwiegenheit trainieren.

Reich sein in Lima scheint dornenreich. In dem Artikel wird auch erwähnt, dass kürzlich an selber Stelle eine Karte veröffentlicht wurde, die auf die Viertel hinwies, in denen sich zurzeit die virulentesten Banden bekriegen.

Herzlich willkommen in der Hauptstadt, größte Stadt, Neunmillionenstadt, in der ein Drittel aller Peruaner lebt, sprich, zwei Millionen leben und der Rest überlebt. Ein Schlund mit 50 Distrikten, die das als Weltkulturerbe geschützte Zentrum umzingeln. Mit *cinturones de pobreza*, Gürteln der Armut.

Auch Lima wurde von Pizarro gegründet. Der Haudegen, Goldräuber und Massenmörder liegt heute – nachdem man den passenden Leichnam zum abgeschnittenen Kopf fand – in der Kathedrale. Man ist erstaunt über den Langmut, den seine Nachkommen einem Gnadenlosen ihrer Geschichte zukommen lassen.

Auf dem Weg zum Hotel sehe ich durch das Taxifenster ein Paar sich umarmen, sich küssen. Das ist ein feiner Anfang. Nicht weit davon entfernt steht ein Panzerwagen der Polizei mit der Aufschrift *Asalto*, was Sturmangriff, aber auch Raubüberfall heißen kann. Ein doppeldeutiges Wort, das gut zu den hiesigen Ordnungshütern passt, denn man weiß nicht immer, ob sie die Ordnung hüten oder von der Unordnung profitieren.

Einchecken und zur *Plaza San Martín*. José de San Martín ist ein Lieblingsrevolutionär, er hat hier am 28. Juli 1821 die Unabhängigkeit Perus ausgerufen und ein Leben lang bewiesen, dass er die Freiheit liebt und nicht die Macht. Immer wieder trat er zu Gunsten anderer zurück. Nur Ruhm klebt an seinen Händen, kein Blut, keine Gier.

Unter den Arkaden lasse ich mir die Stiefel putzen, von Amerigo, der schon längere Zeit das Pensionärsalter überschritten hat. Der Mann ist ein Fundstück. Er zeigt mir ein Foto von sich und seinen Kollegen, vor 51 Jahren auf diesem Platz gemacht. Alle anderen sind bereits tot, er jedoch hat sich sogar das jugendliche Lächeln bewahrt. Seit über einem halben Jahrhundert poliert er am selben Ort.

Amerigo fragt und ich erzähle ihm von Santiago de Chuco, vom Dichterfest. Und der Alte sagt lässig: »Ach ja, César Vallejo«, blickt grinsend nach oben, »der ist doch auf dem Friedhof Montparnasse in Paris begraben?« Wenn Schuhputzer wissen, an welch fernen Orten Poeten ihre letzte Ruhe gefunden haben, dann ist noch Hoffnung in der Welt. Und der Peruaner legt nach: Vor knapp 40 Jahren schlenderte Pablo Neruda mit seiner Frau Matilde hier vorbei und ließ sich von ihm die feinen Mokassins blank wienern. Amerigo kann es noch heute nicht glauben: Ein Schriftsteller stand vor ihm, der kurz zuvor den

Nobelpreis für Literatur erhalten hatte. Und der gesprächig und freundlich war und sich wie ein Kindskopf über die nun sagenhaft strahlenden Schuhe freute. Beneidenswerter Amerigo, auch er ist Gott begegnet. Einem jener Götter, die vom Himmel fielen, um uns zu nähren mit den Wundern der Sprache.

Als ich abends mein Zimmer betrete, liegt ein Zettel auf dem Bett, die Rezeption lässt ausrichten: »Bitte vermeide Leute, die dafür bekannt sind, dass sie Ausländer zu Drogen anstiften und anschließend ausrauben. Lass dich nicht von ihrem Auftreten und Charme beeindrucken. Hier die Namensliste der Übeltäter: Gloria, Jorge, Carlos, Miguel und andere.«

Wer muss da nicht schmunzeln? Etwa ein Fünftel aller 30 Millionen Peruaner haben einen der vier genannten Vornamen. Noch naiver die Vorstellung, dass ein gewiefter Tunichtgut sich immer als der Gleiche vorstellt. Der Hinweis des Hoteldirektors erinnert mich an ein Dorf in Zaire, in dem der liebenswerte Bürgermeister, Monsieur Katumba, mich fragte, ob ich Joe kennen würde. »Welchen Joe?« »Na den aus Amerika, der schon mal hier war.« Man reagierte durchaus irritiert, als ich passen musste. Einen Joe aus London konnte ich anbieten, aber von dem wollten sie nichts wissen.

Um acht Uhr früh sieht das Zentrum von Lima aus, als hätte man seit Jahrhunderten die Straßen und Bürgersteige mit schwarzer Schmierseife abgerieben. So dunkel, so uralt wirken sie. Der morgendliche Dunst, der trübe Himmel verstärken den Eindruck. Erst die Sonne bringt Glanz über die Stadt, weckt sie auf, vertreibt das Fahle.

Ich streife durch die *Jirón de la Unión*, eine der Hauptadern, immer gut für das Aufspüren von Nachrichten in diesem Land.

Nach 100 Metern kommt mir ein gewisser Inocente entgegen (so stellt er sich vor), irgendein Desaster muss er an mir vermuten, denn er reicht ein Zettelchen, auf dem dick *Penis maximum* steht. Mit dem Zusatz, dass es drei Ecken weiter einen »Glied-Vergrößerer« gäbe. Als ich zögere, verweist er auf das Sonderangebot: Seine Firma verkaufe auch Pillen, die alles vergrößern, ja den ganzen Körper strecken. Erste Ergebnisse nach drei Tagen, hundertprozentige Garantie. Ich muss ihn enttäuschen, lebe ich doch augenblicklich in dem Wahn, dass nichts an meinem Leib pompös aussehen muss.

In einer Seitenstraße wirbt ein Restaurant mit *Viagras Marinas*, große Lettern über dem Eingang weisen darauf hin. Ich gehe hinein und höre, dass sich in den servierten Fischen »natürliches Viagra« befinde. Ich blicke mich um und sehe nur männliche Gäste. Das muss man den Machos lassen, sie stehen dazu, auf vielfältige Weise sind sie – ganz öffentlich – bemüht, das unwiderruflichste Erkennungszeichen eines Mannes prunkvoll und ohne Fehl und Tadel zu bewahren.

Kein Wunder, dass im *Bazar esotérico* eine Kartenhexe verspricht, »in 24 Stunden total deinen Partner zu beherrschen«. Als ich (geknickt) erzähle, dass meine Freundin immer zu anderen Männern läuft, weiß die Verschleierte sofort Rat: 70 Euro hinlegen, und Minuten später würde sie mir das Gesicht jenes Wüstlings zeigen, der sich gerade an der Untreuen zu schaffen macht. Natürlich glaube ich der Alten kein Wort, aber ihre Phantasmagorien lullen ein, auf paradoxe Weise fasziniert sie. Denn sie hat den Sprung aus der rationalen Welt geschafft und pocht ganz zwanglos auf andere Gesetze.

Auf der Suche nach einem Frühstück komme ich noch an einer Haustür vorbei, an der ein weißes Blatt mit dem Foto eines alten Mannes hängt, eine Suchanzeige, darunter steht: »Señor

Moisés Gómez Zárate ist verschwunden«, plus Beschreibung seiner Person, seiner Kleidung, seiner aktuellen Krankheiten, plus, in Großbuchstaben, »verzweifelte Familie!« Und jetzt der Clou. Jemand hat die zwei letzten Worte vorne und hinten mit einem Dollarzeichen eingerahmt: »$ – verzweifelte Familie! – $« und danebengekritzelt: »Verzweifelt wegen der Erbschaft!« Das ist hundsgemein, aber durchaus witzig.

Beim Morgenkaffee lerne ich eine traurige junge Frau kennen. Weil sie traurig aussieht, spreche ich sie an. Und öffne die Büchse der Pandora. Jela (Name geändert) stammt aus Lübeck. Sie will nichts erzählen und erzählt alles. (Manchmal zweifle ich daran, ob die Verführung zum Beichten eine löbliche Handlung ist. Hilft sie oder verwundet sie? Geht der Beichtende anschließend beschwingter davon oder fühlt er sich beraubt?) Über drei Jahre hat Jela Heroin gedrückt. Um der Sucht zu entkommen, floh sie nach Südamerika, trampte, jobbte, arbeitete ein halbes Jahr als Gärtnerin bei einer reichen Familie in Buenos Aires.

Vieles änderte sich, die Länder, die Geldquellen, die Männer, auch die kamen und gingen, nur die Abhängigkeit, die blieb. Früher mit der Nadel, jetzt via »chasing the dragon«: das Pulver auf eine Alufolie legen, mit einem Feuerzeug darunter den Stoff erhitzen und gleichzeitig die Droge mit einer gerollten Banknote in die Nase saugen.

Jetzt will die 25-Jährige, deren Süchtigkeit man lediglich an den flirrenden Augen und fahrigen Bewegungen erkennt, zurück nach Europa. Sie hat begriffen, dass Südamerika mit seinen Latifundien voller Kokafelder kein Therapiezentrum ist. Aber einen solchen Ort braucht sie jetzt, will reumütig zurück in die Heimat und um Hilfe bitten. Heute wollte sie fliegen, aber die Maschine hob ohne sie ab. Frühmorgens um fünf sollte sie in

Lima sein, mit dem Bus aus dem Süden. Aber ein Unfall verhinderte die rechtzeitige Ankunft. Das Transportunternehmen hat ihr die Hälfte des gezahlten (Bus-)Fahrpreises zurückerstattet, ein paar Soles. Eher kümmerlich, wenn man bedenkt, dass sie nun ein neues Flugticket braucht. Da Junkies grundsätzlich bankrott sind, spendiere ich das Geld für eine Hotelübernachtung. Der Schein ist eine Wiedergutmachung für meine ungehobelte Neugier, eine Art Ablass.

Den Rest des Frühstücks bin ich allein, der Himmel wird blau, das Personal ist von ausgesuchter Freundlichkeit, der Zeitungsmann kommt, er bringt genau das, was das Leben im Augenblick vollkommen macht. Im *El Comercio* steht ein Bericht über Eliane Karp, die Noch-First-Lady des in wenigen Wochen scheidenden Präsidenten Alejandro Toledo. Die Attraktive muss sich vorwerfen lassen, für Reisen während der letzten fünf Monate schlanke 70 000 Dollar ausgegeben zu haben. Nicht ihr Geld, sondern das der Peruaner. Meine erste Reaktion, noch vor der (wohlfeilen) Entrüstung, ist der Neid. Ich beneide immer Leute um das, was Karl Kraus den »Krepierstandpunkt« nannte: Da mag im Nebenhaus eine Bombe einschlagen, wie belanglos, man dreht sich um und schnarcht weiter. Da mag Señora Karp auf die Straßen Limas treten und 200 verbuckelte Campesinos vorbeischlurfen sehen, wie unerheblich, sie jettet durch die Welt und lässt sich – stets den Hoffotografen in ihrer Nähe – beim Geldausgeben ablichten.

Deshalb beneidenswert, weil ich ein nervenschwacher Bedenkenträger bin. Die Kaltschnäuzigkeit hat auch Größe. Denn ich weiß nicht, ob ich die 70 000 nicht ausgeben würde, weil ich das für frivol halte oder weil ich mich nicht traue. Frau Karp traut sich, sie schon. Moralische Entrüstung hat oft mit Feigheit zu tun, weniger mit wirklichkeitsnahen Überzeugungen.

Lima verfügt über ein paar feine Buchhandlungen, die feinste heißt *El Virrey*, ich schmökere, komme mit dem Verkäufer ins Gespräch. Er hat Zeit, ich bin der einzige Kunde. Plötzlich dringen Schreie herein, ich renne hinaus, 100 Meter weiter, an einer belebten Kreuzung, findet eine Demonstration statt. Transparente, Megafone, knapp 100 Teilnehmer. Die Polizei lehnt entspannt an Hausmauern, die Schutzschilde lehnen daneben. Von German, einem der Wütenden, erfahre ich, dass sie den Bürgermeister lautstark auffordern, ihnen (den 100 Demonstranten) eine Entschädigung zu zahlen. Da sie vor Jahren ungerechterweise entlassen wurden, vom Chef des Rathauses. Aber der schiebt die Schuld auf seinen Vorgänger, der die Leute feuerte. Und inzwischen ins Ausland verschwunden ist, wo sich laut German auch seine Konten befinden.

Nun intensivieren sie die Proteste, denn bald finden Wahlen statt. Und vielleicht fällt dem Bürgermeister ein, dass ein paar Stimmen mehr nicht schaden könnten. »Für ein würdiges Leben!«, schreien sie, und »Wir wollen arbeiten!«, und – als immer wiederkehrenden Refrain –, »Corruptos!« Einen langweiligeren Refrain, eine müdere Aussage lässt sich über einen Politiker nicht vorbringen. Ein alter Hut, keiner der Passanten bleibt stehen. Die Nicht-Korrupten sind tot oder müssen erst noch geboren werden. So denken Peruaner über Peruaner. Aber German und die 99 wollen nicht aufgeben, niemals. Seit neun Jahren kommen sie hierher und brüllen ihre Wut heraus. Täglich. Nur am Wochenende pausieren sie. Wie der Bürgermeister.

Ich gehe ins *Museo de la Inquisición*. Untersuchungen gehen davon aus, dass während der spanischen Eroberung des Kontinents zwischen 80 bis 100 Millionen Ureinwohner umgekommen sind. Umgemäht von den mitgebrachten Feuerwaffen, hingerafft von eingeschleppten Krankheiten, totgeschunden in Silberminen, verbrannt, verhungert als Opfer der Inquisition, die hier – von 1570 bis 1820 – keinen verschonte, der nicht jenen aus dem fernen Europa importierten (lieben) Gott anbeten wollte. Das Museum erzählt von dieser Zeit mit Bildern, Texten, lebensgroß Malträtierten aus Wachs, aufgestellt in düsteren Verliesen und kniehohen Kerkerhöhlen, in denen Männer und Frauen auf ihren Tod warteten. Zwanzig Jahre, dreißig, eine Ewigkeit.

Ich schließe mich einer Führung von Studenten an. Zuletzt bittet der Guide um Fragen. Stillschweigen. Da keiner was wissen will, frage ich: Wie ist es zu erklären, dass die Kirche – eingedenk ihrer Vergangenheit – noch immer als moralische Instanz in Südamerika auftritt, noch immer als führende spirituelle Kraft anerkannt wird? Hat sie nicht irgendwann das Recht verloren, als Vorbild zu gelten? Erstaunlicherweise schreit mich keiner nieder, protestiert niemand gegen die Provokation. Der Guide zieht sich aus der Affäre, sagt, dass die Frage zu viele andere Fragen hervorrufe und somit für deren Beantwortung hier keine Zeit sei. Immerhin antwortet eine Professorin. Und ihre Antwort ist klug und vieles erklärend: Die Kirche hat Tradition im Land, seit über 500 Jahren. Und da die Vorfahren an sie glaubten, glauben die Großeltern, die Eltern, die Söhne und Töchter. Aus Gewohnheit. Die Leute denken nicht über Sinn oder Unsinn der Institution nach, sie ist da, basta.

Mit einem wehmütigen Gefühl verlasse ich den Ort. Ich war oft abwesend während der letzten halben Stunde, dachte nicht an Folter und Bestialität, dachte an einen Mann, mit dem ich dieses Museum bei meiner ersten Reise in Peru besucht hatte. Fernando sollte 24 Stunden später mein (einziger) Liebhaber werden. Nur eine Nacht lang. Hinterher war ich ihm ausgesprochen dankbar. Weil ich auf leibhaftige, ganz sinnliche Weise

143

begriffen hatte, dass ich zur Bisexualität nicht taugte, dass mich der Körper eines Mannes erotisch nicht begeisterte. Das war, trotz der körperlichen Pein, die hinter mir lag, eine wunderbare Entdeckung. Denn wie bei so vielen anderen (heterosexuellen) Männern fluteten jahrelang homoerotische Phantasien durch meinen Kopf. Ohne dass ich sie auslebte. Aus Scheu, aus Angst. Aber Tage vor der Begegnung mit dem 23-Jährigen hatte ich einen Satz von André Gide gelesen, schön dramatisch und anspornend: »Ich will dabei sein, und koste es das Leben.« Und so war die Zeit der Ausflüchte vorbei, Fernando verführte mich und ich ließ mich verführen.

Draußen auf der *Avenida Abancay*, direkt neben dem Museum, beschließe ich, Fernando L. wiederzusehen. Ich will wissen, was aus ihm geworden ist, seinen Träumen, seinen Zielen. Ich gehe zur *Iglesia San Francisco*, wo ich ihn kennengelernt hatte. Vor 20 Jahren jobbte er dort als Fremdenführer. Doch in der Kirche wissen sie nichts von ihm, in »unserem« Café nichts, nichts im Sheraton, wohin die reichen Homos ihn abschleppten. Bis ich die Absteige wiederfinde, wo wir damals ein Zimmer nahmen. Hier kennt der Rezeptionist jemanden, der Bescheid wissen könnte. Ein paar Ecken weiter. Und der alte Pedro, damals Portier, lässt mich in seine Wohnung, erinnert sich. Nicht an mich, aber an Fernando, den Stammkunden. Ganz offensichtlich war ich nicht der Einzige, zu dem er sich dort ins Bett legte.

Ich mache mich auf den Weg nach *San Juan de Miraflores*, in diesem miserablen Viertel soll er leben. Vermutete Pedro. »Wenn ich nichts durcheinanderbringe«, fügte er grinsend hinzu, »ich kann mich täuschen, so viele Schwule und Ehebrecher kamen an mir vorbei.«

Der Alte hat recht, es ist miserabel. Kinder kicken mit einem zerknautschten Ball, gelbgrüne Abwässer rinnen entlang der schiefen Gassen, rechts und links Verhaue aus Adobe und Holz. Vor einer Tür hängt ein Coca-Cola-Schild, ich trete ein, will was trinken, will fragen. Die fünf Gäste, fünf junge Kerle, heben den Kopf und lächeln. Es kommt zu einer Begegnung der dritten Art. Einer der fünf verschwindet und kehrt Minuten später mit einem Mädchen zurück. Einem leichten Mädchen. Babyspeck, dicker Busen, dicke Schminke, die aufgekratzte Stimme. Selbst blind wüsste man, dass hier kein verzagtes Fräulein auftritt. Aber auch Blinde irren. Eloy, ihr 21-jähriger Zuhälter, fragt trocken, ob sie mir gefalle. Sicherheitshalber sage ich ja, sie ist seine Beute, und dafür will er gelobt werden. Während ich unter Hochdruck darüber nachdenke, wie ich dem mit Gewissheit eintreffenden Angebot entkomme, von der Babyspeckigen in einem Verschlag drei Rinnsale weiter verwöhnt zu werden, sagt ihr Macker kühl: »Sie ist kein Mädchen, sondern ein Transsexueller.«

Ich lasse mir nichts anmerken, will auch cool sein. Und schaue nochmals hin, und erst jetzt sehe ich die weggeschminkten Gesichtszüge eines Mannes. Das Männerbecken, die Männerhände. Aber der Auftritt eines Peruaners, der Östrogentabletten schluckt, einen Push-up-BH trägt und emsig auf eine Operation spart (so ist zu vermuten), um sich die letzten Reste verhasster Männlichkeit wegschneiden zu lassen, diese Vorstellung war nicht denkbar. Nicht hier in dieser Umgebung. Anders lässt sich die Blindheit nicht rechtfertigen.

Ich fasse mich, bitte die zwei an meinen Tisch und bestelle, was sie wollen. Dafür reden sie: Gladys (früher: Fabio) geht als Hermaphrodit anschaffen. Nicht hier, sondern im Gebüsch neben den Ausfallstraßen der Hauptstadt. Für ein paar Soles bietet sie ihre verschiedenen Körperteile an, nur »la puerta principal«, die Haupttür, muss sie verstecken, sprich, »nach hinten klemmen«. So die 25-Jährige verschmitzt. Denn die Kundschaft

will eine komplette Frau und keinen Mann, der hurt (zur Geld-
beschaffung), um endlich kein Mann mehr zu sein. Was durchaus funktioniert, da die meisten Klienten betrunken vorbeikommen. Notfalls von Gladys betrunken gemacht werden. Sie
meint, sich prostituieren mache ihr nichts aus, im Gegenteil,
jeder erregte Mann wäre ein Beweis für ihr Frausein, ein Beweis
für ihren Traum.

Während der Zwitter erzählt, denke ich, wie harmlos mein
Leben ist. Mehrmals tausche ich in meinem Kopf die Rollen.
Bin ein junger Mann, der sein eigenes Geschlecht verachtet und
sich nachts als halbe Frau in die Sträucher schlägt, um der Ver-
achtung zu entrinnen. Wie Gladys, sechs oder sieben Mal die
Woche. Man kann ein solches Leben nicht denken, so anders,
so herausfordernd ist es.

Von Gabriel García Márquez stammt der Satz: »Bis die Wirklichkeit sie lehrte, dass die Zukunft nicht war, wie sie von ihr
träumten, und sie somit die Nostalgie entdeckten.« Aber so
weit ist Gladys noch nicht, sie ist noch nicht gescheitert. Voller
Enthusiasmus redet sie von einer Zukunft ohne jede Sehnsucht
nach Vergangenheit.

Ich fahre zurück ins Zentrum, will Fernando nicht mehr suchen, nicht mehr finden. Die Zeit ist zu knapp. Aber das ist es
nicht, es ist die Furcht, dass mir der einst Hübsche heute als ver-
kommener Stricher begegnet. Infiziert, an der Nadel oder dun-
kelblau durch den Tag lallend. Plötzlich scheint mir die Erinnerung (die Nostalgie) an unsere Begegnung wertvoller als die
schäbige Wirklichkeit so viele Jahre später. Möglicherweise wäre ich einem Helden begegnet. Aber Fernando, charmant und
stets launig, erschien mir schon damals schwach und nachgie-
big, kam nicht daher wie einer, der mit den Anwürfen des All-

tags fertig werden würde. Vielleicht täusche ich mich, hoffentlich. Erleichtert lande ich auf dem Kundenstuhl von Amerigo, der den Dreck der Armut von meinen Stiefeln spachtelt und mich mit einem leichten Herzen entlässt.

Am nächsten Morgen mit dem Bus nach Ayacucho, 565 lange Kilometer, ein guter Tag beginnt. Nach 100 Metern fahren wir an einem großen Transparent vorbei, auf dem steht: *Taller para fortalecer la lectura*, Werkstatt, um zur Lektüre zu ermutigen. Und im Bus-TV läuft ein Film von Jackie Chan. Den muss man mögen, der besiegt alle, aber nicht als Mörder, nicht als Lustmörder, er erledigt sie mit List und Kinnhaken. Wer in seinen Filmen umfällt, fällt durch einen Schwinger oder die eigene Dummheit und darf kurz danach wieder aufstehen. Und *El Comercio* zeigt eine schöne Halbnackte, die als Flitzer den (zum EU-Lateinamerika-Gipfel) versammelten Politikern ein beschriftetes Schild entgegenstreckt, auf dem gegen Umweltverschmutzung protestiert wird. Der Clou des Fotos: Die heiteren Gesichter der Männer, die säuerlichen Mienen der Frauen. Very funny.

Mittagspause in einem soliden Restaurant neben der Straße. Ich sitze mit Consuelo am Tisch, einer ehemaligen Stewardess. Wir haben ein paar Worte im Bus gewechselt. Über 60 ist sie heute, gepflegt, gerader Rücken, ein warmer, konzentrierter Blick. Sie spricht über *Die Brücken am Fluss*, die letzte DVD, die sie gesehen hat, den Film mit Clint Eastwood und Meryl Streep. Sie zitiert ihren Lieblingssatz daraus: »Wie gut, Träume zu haben, auch wenn sie nicht in Erfüllung gehen, war es doch besser, sie gehabt zu haben.« Der Spruch sagt mir nichts, ich will nicht träumen, ich will leben. (Aber geheult habe ich auch, im Kino und hinterher mit dem Buch in der Hand.) Consuelos Stimme zittert noch heute, wenn sie davon berichtet. Bis heute weiß ich noch immer nicht, was Frauen mehr in andere Zustände versetzt als die Aussicht auf eine Liebe, die niemand verrät und die lebenslang Liebe bleibt.

Um ihr eine Freude zu machen, erzähle ich Consuelo von der geheimnisvollen Consuelo Suncin, der Muse und Frau Antoine de Saint-Exupérys, der ihr mit *Der kleine Prinz* eine weltberühmte Liebeserklärung hinterließ. Erzähle von den *Lettres du Dimanche*, den Sonntagsbriefen, die sie ihm schrieb und die sie noch zehn Jahre nach seinem Tod (1944) weiterschrieb. Señora Consuelo Álcarez leuchtet jetzt, wäre sie weniger gut erzogen, würde sie in Tränen ausbrechen. Sicher träumt sie heute Nacht von dem Franzosen.

Gloria, ihre Freundin, setzt sich an unseren Tisch. Ich frage die beiden, was ich immer Leute frage, die in der Dritten Welt wohnen: »Warum kommt Ihr Land nicht auf die Beine? Warum die unvergängliche Armseligkeit?« Und die beiden Damen sprechen sich aus, knapp und ohne Zögern: »Die Peruaner sind faul.« Ein Nicht-Peruaner dürfte das nie sagen. Denn eine Omertà geht um, sie wurde von den *bien-pensants* (den Gut-Denkern, so nennen die Franzosen sie) verhängt. Sie gebietet, niemals am anderen, dem Fremden, Kritik zu üben. Nicht an Allah, dem Allgütigen, nicht an Mohammed, der uns Ungläubigen unerbittlich die achtzig Jungfrauen im Paradies verweigert, nicht an den Peruanern, die noch immer – mitten in ihrem phantastischen, über die Maßen reichen und großzügigen Land – in Sack und Asche leben. Jeder ist schuld, der weiße Mann, die Conquista, el Niño, die Weltbank, die paar bösen, superreichen Peruaner, sie alle, nur nicht die restlichen 30 Millionen Einwohner, sie nicht.

Weiterfahrt, jetzt hinauf in die Anden. Schwindeln könnte einem beim Anblick von so viel Schönheit. Darüber der azurfarbene, fleckenlose Himmel. Bisweilen sollten wir anhalten und kurzfristig verrückt werden. Um zu beweisen, was Schönheit alles vermag.

Nach langer Fahrt durch menschenleere Natur kommen wir an drei Häusern aus Stein vorbei, drei Symbole der Trostlosigkeit, die umgeht in diesem Land. Hunde streichen ums Eck, der Wind richtet ihr Fell auf, und die sieben Bewohner (mehr sind nicht zu sehen) stehen da, sitzen da, ja liegen da, nur den Kopf gegen die Wand gelehnt. Einen Steinwurf entfernt befinden sich drei hellblaue Holzverschläge, die Abtritte. Auf seltsame Weise strahlen sie mehr Leben aus als die trostlosen Behausungen. Ein Bild von monströser Einsamkeit, nichts, was die sieben Stummen aus ihrem Alleinsein erlöst. Auch der Bus nicht, der hält, obwohl keiner zusteigt. Sie schauen herüber, wie sie wohl auf jeden Bus schauen, der hier vorbeifährt. Immer wissend, dass das Geld fehlt, die Kraft, die Sehnsucht, um von hier wegzugehen. Die Fähigkeit, unbeweglich an einem Platz zu verharren, scheint erblich. Die Jungen so unbeweglich wie die Alten. Auf einer der Mauern steht: *García Presidente – Por un Perú más glorioso*, aber auch der neue Präsident wird die Einsamkeit nicht abschaffen. Und glorios wird es hier auch nicht werden, auf lange Zeit nicht. *King of sorrow*, singt Shade gerade auf meinem iShuffle, das Lied passt.

Vielleicht ist alles Einbildung, und die sieben sind sieben Glückliche, fröhlich die Herde Lamas hütend, die 100 Meter weiter grast. Vielleicht empfinden sie nichts als Mitleid mit uns Stadtmenschen, die sich zehn Stunden in einen Käfig einschließen, um woanders anzukommen. Ich weiß es nicht, ich kann die Dinge nur sehen wie einer, der hier nicht sein will, wie einer, der hier an nichts anderes denken könnte als an die nächste Gelegenheit, diesen Ort zu verlassen.

Ritt über die Anden. Links von mir zwei Peruaner, die mit der Nase am Fenster kleben und begeistert die Grandiosität der Welt kommentieren. Nach Sprache und Habitus eher einfache Männer, mittleren Alters. Ihre Neugier scheint so außergewöhnlich. Sie starren auf die Welt, ich starre auf sie. Drei haltlos Begeisterte über einen Erdteil, mit dem die Götter wohl nie fertig werden. Hier schmieden sie noch.

Ein fahrender Händler steigt ein, geht durch die Reihen und verkauft gesalzene Kekse. Als er durch ist, setzt er sich neben mich. Der letzte freie Platz. Und ich frage, und er erzählt. Um zu verstehen, wovon Berto redet, hier ein paar Zeilen zu Perus jüngster Geschichte: In Ayacucho, im Mai 1980, ruft der Philosophie-Professor Abimael Guzmán seine Anhänger zum »bewaffneten Kampf gegen Staat und Gesellschaft« auf. Im Namen der kommunistischen Partei Perus, bald weltweit bekannt als *Sendero Luminoso*, Leuchtender Pfad. Die Leuchtspur ins maoistische Himmelreich endet in beispiellosem Terror. Als »Presidente Gonzalo«, so sein Deckname, im September 1992 gefasst wird, pflastern knapp 70 000 tote Peruaner seinen Kriegszug für ein besseres Leben. Die im Jahr 2000 – so lange ging der Kampf weiter, allerdings weniger mörderisch – gegründete *Kommission für Wahrheit und Versöhnung* stellt in ihrem Abschlussbericht fest, dass für etwa 60 Prozent der Ermordeten die Guerilla verantwortlich ist, die restlichen 28 000 wurden vom staatlichen Gegenterror – Soldaten, Polizei und Todesschwadrone – hingerichtet. Bis heute vergeht kein Tag in diesem Land, in dem die Medien nicht von den Wunden und der Trauer dieser Zeit berichten.

Zurück zu Berto, er ist 69, hat zwei in Ayacucho studierende Töchter, eine brave Frau und den Bauchladen. Ja, er komme zurecht, an guten Tagen mache er über 20 Dollar Gewinn. Natürlich erhält er keine Rente und das Studium von Rafaela und

Alva hat erst begonnen, das heißt, auf ihre finanzielle Unter-
stützung muss er noch warten. Noch Jahre. An die finsteren Zeiten Perus erinnert er sich sehr wohl. Um zu überleben, zog er
für 13 Jahre in eine andere Region, weit weg, immer den Bauchladen im Gepäck.

Fast die Hälfte aller Verbrechen fanden in der Provinz Hua-
manga statt, deren Hauptstadt Ayacucho ist. Berto macht einen
aufgeräumten Eindruck, keine Spur Bitterkeit. Ich frage ihn, ob
er glücklich ist. Statt einer Antwort zieht er eine Mini-Bibel aus
der Hemdtasche und kommt ins Schwärmen. Der Alte gehört der
Evangelisch-Lutherischen Christuskirche an. Während eine warme Nachmittagssonne durch den Bus flutet, räumt der Glückliche auf: Allah, Jehowa, der Katholikengott, sind »todos dioses
falsos«, alles falsche Götter, jeder von ihnen soll zur Hölle fahren.
Das durchaus Heitere: Berto predigt vollkommen entspannt,
ohne Speichelgeifer. Hat er alle verdammt, schläft er ein, sein
friedliches Gesicht verweist auf den Schlaf eines Gerechten.

Spätnachmittags in Ayacucho. Ein religiöses Fest findet gerade
statt, durch wogende Menschenmassen wird die *María Auxilia-
dora* getragen. Ich frage nach, aber keiner weiß etwas Genaues
über die hilfreiche Maria. So viele himmlische Jungfrauen sind
in diesem Land unterwegs, dass selbst die Peruaner den Über-
blick verlieren.

Der Taxifahrer setzt mich vor einem passablen Hotel ab, ich
lasse den Rucksack zurück und wandere durch die steilen Gassen
der Stadt, die sofort gefällt. Viele Fassaden aus der Kolonialzeit,
mit Umsicht erhalten. Die 140 000 Einwohner bleiben unter
sich, seltsamerweise kommen wenige Fremde hierher. Vielleicht
schreckt noch immer der furchteinflößende Name dieser Stadt.
Ich frage im Rathaus nach und erfahre, dass die heutige Zei-

tungsmeldung – »über 100 Mitglieder des Sendero Luminoso in der Gegend gesichtet« – falsch ist. Das seien Ex-Senderistas, die nun als Drogenbanden umherzögen, aber jedweden politischen Krieg aufgegeben hätten. Erstaunliche Antwort: Kokainhandel ist okay, politischer Umsturz nicht.

Abends Suche nach einem Ort zum Schreiben. Ich finde ein Restaurant mit einem Garten, der leer ist, weil vorne im Wirtshaus der Fernseher läuft. Um ein wenig Einsamkeit zu finden, setze ich mich hinter eine Säule. Schon absurd, dass man sich verstecken muss, um eine der arglosesten Tätigkeiten ausüben zu können: leise auf eine Tastatur tippen, schreiben. Später kommt doch jemand vorbei. Ein Flötenspieler, der zuletzt auf eine Blechdose trommelt und dazu krächzend die Stimme erhebt. Kaltblütig hole ich einen Schein hervor. Gregorio nimmt an, auf Zehenspitzen huscht er davon. Es gibt Augenblicke, in denen man mit Ehrfurcht an Geld und seine magischen Kräfte denkt.

Am nächsten Morgen sieht Ayacucho noch schöner aus. Unter einem Märchenhimmel liegt die strahlende *Plaza de Armas*, ein architektonisches Juwel mitten im knapp 2800 Meter hohen Tal. Heute feiern sie den *Tag der Kindergärten*, Knirpse marschieren und winken mit Fähnchen, Soldaten marschieren und singen ein Kampflied gegen den *Sendero Luminoso*. Als wappneten sie sich gegen eine eventuelle Rückkehr der Blutrünstigen.

Anfang der neunziger Jahre schlug der englische Fotograf Christopher Pillitz dem Magazin GEO vor, zusammen mit mir eine Reportage über die Terrororganisation zu machen. Wir beide waren begeistert von der Idee. Wir Schwachköpfe, Guzmán und seine Kumpane haben auch Presseleute füsiliert. Die Ermordung von acht Journalisten ging durch die Weltpresse. GEO war einsichtig genug, das Projekt abzulehnen.

Ich kam wegen einer Frau nach Ayacucho. Über sie hatte ich bereits in Europa gelesen, und sie schien jeden Umweg wert. Ich dachte, ich müsste sie suchen, lange suchen, aber nein, es ist kurz vor elf Uhr und sie kommt mir entgegen, direkt auf der *Plaza de Armas*. Schöner Zufall, Señora Angélica Mendoza de Ascarza führt eine Kundgebung von etwa 200 Leuten an. Meist Frauen, dazwischen ein paar Männer. Eine Protestaktion der Organisation *Anfasep*, die September 1983 von der nun 78-Jährigen gegründet wurde. Um den Angehörigen der Opfer aus den Terrorjahren von 1980 bis 2000 – Opfer beider Seiten – zu helfen. Arquimedes, einer ihrer Söhne, ist damals von einem nächtlichen Rollkommando verhaftet worden, nachts und ohne jeden Beweis einer Zugehörigkeit zum *Sendero Luminoso*. Und nie wieder aufgetaucht.

Der Zug skandiert »Wahrheit, Gerechtigkeit, Wiedergutmachung!«, zieht Richtung Regierungssitz, auf Transparenten werden die 100 Millionen Soles eingefordert, die von Lima seit langem und viele Male versprochen wurden. Und nie eintrafen. Die Presse zieht mit, Kameras laufen. Als Omar Quezada, der *Presidente regional*, die Petition entgegennimmt und verspricht, sich dafür einzusetzen, kann man davon ausgehen, gerade einer politischen Hanswurstiade beizuwohnen. Señor Quezada gehört der *Apra* an, jener Partei, die unter President Alan García fünf Jahre lang (1985 bis 1990) mitverantwortlich war für die wüstesten Menschenrechtsverletzungen in der Geschichte des Landes, sprich, der Politiker hat nicht das geringste Interesse, irgendwelche Wahrheiten ans Licht kommen zu lassen. Als sich die Demonstration auflöst, bitte ich Angélica Mendoza um ein

Gespräch. Ohne Umstände sagt sie zu, heute um 17 Uhr im *Museo de la memoria*.

Die Adresse aufzuspüren wird zur Herausforderung. Der Taxifahrer lässt mich in der falschen Gegend raus, irgendwann bin ich im richtigen Viertel und noch immer weiß keiner, wo sich das Museum befindet. Immerhin eine Stätte, in der man sich mit der jüngsten Geschichte Perus auseinandersetzt. Ich frage 23 Leute, und der 24. weiß es.

Das Gebäude wurde (auch) mit Hilfe der deutschen Botschaft finanziert und im Herbst 2005 eröffnet. Ein quadratischer, einstöckiger Bau, die Außenwände voller Malereien, voller Bilder des Grauens. Abgehackte Glieder, die Gesichter der Henker und die Gesichter jener, die (vergeblich) um Gnade flehen. Das Museum der Erinnerung hält beschwerliche Andenken für jeden Besucher bereit. Sicher scheint, dass hier keiner starken Gefühlen entkommt.

Im ersten Stock befinden sich die Ausstellungsräume, ich bin zu früh, so habe ich Zeit, mich umzusehen. Heute wäre ich der erste Besucher, heißt es. Wegen Überfüllung wurde hier noch niemand abgewiesen. Fotos, Folterinstrumente, Schrifttafeln, Briefe, Kleider der Vermissten, Mordwerkzeuge, irgendwie versteht man, warum keiner von dieser Adresse wissen will.

Aber es geht in dieser Ausstellung nicht um Schuldzuweisung, es geht ihr um die Suche nach Wahrheit. Schwieriges Unternehmen. In einem Schaukasten stehen kleine Figuren: links zeigen sie die Methoden des *Sendero Luminoso*, rechts jene der Staatsmacht. Die Männchen der Guerilla schwingen Äxte über den Köpfen ihrer Opfer (immer bedacht, Munition zu sparen) oder wuchten mächtige Steine, um unwilligen Campesinos den Schädel zu zertrümmern. Und die Männchen rechts – uniformiert, Vertreter von Recht und Ordnung – stehen an, um Campesino-Frauen zu vergewaltigen, um ihre Männer zu foltern, um sie zu erschießen, um die Hingerichteten in (eigens dafür konstruierten) Öfen zu verbrennen.

In dem vor Monaten gelesenen Zeitungsbericht über diesen Ort stand auch die seltsame Bemerkung: »Mit dem Museum versuchen sie, die Vergangenheit aufzuarbeiten.« Ein vorlauter Satz. Ich bin peruanischer Bauer und finde eines Nachmittags die zerstückelten Leichen meiner Kinder im Dorfbrunnen. Kann ich das »aufarbeiten«? Oder kann ich irgendwann, unter Umständen, damit leben, ohne wahnsinnig zu werden, ohne an der Menschheit zu verzweifeln? Zerstückelte Kinder lassen sich nicht aufarbeiten, sie sind eine einzige, Tag und Nacht zum Himmel schreiende Wunde.

Eigenwilliger Zufall, schon wieder. Ich stehe vor der Wandtafel, die von der Nacht der Verhaftung von Arquimedes erzählt, und lese den Papierfetzen, der Angélica Mendoza kurz danach zugespielt wurde, ein brauner Zettel, auf dem ihr Sohn schrieb: »Mama, besorge mir einen Anwalt und die Möglichkeit einer Gerichtsverhandlung. Meine Situation ist ziemlich kompliziert, Geld brauche ich auch, Ciao, Arquimedes.« Und während ich lese, höre ich die Greisin die Treppe hochsteigen, es ist fünf Uhr. Und wir begrüßen uns. Und ich sollte jetzt ein Gespräch mit ihr beginnen, aber ich kann nicht. Seit 23 Jahren forscht diese Frau nach ihrem Sohn, seit 23 Jahren macht sie sich täglich auf die Suche nach ihm, wissend, dass er tot ist, die Tatsache verweigernd, dass er verschwunden bleibt. Wie ein Schuljunge stehe ich da – und heule. Professionell ist das nicht. Aber die winzige Frau mit den schwarzen Zöpfen und dem Panamahut auf dem Kopf hat Verständnis für den linkischen Fremden, sagt nichts, drängt nicht, wartet nur still, bis er sich beruhigt hat.

Wir gehen hinunter in den kleinen Saal, der als Vortragsraum dient. Wir sind allein, keiner wird Krach schlagen, nichts wird ablenken von der Erzählung Señora Mendozas: In der Nacht vom 2. zum 3. Juli 1983 stürmen Soldaten ihr Haus, reißen Arquimedes, eines ihrer sechs Kinder, aus dem Schlaf, zerren ihn hinaus auf die Straße, fesseln ihn, verhaften ihn als »Sympathisanten des Sendero«, wollen mit ihm davon. Doch die Mutter wirft sich dazwischen, hängt sich an den 19-Jährigen, lässt sich mitschleifen, brüllt los. Bis sie mit Gewehrkolben auf sie einprügeln, sie anschreien: »Halt endlich das Maul, Alte!« Und die »Alte« (damals 55 Jahre) kniet am Boden und sieht den Sohn das letzte Mal, als sie ihn hinauf auf die Ladefläche des Pritschenwagens stoßen.

Natürlich hat keiner der Nachbarn auf ihre Schreie reagiert. Kein Fenster, keine Tür öffnete sich. Aus gutem Grund, die Geste wäre sofort als Mittäterschaft zu einer terroristischen Organisation interpretiert worden. Zudem herrschte Ausgangssperre. Tage später kam ein gewisser »Capitán Blanco« vorbei und übergab der Mutter den ominösen Zettel ihres Sohnes. Sofort rannte sie los, um bei Freunden Geld zu pumpen. Die Hälfte davon für den »Hauptmann«, der versprach, sich für Arquimedes einzusetzen, die andere Hälfte für den Anwalt, der den Sohn vom Verdacht des Kommunismus reinwaschen sollte.

Wie naiv sie war, heute weiß sie es. Der Kurier war ein Dreckskerl, der das Bündel einsteckte und sich nie wieder meldete. Und kein Verteidiger der Stadt erklärte sich bereit, den Fall zu übernehmen. Auch hier aus Angst, als Genosse der Linken in Verruf zu geraten.

In jener Stunde nach Mitternacht hat der Trupp Soldaten nichts Verdächtiges in den Räumen der Familie Mendoza finden können. Nicht ein Blatt Papier, nicht einen Satz, keine Telefonnummer, nichts, das auf eine rote Mitgliedschaft verwies. Warum also, so die Frage an Mama Mendoza, sind sie dann gekommen? Zu einer Familie, der ein angesehener Lehrer vorstand?

Jetzt beginnt der absurde, der irrsinnige Teil dieser todtraurigen Mär: Eine Woche vor der Razzia ging Arquimedes in ein nahe gelegenes Lebensmittelgeschäft, um einzukaufen. Wie so oft zuvor. Als er eintritt – es war gerade Mittagspause –, sieht er die Ladenbesitzerin in leidenschaftlicher Umarmung mit einem Liebhaber, der nicht ihr Mann ist. Ayacucho ist nicht groß und man kennt sich. Offensichtlich hatten die beiden vergessen, die Eingangstür zu verschließen. Verstört eilt der Junge nach Hause und berichtet der Mutter. Nicht verstört aus Schamgefühl, sondern weil er begreift, dass er etwas gesehen hat, das er nicht hätte sehen sollen. Sofort sprechen Mutter und Sohn darüber, dass die Untreue davon ausgeht, Arquimedes werde den Vorfall dem (mit der Familie befreundeten) Ehemann berichten. Was beide jedoch keineswegs vorhatten. Es gab andere Sorgen zu jener Zeit.

Ihr Schweigen hat nicht geholfen. Im Gegenteil, die schnelle Enthüllung des Vorfalls hätte ihrem Sohn das Leben gerettet. Denn um der Gefahr einer Denunziation zu entgehen (und denunzierte Ehebrecherinnen in einem stramm katholischen Land haben nichts zu lachen), griff die in flagranti ertappte Frau zur mörderischen Gegenwehr. *Sie* denunzierte den jungen Mann bei der Polizei (man konnte das anonym erledigen) als heimlichen Maoisten. Damit war das Todesurteil über den Halbwüchsigen gesprochen. Beklemmend abwegig: die unfreiwillige Zeugenschaft eines belanglosen Schäferstündchens kostet ein Menschenleben. Und die lebenslange Drangsal einer Mutter.

Am Morgen des 3. Juli 1983 begann ihre Suche nach dem Sohn, heute – und die Mutter sagt es leise – sucht sie nur noch seine sterblichen Überreste. Die irgendwo nahe Ayacucho liegen, in irgendeinem Massengrab. *Anfasep*, ihre Organisation, bildet Freiwillige aus, um Angehörigen beizustehen, wenn bei Ausgrabungen die bleichen Knochen der Väter und Söhne auftauchen. Sie selbst hat nur noch drei Wünsche: Das Finden des Leichnams ihres Sohnes, das Geständnis der Schuldigen, die symbolische Strafe von einer Woche Gefängnis. Viel verlangt, wenn man bedenkt, dass bis zum heutigen Tag nicht *ein* Verantwortlicher auf staatlicher Seite verurteilt wurde.

Mama Mendoza hat früher als Schneiderin gearbeitet, hat nie schreiben und lesen gelernt, leitet bald 25 Jahre lang einen gemeinnützigen Verein, der unter anderem Hunderte von Kindern verköstigte und für ihre berufliche Ausbildung sorgte. Morgen will sie nach Lima fahren und die Regierung an die so oft angekündigten Wiedergutmachungs-Gelder erinnern. Sie muss allerdings vorher noch jemanden finden, der ihr die Fahrt spendiert. Heute Morgen wurde ihr Mann überfallen, auf einer Nebenstraße nahe der Bank, wo er die 800 Soles (200 Euro) seiner Pension abholte. Ach, Peru, die bald 80-Jährige, die schon mehrmals für den Friedensnobelpreis vorgeschlagen wurde, hat nicht genug Scheine, um sich ein Busticket in die Hauptstadt zu kaufen. Dieses Problem, immerhin, lässt sich lösen. Als sie mir zum Abschied die Hand reicht, wird klar, dass ich zwei Stunden lang neben einer Löwin saß. Diese winzige Frau, und wie klein man von ihr weggeht.

Abends sitze ich wieder hinter der Säule, will das Gehörte im Mac festhalten, mich ablenken von einer gemeinen Einsamkeit. Wie reich kann Reisen machen und wie allein. Bald renne ich auf die Straße und suche einen Internet-Shop. Um eine Mail an jene Frau zu schreiben, die noch immer nicht weiß, dass ich an sie denke.

Wie ein Versprechen von Tiefe und Wärme erfüllt mich die Erinnerung an ihr Gesicht. Und auch heute schreibe ich nichts von meiner Sehnsucht. Ich behalte die Nerven und vertraue darauf, dass sie die belanglosen Wörter übersetzt, sie dechiffriert als Botschaften eines Mannes, der nichts falsch machen will.

Weiterfahrt nach Cuzco. Der Morgen beginnt mit einem fröhlichen Grinsen. In der Zeitung steht, dass Hugh Hefner, der Gründer des *Playboys*, um die Welt reist, um die 50 Jahre seines Magazins zu feiern. Natürlich eskortiert von drei Mädels, blutjung, pneumatisch und immer gut gelaunt. Früher war er mit sieben Busenwundern unterwegs, »aber ein bisschen Eifersucht ging um«, so der Meister. Alle vier strahlen auf dem Foto. Der heute 80-Jährige, der nie erwachsen werden wollte, kommentiert siegessicher: »Das ist die beste Zeit meines Lebens.« Bravo, Hugh, wenn ich mir vorstelle, was uns künftige Greise erwartet, kann man dir nur neidvoll zuwinken.

Der Bus wird voll, wir reisen eine Spur unbequemer als der Bonvivant aus Chicago. Die nächsten Stunden fahren wir über keinen Meter Asphalt, Staubwolken ziehen durch die zerbrochenen Fensterscheiben, Junge und Alte husten. Und Perry Como singt auf Spanisch die Titelmelodie aus *Der Pate*. Er singt sie oft, die CD klemmt. Über einem Dorfladen steht: *Hier werden Kokablätter verkauft.* Den Satz würde ich gern in Paris lesen.

Ganz vorne sitzt Martin, er singt nicht, er wimmert. So laut, dass ich es ganz hinten höre, es aber erst dann bewusst wahrnehme, als die besorgten Peruaner mir, dem zweiten Ausländer, Zeichen machen. Ich eile nach vorne und begrüße einen Mann mittleren Alters, dem gerade zwei Probleme zu schaffen machen: Er spricht kein Spanisch und hat gestern Flusswasser getrunken,

konkret: gräuliche Bauchschmerzen jagen ihn, Schweißausbrü-
che. Der Österreicher ist scheu, mein Angebot, den Busfahrer
um einen kurzen Stopp zu bitten, lehnt er ab. Ich reiche ihm
zwei Antibiotika-Bomben und (diskret) eine Morphiumtablet-
te. Drogen, im rechten Augenblick konsumiert, verschönern das
Leben. Martin wird still, bald sind nur noch Perry Como und
unser Husten zu hören.

Zwei Stunden später müssen wir halten, der Anhänger eines
Sattelschleppers hat sich aus der maroden Verbindungskupp-
lung gelöst und kippte. Alle hatten Glück, auch die geladenen
Kartoffeln, denn ausnahmsweise liegt die Unfallstelle nicht neben einem Abgrund, sondern auf sicherem Gelände. Die vier
Fahrer und Beifahrer packen an, hauen mit Äxten Bäume und
Kaktusstauden um, ebnen die Löcher ein, reißen ein Verkehrs-
schild weg (»Bitte hupen!«), schaffen so eine zweite Spur vorbei
an dem tonnenschweren Vehikel. Außerdem ist Zeit, die im
Kofferraum unseres Busses laut ächzenden Hennen mit Wasser
und Mais zu versorgen, auch Zeit für Martin, einen stillen Ort
zu suchen. Irgendwann geht es weiter, alle erleichtert und gestärkt, bald ziehen wir an einer Holztafel vorbei, auf der die Regierung eine neue Straße verspricht. Die Schrift verwittert bereits, das Versprechen liegt lange zurück.

Ich lerne Leonides kennen, sein Großvater war ein Bremer
Seemann, der sich in eine Peruanerin verliebte. Seit Jahren trägt
der 25-Jährige, der als Lederwarenvertreter für das elterliche
Unternehmen durch das Land reist, ein Buch mit deutschen
Vokabeln mit sich herum. Er sagt kühn (denn er kann noch immer keine drei Sätze): »Das Erlernen dieser Sprache schulde ich
meinem Opa.« Da ich jeden Fremden bewundere, der sich einer
solchen Herausforderung stellt, pauken wir eine Stunde lang
Verben. Das schulde ich keinem Verwandten, nur meiner Mut-

160

tersprache. Sie ist der aufregendste Exportartikel, den wir Deutschen der Welt zu bieten haben.

Mit sechs Stunden Verspätung in Arancay. Ich steige aus, will am nächsten Tag weiterfahren, will nicht nachts die schöne Welt versäumen. Der Boss des Busbahnhofs zeigt auf das *El Paraiso*, die ein paar Meter entfernte Pension. Der Name ist die reine Wahrheit. Der Pförtner führt in ein tadelloses Zimmer, mit blitzblanker Toilette und Dusche. Sogar zwei tanganackte Schöne hängen an der Wand. »*Sueña conmigo*«, träume von mir, fordert mittels Sprechblase die üppige Sonia. Muss das sein? Kann man neben Betten, in denen einsame Männer sich niederlassen, nicht Fotos von feinsinnigen Mönchen zeigen, versunken in tiefer Meditation? Natürlich träume ich.

Am nächsten Vormittag wieder Wirklichkeit, die man im Moment des Erlebens nicht glauben will. Erst später, beim Aufschreiben, hält man sie für real. Es ist neun Uhr früh und das Unterdeck des Busses (leider ist oben alles besetzt) ist vollkommen dunkel, alle Vorhänge zu. Schnarchtöne sind zu hören und das Geschrei des Fernsehers, in dem eine Theateraufführung von *Cabaret* läuft. Vier Einheimische und zwei Weiße schlafen. Das junge Paar hat sogar aufblasbare Nackenstützen mitgebracht, sie wollen es gemütlich. Ab und zu wacht jemand verdöst auf, aber lediglich, um die Vorhänge noch fester zuzuziehen. Man wartet nur darauf, dass jemand nach der Wärmflasche ruft. Das ist ein starkes Stück. Wir haben einen blau strahlenden Morgen, und mindestens zwei der sechs Passagiere sind um den halben Erdball geflogen, um Peru kennenzulernen. Von wegen. Sie richten sich lieber ihre Pennerkissen zurecht, als einen Blick zu riskieren. Direkt neben uns ziehen die spektakulärsten Aussichten der Welt vorbei, und sie, die damit Beschenkten, schnarchen daran vorbei. Arme Tröpfe, die noch immer nicht begriffen haben, dass sie endlich sind.

Ich weiß den Text eines Liedes von André Heller auswendig, der Anfang geht so: *Wäre dir noch ein Tag Lebenszeit geblieben und du hättest noch Verstand und genügend Kraft und Willen, und du dürftest noch ein Lied denen schenken, die du liebst, wovon würdest du dann singen, hast du mich gefragt. Wovon würd' ich dann singen? Von dem Staunen, glaube ich.*

Cuzco sieht gut aus. Die Inkas vermuteten hier *qosq'o*, den Nabel der Welt. Und so gründeten sie im 12. Jahrhundert die Stadt. 400 Jahre später kamen die Konquistadoren, nochmal so lange brauchten die Touristen, um sie zu entdecken. Nichts davon hat den Ort verwüstet, auf 3325 Meter Höhe liegt er noch immer wie eine Schöne, die sich vom Rest der Menschheit besuchen lässt.

Ich will den Nachmittag lang schreiben, die Tage verdauen, die Gefühle, die Nähe. Auf der Suche nach einem stillen Platz komme ich am *Hotel Monasterio* vorbei, früher ein Priesterseminar, heute ein Luxushotel, nein, heute ein Traum. Im Patio steht eine 300 Jahre alte Zeder, ein paar Gäste sitzen im Schatten, diskretes Personal serviert Kaffee. Zufällig finde ich eine Treppe, die zu einem zweiten Patio führt. Viel kleiner, menschenleer, in der Mitte das sanfteste Geräusch, das sich finden lässt, ein Springbrunnen. Ich setze mich auf die vorletzte Stufe, um jene Zeitgenossen zu bewundern, die imstande sind, eine Umgebung herzustellen, die nichts als Eleganz atmet, nur die Wände ocker anstreicht, nur den Brunnen aufstellt, nur ein paar Blumentöpfe. Und eisern der Versuchung standhält, die leere Fläche vollzurümpeln, dafür bedingungslos darauf vertraut, dass sie – so wie sie ist – nicht schöner werden kann. Hier wäre ich gern Schriftsteller, würde jede Stunde mein Zimmer verlassen, die Treppe hinuntersteigen und bisweilen in den peruanischen Himmel blicken. Und irgendwann ein Flugzeug sehen, das gerade die Stadt verlässt. Und würde viele Wochen lang nicht die kleinste Sehnsucht spüren, davonzuwollen, davonzufliegen. Würde nur wieder zurück an meinen Schreibtisch kehren und einmal mehr – vergeblich – versuchen, das Glück aufzuschreiben, das mich gerade heimsuchte.

Irgendwann traue ich mich an der Rezeption nach den Preisen zu fragen. Für die einfachste Bleibe wären es knapp 500 Dollar, für 24 Stunden. Da die Luft dünn ist in Cuzco, kann man sich eine Extra-Ration Sauerstoff ans Bett bestellen, das wären nochmals 30 Dollar. Mir fällt ein Satz des französischen Komponisten Serge Gainsbourg ein, der auf die Frage, wie viel Geld er verdienen wolle, antwortete: »So viel, dass ich mir nichts kaufen muss, aber alles leihen kann.« Das ist schlau, fast weise: Ich will das *Hotel Monasterio* nicht besitzen, will mir nur für ein paar Wochen ein Zimmer borgen.

Ich kann mir immerhin einen Kaffee leisten. Und bekomme dazu eine Seele von Mensch, Kellner Emilio. Er findet für mich ein (verstecktes) Eck, rückt den Tisch zur Steckdose, wetzt nach dem Aschenbecher, bringt den Kaffee. Da die Welt meist damit beschäftigt ist, einen Schreiber an seiner Arbeit zu hindern, ist das Auftauchen eines Mannes wie Emilio eine kleine Sensation. Viele verscheuchen die Ruhe, aber einer schafft sie ran. Was für eine magische Tätigkeit.

Als ich abends zurück ins Zentrum schlendere, komme ich an einer alten Frau im Rollstuhl vorbei, die sich vor einer Tür befindet, auf der *Tambo Campesino* (Tambo ist das Inkawort für Herberge) steht. Ich denke, sie wartet auf jemanden. Plötzlich tritt ein junger Mann heraus und fragt, ob ich ihm helfen könne, die Frau in ihr Zimmer zu tragen. Also wuchten wir sie und den Rollstuhl durch den Hof hinauf in den ersten Stock, in einen Raum mit 15 Doppelbetten. Je eine Matratze ohne Decke, düster, Uringeruch, Männer und Frauen im selben Zimmer. Pro Übernachtung zahlt jeder hier zwei Soles (50 Cent). Cuzco hat seine Gegensätze.

Nachts an der *Plaza de Armas.* Wer Glück (oder Pech?) hat, fällt in die Hände der Geschichtenerzähler: Weiße, die hier gestrandet sind und jetzt unter den Arkaden sitzen und den Vorbeikommenden ihre Märchen aufsagen: Warum sie abstürzten und wer Schuld hat an ihrer Bauchlandung. Sie selbst kommen als Täter nie vor, es sind immer die anderen. Wie Giuliano aus Italien, der die Geschichte vom verschwundenen Fahrrad in petto hat, verschwunden im Bus. Als Beweis zieht er den Belegzettel hervor, auf dem ein Datum vom letzten Jahr steht. Diana aus Boston berichtet von zwei langen Messern, die sie einst hier bedrohten und dazu überredeten, ihre Brieftasche auszuhändigen. Erst nach dem dritten Märchen – Ernst aus Duisburg erzählt von seiner epileptischen Mutter – rücke ich ein paar Münzen heraus. Der Schwindel ist so dreist, er verdient Anerkennung.

Cuzco liegt hoch, dem Himmel näher als andere Städte. Das mag ein Grund sein, warum hier so mancher Höhenrausch seinen Anfang nimmt. An den schwarzen Brettern der Cafés hängen wundersam versponnene Anzeigen. Eine gewisse Kyria Lumina, *Meisterheilerin und Schamanin*, bietet Workshops an, um die »Vibrationen des Lichts« zu erkunden. Einer will von hier nach Afrika trampen und sucht »Weggefährten«. Und eine Frau Doktor Irmgard Bauer ruft die Einwohner und Besucher der Stadt auf, sich bei ihr zu melden, Thema der Verabredung: »Let's talk about sex!«

Als ich über die *Plaza San Francisco* zu meinem Hotel gehe, befindet sich kein Mensch mehr auf der Straße. Aus drei offenen Fenstern dringt Licht, ein Lautsprecher hängt an der Außenwand und man hört eine Frauenstimme Zahlen durchgeben, Gewinnzahlen. Da oben spielen sie Bingo. Das ist beinahe poetisch. Der leere Platz, die Straßenlampen, der immer gleiche Rhythmus im Singsang einer warmen Stimme, die Ziffern aufsagt, scheinbar vollkommen sinnlose Ziffern.

Im Hausflur meiner Pension tritt mir jemand aus dem Halbdunkel entgegen. Ich muss mich nicht fürchten, der Schatten gehört einem jungen Mädchen, einem sehr jungen. Der Sachverhalt ist umgehend klar, denn mit Lichtgeschwindigkeit erinnere ich mich an einen vor Tagen gelesenen Zeitungsartikel, in dem beklagt wurde, dass es in Cuzco über 400 Kinder-Prostituierte gäbe. Ich erinnere mich deshalb sogleich, weil eine Redewendung vorkam, die überraschte: Die 14-, 15-Jährigen versuchen, »den Fremden zu entflammen«. Damit er sich verliebt und sie anschließend »ins Ausland rettet«.

Ismelda (so nennt sie sich) ist ein dickes Mädchen, kein Vamp, eher unbeholfen, eher wie eine, die erst vor kurzem angelernt wurde. In meiner Verwirrung frage ich sie, warum sie sich an einer Stelle herumtreibe, an der kaum Kunden vorbeikommen. Weil sie Angst vor der Polizei hat (Teenie-Nutten schaden dem Ruf der Stadt!). Die Funzel im Gang ist hell genug, um auf Ismeldas dunkelrote Leggins zu leuchten, auf ihren erstaunlichen Bauch. Bis ich kapiere und ihn skrupellos anfasse, skrupellos frage: »In welchem Monat?« Und Ismelda, eher ruhig: »Ich weiß es nicht genau, vielleicht im siebten.«

Was mache ich jetzt? Die Kindsmutter in mein Zimmer dirigieren? Ihr versprechen, sie nach Europa zu evakuieren? Herr im Himmel, wer soll die Kleine retten? Ich gebe ihr ein paar Zigarillos, weil sie darum bittet, und steige die Treppe hoch. Allein.

Am nächsten Morgen höre ich im Radio die Nachrichten. Stolze Cuzco-Polizei, sie hat den Diebstahl an einer Engländerin aufgeklärt: Ein Angestellter hatte aus dem Rucksack des Hotelgastes 900 Dollar und eine wertvolle Kamera gestohlen. Der Clou ist die erfreuliche Meldung, dass alles in der Wohnung des Diebes sichergestellt werden konnte. Allerdings abzüglich der Summe, die Avel M. bereits für ein Paar *Nike Runners* ausgegeben hat. Wie bieder. Hätte man ihn beim Kauf eines Tickets erwischt, mit dem er einmal die Welt hätte umrunden können, oder beim Kerzendinner mit seiner Freundin, um den Coup zu feiern, man wäre bereit gewesen, ihm mildernde Umstände zuzugestehen. Aber so? Anderen Leid zufügen, um sich Gummischuhe zu besorgen? Was für ein trüber Pinsel.

Ich frühstücke in *The Coca Shop*, einem kleinen Café, in dem Chef Hernán Corrales und seine Mannschaft wirtschaften. Man schaut gern emsigen Händen zu, wie sie Koka-Tee, Koka-Kekse, Koka-Kuchen, Koka-Eiscreme und Koka-Schokolade herstellen und vollkommen umstandslos die erregenden Delikatessen dem Gast an den Tisch bringen. Hier führen sie – immer streng nach peruanischem Gesetz – einen beschwingten Kampf gegen die Kassandren dieser Welt, die den Genuss von Koka als Ursünde aller Niederträchtigkeiten abschaffen wollen. Unübersehbar steht an der Wand: »Hier konsumiert man Koka, hier verbrennt man es nicht!« Eine Kriegserklärung an die Gringo-Präsidenten in Washington, die glauben, die Verbrecherstatistiken in den USA mit dem Vernichten südamerikanischer Koka-Felder senken zu können. Natürlich bietet Hernán nicht das chemisch gefilterte Kokain an, sondern die seit Jahrhunderten auf dem Kontinent gekauten Kokablätter. Schon immer Mittel gegen Müdigkeit, Höhenkrankheit, Depression, Vitaminmangel und Hunger.

Die Entrüstung des weißen Mannes gegen den Gebrauch der Droge ist neueren Datums, früher haben die Konquistadoren *Kokasteuer* kassiert und die versklavten Ureinwohner reichlich mit dem Stoff versorgt. Wüstling Gonzalo de Zárate an seinen König, Karl III. von Spanien: »Die Indios in den Minen können somit 36 Stunden unter Tag bleiben, ohne zu schlafen und zu essen.«

Mit einem Säckchen Blätter verlasse ich den Laden. Um mich gegen den Reiseblues zu rüsten. Er franste mich schon gestern an, aber ich wollte ihn nicht wahrhaben. Jetzt, um 10.34 Uhr, schlägt er heftig zu. Dass er genau in der *Calle Purgatorio* ausbricht, der Fegefeuer-Straße, ist ein hübscher Zufall. Cuzco ist zum Touristenloch verkommen. Ich bin auch Tourist, ich darf nicht maulen. Aber ich darf leiden. Am Verschwinden des Zaubers eines Ortes, in dem Massen einem Fähnchen hinterher durch die Gassen trampeln, leiden an den Einheimischen, die sich den Massen entgegenstellen, um ihnen den Schrott der Welt anzudrehen, leiden an den Masseurinnen (und Masseusen), den Strichern, den Zuhältern, den Haschverkäufern, den Busunternehmern, den Taxifahrern, den Hotelschreiern, den Nachtklubschreiern, den Restaurantschreiern, den Blinden, den Beinlosen, den Armlosen, den als Lama-cum-Indigener verkleideten Mestizen, den Poncho-cum-Bauchladen-Besitzern, eben leiden an jenen, mit denen wir (Fremde) noch immer nicht umzugehen wissen. Und auf die wir je nach Seelenlage und Außentemperatur mit Abwehr reagieren, mit Furcht, mit Arroganz, mit Ignoranz, mit Fassungslosigkeit, mit Wut und zuletzt (hält der Reisende nur durch) mit heiterer Ergebenheit. Sie ist der einzige Fluchtweg. Wer ihn nicht einschlägt, reist mit schwerem Gepäck durch die Welt. Wie ich gerade, denn augenblicklich bin ich nicht ergeben.

Zum Busbahnhof, ich will nach Puno. Durch das Taxifenster sehe ich einen Rollstuhlfahrer, der rechts ein Schild in der Hand hält, auf dem er die dreckige Luft anprangert, und links einen Pappdeckel nach oben streckt, auf dem steht: *No es lo mismo querer ayudar qué ayudar*, helfen wollen und helfen ist nicht das Gleiche. Ein Rollstuhlfahrer hat jedes Recht, gegen die Abgase der Autofahrer zu protestieren. Er sitzt mittendrin.

Elender Tag, wir fahren durch strömenden Regen. Doch bald steigt ein Mann zu, der mit Mikrofon und angenehmer Stimme seine mitgebrachten Bücher anpreist. Einmal werden keine Kaugummis, keine Potenzmittel, keine Gartenscheren verkauft, diesmal: »Vitaminas para el alma«, Vitamine für die Seele, ein Buch, so Fausto (!), das Kraft spenden soll, um »den inneren Schweinehund zu überwinden«. Wie Verrat erschiene mir eine Absage. Ich kaufe ein Exemplar, obwohl bereits acht Bücher im Rucksack daran erinnern, wie schwer Papier sein kann. Aber einen wie ihn muss man mögen, einen wie Fausto, der sich in einen Busgang stellt und Gedanken anpreist. Und viele mögen ihn, zwölf Stück wird er los. Raffiniert legte er die Ware – vor dem Anpreisen – jedem in den Schoß, zum Anschauen, zum Anfassen. So hat sie der potenzielle Käufer bereits in Händen, kann schlechter nein sagen.

Die letzten Kilometer entlang des Titicaca-Sees, müde und farblos liegt er da, ein Windregen zieht über ihn hinweg. Vor diesem Augenblick habe ich mich gefürchtet. Als ich vor Jahren zum ersten Mal durch Peru reiste, kam ich mit einer Frau nach Puno. Alles war anders. Wir saßen in einem Zug (wie im Film: Verliebte sitzen nie in Bussen, sitzen immer in Zügen), Himmel und See leuchteten, ja ein geheimnisvoll fremdes Blau lag über dem Wasser, sogar der Mond kam früher als vermutet, schwer und dunkelgelb spiegelte er sich im See. Als wir vorbeifuhren, atmeten wir durch den offenen Mund. So verliebt waren wir in die Welt, so verliebt in uns. Natürlich erwähnten wir mit keinem Wort, dass Puno noch höher lag als Cuzco. Die Illusion einer halsbrecherischen Liebelei machte uns reicher, hob unser beider Lebensgefühl.

Nun denn, ob ich damals einer Frau zugetan war, kann jedem egal sein. Aber die Geschichte erzählt auch etwas über Vergänglichkeit. Und der entkommt keiner. Reisen ist ein patentes Mittel, sie kennenzulernen. Und sie auszuhalten. Sicher ist Puno nicht so hässlich, wie ich es gerade empfinde. Und sicher war es damals nicht so grandios. Doch fest steht, dass heute der Mond fehlt, das wundersame Blau, eine verliebte Frau.

Aber etwas erheitert doch in dieser Stadt. Als ich abends an der *Plaza de Armas* vorbeikomme, spielen Studenten – wie täglich um diese Stunde – das Stück »Politiker präsentieren sich«. Brandaktuell, denn in Kürze wird ja ein neuer Präsident gewählt. Und ein als Alan García verkleideter Soziologiestudent tritt in den Kreis und lügt zehn Minuten lang so viel, wie man zehn Minuten lang nur lügen kann. Dann stellt sich »Ollanta Humala« vor, der Gegenspieler für das Amt, und steht seinem Vorredner um nichts nach, schwadroniert und phantasiert um nichts weniger begabt, um nichts weniger verlogen. Großes Gelächter, viel Applaus, denn alles stimmt: die öligen Stimmen, die pathetischen Gesten, die nichtigen, jederzeit abwaschbaren Wörter.

Morgens, noch im Bett – vier Decken als Bollwerk gegen den südamerikanischen Winter –, drehe ich das Lokalradio an und höre einer Ärztin zu, die über »gonorrea« spricht, den Tripper. Sie spricht tapfer über die Möglichkeiten der Ansteckung, sagt wörtlich: »... immer möglich, vaginal, oral oder a ...«, jetzt stockt sie, traut sich nicht weiter. In amerikanischen Medien wäre längst der Piepton gekommen, hier in Peru schaffen sie es immerhin bis zum A, dann allerdings Sprachlosigkeit, denn dahinter lauert der Abgrund des Analverkehrs.

BOLIVIEN

Drei Stunden später bin ich an der Grenze, in Yunguyo. Die letzten zehn Minuten müssen wir das Vehikel anschieben, bergauf. Die peruanischen Grenzer winken mich sogleich herein (Beute!) und zählen aufmerksam meine (nicht versteckten) Scheine. Ich zähle aufmerksam mit, Zöllner in der Nähe von anderer Leute Geld sollte keiner aus den Augen lassen. Ein paar 100 Meter weiter steht das andere Grenzhäuschen, hier beginnt Bolivien.

Mit einem Sammeltaxi weiter. In der Gegend gibt es mehrere *Miradores*, Aussichtstürme. Nur dazu da, um hinaufzuklettern und die Welt zu bewundern. So schön ist sie hier. Der Himmel strahlt, Wärme überzieht den Körper, das Land fängt gut an.

Am Nachmittag in Copacabana, kleiner Wallfahrtsort mit einer schwarzen Madonna als Schutzheilige. Heilig geworden, so die Gläubigen, mit spektakulären Wunderheilungen. Durchaus möglich. Als ich runter zum Titicaca-See gehe, merke ich, dass mein widerlicher Keuchhusten verschwunden ist. Ob eine heilige Jungfrau oder mein Antibiotikum dafür verantwortlich ist, weiß der Teufel.

Die Landschaft in der Dämmerung erinnert an Bilder eines zu kurz belichteten Farbfilms, ein schwerblauer Himmel und ein rotgelber, von schwarzen Wolkenfetzen betupfter Horizont. Unten am Strand des Sees sitzt eine alte Bolivianerin, auch sie schaut in die versinkende Sonne. Ich frage sie, und die 81-jährige Godalupe sagt, dass sie mehrmals die Woche hierher kommt, »um mich mit allem zu versöhnen«.

Ich finde ein Restaurant mit Kaminfeuer. Am großen Fenster zur Straße fallen mir zwei Frauen auf, die sich wie Gäste benehmen und hinterher als Bedienungen arbeiten. Ich spreche eine der beiden an (sie bringt das Steak) und Fernanda sagt, dass die Chefin sie gebeten hat, am Fenstertisch mit einer Kollegin Platz zu nehmen. Damit vorbeigehende Spaziergänger sehen, dass hier »was los ist«. Und eintreten. Als ich Fernanda bitte, mir ein wenig Gesellschaft zu leisten (ich drücke auf die Tränendrüse mit der Geschichte vom einsamen Reisenden), setzt sie sich an meinen Tisch. Die junge Mexikanerin reist seit Monaten durch Südamerika und jobbt, wenn sie wieder pleite ist. Wie jetzt. Sie interessiert sich für jedes Land, in dem sie sich aufhält, weiß so vieles darüber. Ich bilde mir ein, dass ihr Gesicht immer attraktiver wird, während sie redet. Klugheit macht schön.

Fahrt nach La Paz, dem Regierungssitz. Der Bus kommt an einem Haus vorbei, auf dessen Vorderseite rot geschrieben steht: »Machen wir den Traum Boliviens wahr! – Es lebe Evo Morales!« Den Satz liest man auf vielen Mauern. Auch die Weltpresse berichtet seit Monaten über den neuen Präsidenten des Landes. Das hat Gründe. Morales ist der erste Indigene, der das Amt innehat. Er war früher Chef der *Cocaleros*, jener mächtigen Gewerkschaft von Bauern, die Kokafelder besitzen. Der Mann gilt als absolut unbestechlich und »links«. Sein Programm – neben »null Korruption« – sorgt im Lager der Neoliberalen für Nervosität: Verstaatlichung der Gas-Industrie (größter Devisenbringer und größtes Erdgasvorkommen Südamerikas), Legalisierung des Koka-Anbaus (Eigenverbrauch ja, Herstellung und Handel von Kokain nein), Landreform (jedem Campesino sein eigenes Stück Erde). Zudem – noch eine Hiobsbotschaft für die Besitzer jahrhundertealter Pfründe – soll der obligate katholische Religionsunterricht abgeschafft werden. Die neue Regierung will ein »laizistisches« Bolivien, will strikte Trennung von Kirche und Staat.

Irgendwann muss Morales die Geschichte seiner 193 Vorgänger – seit der Unabhängigkeit von Spanien 1825 – verdrängt haben. Viele von ihnen hatten eine erstaunlich kurze Lebensspanne. Schon schwirren Gerüchte von Todeskommandos, von Killerplots, geschmiedet vom CIA. Dass der heute 47-Jährige als enger Freund Fidel Castros gilt, macht ihn für Washington noch suspekter. Eindeutig: Die Welt blickt auf Evo, die einen mit Hoffnung, die anderen mit Schaum vor dem Mund.

Im Bus sitzt ein freundlicher Amerikaner, er leiht mir seinen *Lonely Planet* Reiseführer. Ich lese die Angaben über La Paz. 91 Adressen werden aufgelistet, an denen man gut schlafen, gut essen, gut trinken, gut shoppen und abends fein ausgehen kann. Immerhin kommen 23 Adressen vor, die man besuchen könnte, um etwas über die Stadt zu erfahren.

Für den sarkastischen Gedanken werde ich bestraft, denn bald betrete ich ein Hotel, das von niemandem empfohlen wurde. Trotzdem, ich will die Erfahrung nicht missen, zwei Erfahrungen, die erste forderte Geduld, die zweite ein starkes Herz. Die erste: An der Rezeption sitzt ein junges Mädchen, ich zahle, sie schreibt die Quittung, sagen wir, sie versucht sie zu schreiben, macht immer wieder Fehler, falscher Preis, falscher Name, falsches Datum. Normalerweise bin ich in Gegenwart von Lebenszeit-Räubern umgehend zu einem Amoklauf entschlossen, aber die 18-Jährige hat ein freundliches Lächeln, ich beschließe, ihr zu helfen. Ich schalte Fernseher und Radio aus, beide laufen zur selben Zeit, und erzähle ihr von meinem Zenmeister in Japan, der mir nichts anderes beizubringen versuchte, als mich auf *eine* Aufgabe zu konzentrieren. Das sei ein furchterregend schwieriges Ziel, aber die Mühe würde sich lohnen, denn intensiver ließe sich nicht leben, als: sich *ganz* dem Augenblick hinzugeben.

Die uralte, legendär altmodische Idee des Meisters scheint Dorita zu gefallen, sie schreibt zum vierten Mal die Empfangsbestätigung, diesmal ohne Links-und-rechts-Gedudel. Und siehe, sie ward fehlerlos.

Mit dem Schlüssel hinauf ins Zimmer, sogleich unter die Dusche, jetzt die zweite Herausforderung: Das Aufdrehen des Hahnes funktioniert noch problemlos, ja, der warme Wasserstrahl auf der Haut ist ein sinnliches Vergnügen. Aber dann, schlagartig, als ich mit der nassen Hand wieder an den Hahn greife, vibrieren drei, vier elektrische Schläge durch meinen Körper. Ich reiße mich los und stürze hinaus. Jetzt erst ein Blick nach oben, zu den dürftig isolierten Stromleitungen. Ich vibriere gleich nochmals, als ich begreife, dass ich mit nassen Füßen in einer Null-Sterne-Dusche stand. Ich muss mich setzen.

Heute Morgen in Eile aufgebrochen, weil mir Fernanda von ringenden Frauen erzählt hatte, die jeden Sonntag zum Catchen antreten. Ich nehme ein Taxi nach El Alto, es liegt oben am Rand jenes Talkessels, in dem sich La Paz befindet. Riesige Arme-Leute-Vorstadt, jedes Jahr kommen 75 000 neue Migranten dazu, jeder *buscando la vida*, das Leben suchend: Arbeit.

Das Viertel umtriebig, quirlig, gerade an Feiertagen voller Märkte und Schaubuden. Ich bin eine Stunde zu früh, so ist Zeit, bei Anibal stehen zu bleiben. Ich muss drängeln, denn viele umringen ihn bereits. Der fliegende Händler handelt mit *Fujan*, einer chinesischen Tinktur, um standfest einer Frau entgegentreten zu können. Schlauer Anibal, er zeigt zuerst Fotos von hemmungslosen Nackten, die nach Männern lechzen. Dann kommen die Fotos von schwer in Mitleidenschaft gezogenen Männergliedern, säbelkrumm, schmächtig, verpickelt und/oder feuerwehrrot entzündet. Gegen all diese Niederlagen, endlich, hilft ein Fläschchen *Fujan*, der Trank aus China. Und jetzt holt Anibal die dritte Fotoserie hervor, eine Galerie geheilter Prachtexemplare: frisch leuchtend, kerzengerade, für immer aufrecht.

Meter weiter wippt eine Gruppe rühriger Alter auf einer Art Bühne, hier trommelt und trompetet die *Kirche von Jesús Christus von Nazareth*. Nur schlechte Menschen kämen beim Anblick dieses Häufchens auf die Idee, ihnen Geld anzubieten, damit sie mit diesem bestialischen Krach aufhören.

Irgendwann wird die Kasse aufgemacht vor dem *Multifuncionario*, der wie eine Turnhalle aussieht. Lange Schlange davor, jeder will das Spektakel der *Titanes del Ring* sehen. Ein Mann mit verbeultem Gesicht verteilt Programmzettel. Ich spreche ihn an und der 60-Jährige stellt sich als Basilio vor. Das ist sein richtiger Name, aber als Krieger nennt er sich *El Conde*, der Graf. Mit 16 hat der Ausfahrer mit dem Catchen angefangen und macht noch immer mit, »aus Freude am Raufen«.

Drinnen steht ein Boxring, dessen vier Seiten von Holztribünen umgeben sind. Ich frage nach dem Chef und werde zu Señor Juan Mamani gebracht, den Titanen-Präsidenten. 40 Leute gehören heute zu seiner Truppe, acht davon Frauen. Einige haben bereits aufgehört, die Körper sind müde geworden. Verletzungen gab es, vor einem Jahr brach sich jemand das Genick. Tod im Ring. Auch klar: Keiner kann von seinen Auftritten leben, sie alle üben nebenbei einen Beruf aus, sind Lehrer, Ladenbesitzer, Sekretärinnen. Das Geld der Einnahmen wird geteilt, jeder bekommt das Gleiche: zwischen 10 und 15 Euro pro Sonntagnachmittag.

Um 14 Uhr sollte es losgehen, um 16.35 Uhr marschieren – unter dem Jubel der 400 Zuschauer – die ersten Gladiatoren ein: *El Gitano*, der Zigeuner, und *la Gitana*, die Zigeunerin, beide gegen *Tinieblas*, Finsternis, zwei Böse gegen den Guten mit dem seltsam bösen Namen. Von null auf Supershow. Sofort brüllt das Volk, johlt »¡dale!«, gibs ihm, »¡fuera!«, blas ihn aus dem Ring, »¡termínalo!«, mach ihn fertig, »¡maricón!«, Schwuchtel, sofort fliegen Orangenschalen, Plastikflaschen, Erdnüsse, Eis am Stiel, sofort kommt auch der Schiedsrichter unter die Räder, verschwindet im Schwitzkasten der drei, sofort geht das Trio aufeinander los, reißt sich an den Ohren, den Fingern, den Füßen, hechtet auf Bäuche und fliegt – professionell inszeniert – krachend aus dem Ring. Bis die »Sieger«, die Zigeuner, satanisch grinsend abtreten, während der Gute atemlos darniederliegt.

Es scheint, dass die Bösen – demonstrativ spielen sie mit ihren Muskeln, blicken verächtlich, rufen Gemeinheiten die Ränge hinauf und zeigen ihre Stinkefinger – mehr Spaß am Spektakel haben als der Gute, der Langweiler. Das Böse sieht einfach besser aus, ist lustiger, fotogener. Aber das darf nicht sein, das Publikum will Rache, die zwei müssen zurück, und jetzt ist alles anders. Die Finsternis vermöbelt souverän das Duo und tritt strahlend als Ass ab. Kinder bestürmen ihn, er verteilt Küsschen, gibt Autogramme.

Pause, so hört sie sich an: Musik dröhnt, ein Sprecher kündigt über Mikrofon die kommenden Kämpfe an, die Popcorn-Händler brüllen, Hunde bellen, Babys kreischen, die Kids wälzen sich am Boden, Hunde pinkeln, alles geht seinen Gang.

Maria, *la cholita*, die kleine Mestizin, ist die nächste Heldin. Sie tanzt zuerst um den Ring, mit langem Rock, langem Unterrock, langen Zöpfen und einem – wie bald zu sehen sein wird – blauen Slip. Sie führt die Reine vor, sieht provozierend brav und fügsam aus. Ganz anders ihre beiden Gegnerinnen, die nun supercool hereinschlendern: *La vengadora*, die Rächerin, das vulgäre Weib mit dem breiten Hintern im knappen Bikini, den bösen roten Lippen und dem bösen roten Haar. Und daneben ihre Kumpanin, *La Sátana*, der Satansbraten mit wilder Maske, dickem Busen, dicken Armen, fauchend. Und umstandslos knöpfen sie sich die 18-Jährige vor, die Studentin, packen sie an den Zöpfen, an den Zehen, am Rock, beuteln sie, rollen ihre feisten Leiber über die Schmale, stampfen auf ihr herum und treiben gleichzeitig die 400 in den hellen Wahnsinn, da sie hilflos mitansehen müssen, wie die Schöne vor ihren Augen zerlegt wird.

Bis das Blatt sich wendet und Maria, die Madonna, sich die beiden Frauenzimmer vornimmt. Und jetzt lösen sich die Zöpfe, die Ohrringe fliegen, der Bowler, die beiden Feindinnen, die Röcke, alles wirbelt – bis der blaue Slip und die nackten, das (Männer-)Volk zu einem seligen »Ah« hinreißenden Beine zum Vorschein kommen. Und die schöne Unbesiegbare unter Triumphgeheul den Ring verlässt.

Das hat was Religiöses: Am Ende aller Niederlagen und aller Mühsal kommt einer (eine) und räumt auf. Das Gute obsiegt, es ist mächtiger, zuverlässiger, hält jedes Versprechen.

Drei Stunden lang gehen sie aufeinander los, bis als Schlussakt zwei (weibliche) Monster sich über – weit voneinander entfernte – Mikrofone anbrüllen. Um den Anwesenden ihren abgründigen Hass glaubhaft zu machen. Nur die 50 Meter Entfernung garantieren, dass die zwei sich nicht auf der Stelle zerfleischen. Das ist bravourös gemacht. Wüsste man nicht, dass die beiden in der Garderobe Minuten zuvor miteinander gekichert haben (ich war dabei), man müsste sich Sorgen machen. Andere Ringer halten sie fest, denn die »Bestien« – so verkündet der Sprecher über das dritte Mikrofon – dürfen erst am nächsten Sonntag gegeneinander antreten, zum »combate final«, zum Endkampf. Freudenschreie, Vorfreudenschreie von den Tribünen, Señor Juan Mamani hat sicher recht: 80 Prozent glauben, dass sich hier an jedem Wochenende Todfeinde treffen, um ausstehende Rechnungen zu begleichen. Die anderen wissen, dass jeder »Sieg« und jede »Niederlage« vorher abgesprochen wird. Catcher und Catcherinnen können nicht anders, sie sind begnadete Schwindler, weltweit.

Abends zurück ins Zentrum. Bis 23 Uhr benimmt sich La Paz wie eine Weltstadt. Offene Cafés und Restaurants, Großstadtverkehr, Liebespaare und einsame Flanierer, Punks und andere Halbstarke, Leuchtreklamen, die langen Schlangen vor den Kinos, wieder diese gut gekleideten Männer in ihren tadellos sitzenden Zweireihern.

Ich finde das *Ciudad*, hier frage ich nach einem diskreten Eck, einer Steckdose und einer Zeitung, und alles wird umgehend serviert. Unter der Glasplatte meines Tisches steht: »Verehrter Gast, bitte achten Sie auf Ihre persönlichen Gegenstände!« Und Kellner Berto schiebt sacht meine Sonnenbrille näher zum Suppenteller, lächelnd: »Achtung, Diebe!« Auch diese Geste passt zu einer Großstadt.

Drei Stühle weiter sitzt eine Frau, die eine französische Illustrierte liest. Wir kommen ins Gespräch. Claire stammt aus Lyon und arbeitet mit hiesigen Theatergruppen zusammen. Sie erzählt eine kuriose Episode. Sie kam heute an einer Indigena am Bürgersteig vorbei und wollte deren letzte drei Tomaten kaufen. Erfolglos, die Gemüsefrau gab sie nicht her. Mit der seltsamen Erklärung, dass sie ja dann nicht mehr wüsste, was sie anfangen soll mit ihrer restlichen Zeit. Claire versuchte noch, der Verkäuferin klarzumachen, dass sie somit eher fertig wäre, eher nach Hause gehen könne. Aber das Argument griff nicht, lieber sitzen und Arbeit haben, als aufhören und nicht wissen, was tun. Unerforschliches Menschenherz.

Ein Grinsen am Ende des Tages: In der Zeitung steht ein Bericht über Gabriel García Márquez, man erfährt, dass seine Mutter 20 Jahre auf ein Telefon gewartet hatte, vergeblich. Doch einen Tag nach der Verleihung des Nobelpreises an ihren Sohn wurde es installiert. Soll keiner behaupten, Literatur bewege nichts.

Spätnachts kommt im Radio ein Bericht über den Filmklassiker *Beruf: Reporter* von Regisseur Michelangelo Antonioni. Ich kenne den Streifen, ich höre sofort hin: Ein amerikanischer Korrespondent (Jack Nicholson) kehrt in sein Hotelzimmer zurück, irgendwo in Afrika, und findet seinen Zimmernachbarn tot vor. Er übernimmt dessen Identität, dessen Pass, dessen Gepäck und Terminkalender. Und macht sich auf, die nächste Verabredung des Toten einzuhalten. Getrieben von der Hoffnung, dass seine Existenz dadurch aufregender und tiefer wird. Gute Story. Wer hat noch nie die Lust verspürt, sein Leben gegen ein ganz anderes einzutauschen?

Noch zwei Tage in La Paz. Niko, ein junger Kerl, putzt mir die Schuhe. Er putzt sie nicht, er bringt sie zum Leuchten. Seltsamerweise hat er eine Skimütze auf, man sieht nur seine Augen. Wie bei den meisten seiner Kollegen. Ich frage nach dem Grund und der 22-Jährige sagt, er wolle vermeiden, dass seine Verwandten davon erfahren. Warum? »Weil Schuheputzen ein Scheißberuf ist.« Eine überraschende Antwort. Wäre sie wahr, dann müssten sich viele Bolivianer verstecken. Denn viele haben einen Scheißberuf.

Ich wandere den *El Prado* entlang, die Hauptader der Stadt, bis zur *Plaza San Francisco*, Armeen von *lustradores*, Schuhputzern, warten entlang dieser Strecke auf Kundschaft. Ich will es wissen, genauer wissen. Und bekomme viele Antworten. José erzählt, dass vor ein paar Jahren einer von ihnen gestorben sei. Die Todesursache, so das Gerücht, waren wohl die Gase, die von den verschiedenen Pasten ausströmen. So hätten sie sich darauf geeinigt, Mund und Nase zu schützen. Andere widersprechen, haben nie von einer solchen Abmachung gehört. Viele Kapuzen, viele verschiedene Gründe: um sich gegen die Hitze (!) zu schützen, gegen die Kälte, gegen die Fliegen. Andere sind notorische Säufer, lang gesuchte Kleinkriminelle, denen die Maskierung nur gelegen sein kann. Oder sind *Sniffers*: Junkies, die hingebungsvoll den starken Geruch der Schuhsohlen-Kleber inhalieren. Auch während der Arbeit. Genau deshalb soll ein Gesetz kommen, um den Gesichtsschutz wieder zu verbieten.

Ich finde Nestor. Wir gehen essen, der Bursche scheint hungrig. Er erzählt seine Geschichte (und sie scheint die Geschichte vieler zu sein): Die Eltern sind *Campesinos*, sie haben kein Geld für sein Studium. Also muss er selbst dafür sorgen. Er versteckt sich – und das Grundgefühl bei den meisten scheint tatsächlich Scham zu sein –, damit seine Kommilitonen nicht wissen, dass er aus einer armen Familie stammt. Es wäre »erniedrigend« für ihn. Von acht Uhr früh bis vier Uhr nachmittags jobbt er, sieben

Mal die Woche. Je einen Boliviano (elf Cent) zahlt er, wenn er anschließend den winzigen Kunden-Hocker und die kleine Holzkiste mit Bürsten und Cremes – Gesamtwert sieben Euro – jemandem zur Aufsicht übergibt. Sein Revier ist das Trottoir vor der Hauptpost. Um *Alcor*, seiner Gewerkschaft beitreten zu können, musste er einmalig 100 Boliviano zahlen (das sind 130 Mal Schuhe putzen). Plus fünf Boliviano Monatsbeitrag, plus 60 an die Stadtverwaltung, jährlich. Damit hat er sein *patenta*, seinen Stammplatz. Fünf Mal die Woche studiert er »Lehrer«, von 19 bis 21 Uhr.

Nestor zieht eine Art Sparbuch heraus, vorne steht, auf Spanisch und Deutsch: *Vamos juntos, Freundeskreis Deutschland/ Bolivien*. Auf den folgenden beiden Seiten sind verschiedene (minimale) Beträge eingetragen, die er entweder eingezahlt oder abgehoben hat. Der Clou: Die deutsche NGO vergibt keine Kredite, sie spornt lediglich dazu an, dass die Jugendlichen das wenige nicht sinnlos verschleudern, sondern für das Notwendige ausgeben: Hefte, Stifte, öffentliche Verkehrsmittel. Nestor macht einen klugen Eindruck, er hat Kraft, er jammert nicht, er kennt die Spielregeln in seinem Land. Harte Regeln. Beim Abschied ziehe ich den Borsalino, den ich mir heute gekauft habe, vor dem 19-Jährigen.

Nicht lange vor meiner Einreise wurde ein junges Paar aus Wien in La Paz ermordet. Der Fall ging durch die europäischen Medien. Mit der üblichen Hysterie. Zwei Erwürgte reichen und sofort wird ein Land für unbetretbar erklärt. In Copacabana kam ich an dem Hotel vorbei, in dem die beiden zum letzten Mal gesehen wurden. Wie man heute weiß, fuhren sie mit dem Bus in die Hauptstadt und begegneten dort kurz darauf ihren Mördern.

Ich telefoniere mit einem österreichischen Diplomaten, der aus verständlichen Gründen darum bittet, seinen Namen nicht zu nennen. Ich erfahre, dass der Fall von Seiten der Botschaft abgeschlossen ist. Die beiden Wiener Kriminalbeamten, die etwa einen Monat ihren bolivianischen Kollegen bei der Suche nach den Tätern behilflich waren, sind wieder abgereist. Die Leichen wurden gefunden, die Bandenmitglieder gefasst. Nur der Chef fehlt. Er, so der Diplomat, wird von der hiesigen Polizei gedeckt. Zwar wurden die zuständigen Stellen nach dem gewaltigen Presseecho neu strukturiert, aber das wäre Augenwischerei. Auch Präsident Morales wird den Kampf mit dem in Korruption und Vetternwirtschaft versumpften Polizeiapparat verlieren, zu tief säßen die alten Gewohnheiten. Ich frage meinen Gesprächspartner, ob die österreichische Botschaft der hiesigen Mafia oder der Polizei einen Koffer voller Pesos hat zukommen lassen. (Jede Auslandsvertretung verfügt über eine *Schwarzkasse*, aus der delikate Fälle finanziert werden, im konkreten Fall: um die Ermittlungen voranzutreiben.) Nein, habe sie nicht. (Naive Frage, natürlich muss er verneinen.) Vieles wurde ja aufgeklärt, fest steht, dass der 28-jährige Peter Kristen Rabitsch und die 25-jährige Katharina Koller nach ihrer Ankunft hier von falschen Polizisten angehalten, entführt und gefoltert wurden. Um den Code ihrer Kreditkarten zu erpressen. Die Preisgabe der Ziffern hat jedoch keinem der beiden das Leben gerettet. Die zwei wurden liquidiert, anschließend verschwanden in schneller Folge hohe Beträge von den Konten.

Von der Polizei in Copacabana habe ich Adresse und Büro der Kollegen, die sich mit dem Fall beschäftigen: *Oficina lucha especial contra el crimen / división homicidio*, Sonderabteilung gegen Verbrechen / Zweigstelle Mord. Als ich zum ersten Mal (11.10 Uhr) dort ankomme, sind die Räume leer, nur alte Bänke, alte Tische, alte Schreibmaschinen und Computer. Beim Verlassen des Gebäudes komme ich an einem Büro mit der Aufschrift *corrupción pública* vorbei. Das hat Witz.

Beim zweiten Mal (jetzt 14.30 Uhr) ist die Mannschaft anwesend, der Chef, Mayor Gutierréz, schaut gerade Fernsehen, Spanien spielt gegen Tunesien. Der Mann ist ein freundlicher Herr, vollkommen entspannt. Auf die von mir kolportierten Behauptungen des Diplomaten – von wegen Machenschaften zwischen Polizei und Unterwelt – geht er nicht ein, sagt trocken, dass gegen den nach Brasilien geflüchteten Ramiro Milan Fernández, den Bandenführer, ein Auslieferungsantrag gestellt wurde. Mehr könne man nicht tun.

Wäre ich noch ein ernsthafter Reporter, dann würde ich mich jetzt ein Jahr in La Paz niederlassen und zu recherchieren beginnen. Mit Abstechern zur korruptionsverseuchten Polizei in São Paulo. Hätte ich zudem Glück, würde ich am Ende der zwölf Monate noch leben. Nun, so viel Abgrund ist ein schnauzbärtiger Mehrfachmörder nicht wert. Lieber durch Bolivien reisen. Gutierréz schreibt mir noch seine E-Mail-Adresse auf, ich könne ihn jederzeit kontaktieren, jederzeit Fragen stellen. Abschied. Ich beneide jeden um diese nonchalante Resignation.

Aufbruch nach Cochabamba. Er beginnt lustig. Ich sitze im Bus und zwei Diebe arbeiten sich an mir ab, der eine verwickelt mich in ein Gespräch und der andere fummelt an meiner linken Oberschenkeltasche. Ich bin bestens gelaunt und frage, ob ich behilflich sein könne. Zur moralischen Entrüstung über hiesige Langfinger fehlt mir die Kraft. Wäre ich bolivianischer Habenichts, wäre ich bolivianischer Klau. Unbedingt.

Ich frage Dario, meinen Sitznachbarn, nach den kriminellen Zuständen im Land. Er sagt, dass Bolivianer »buena gente« sind, gutwillige Leute. Bei Gott, wie wahr. Aber dass zu viele Peruaner ins Land kämen, um hier ordentlich abzugreifen. Auch das ist irgendwie witzig: als ob Peru für die hiesigen Miseren verantwortlich wäre, als ob nicht auch die Peruaner in ihrer überwältigenden Mehrheit *buena gente* wären.

Noch eine erheiternde Erfahrung: Die Liebe zum Blech. Der Blick durchs Fenster beweist es. Selbst in einem Land, wo sie so vieles verwittern lassen, fahren sie mit höchster Behutsamkeit, ja Zärtlichkeit in die Schlaglöcher, wollen dem Vehikel nicht wehtun, kein Leid soll ihm geschehen. Das Blech soll schimmern und künden von dieser skurrilen Liebe.

Nach sieben Stunden in Cochabamba, dann weiter mit einem Nachtbus nach Vallegrande, zum Ziel. Ich kaufe zwei Sitze, so eng ist es hier. Und der Tag hört nicht auf, ein guter Tag zu sein. Ein Mann steigt zu und verkauft ein *medicamento milagroso*, ein Wundermittel. Gegen Arthritis. Für einen Euro gibt es zwei Döschen und ein drittes als Zugabe. Currito geht durch die Reihen und streicht jedem von uns einen Klecks auf den Handrücken. Mit dem bescheidenen Satz auf seinen Lippen, dass jene Arthritis noch nicht erfunden wurde, mit der es seine Heilpaste nicht aufnehmen könnte. Und sofort werden Hemden, Blusen und Hosenbeine aufgeknöpft und hochgekrempelt, um mehr oder weniger diskret die neuralgischen Körperstellen einzureiben. Die Emsigkeit lässt vermuten, dass 90 Prozent der Einwohner dieses Landes an Gelenksteife leiden. Und da Currito ein Schlitzohr ist und phantastisch reden kann, hört er viel Gutes über sein Wunder. Mehr als 200 Stück wird er los, manche kaufen auf Vorrat für die nächsten zwei Jahre. Mit Freude schaut man einem zu, der mit nichts als einem impertinenten Mundwerk seine Zeitgenossen ins Glück hypnotisieren kann.

Lange Fahrt durch die Nacht, lange kein Licht zu sehen, nur

dunkle Erde und dunkler Himmel. Jedes Mal, wenn der Bus hält und ein Fahrgast aussteigt, will man sich wundern, wie sich ein Mensch in dieser Finsternis zurechtfindet. Um 3.15 Uhr weiß ich es. Denn der Beifahrer fordert mich auf, auszusteigen. Hier wäre die Abzweigung, nach rechts ginge es nach Vallegrande, der Bus aber fahre geradeaus nach Santa Cruz. Vom Dach fliegt mein Rucksack, bienvenido im Fliegenschiss Mataral.

Kaum ist das Motorengeräusch verklungen, höre ich eine Art Schiedsrichterpfeife, irgendwoher aus der Dunkelheit näher kommend. Um diese Uhrzeit bin ich nervöser als sonst, ich denke, jetzt rauscht die Polizei an und das Trällern soll mich zum Stehenbleiben auffordern. Das ist keine gute Idee, ich eile auf ein Haus mit einer Terrasse zu, springe hinter die circa 80 Zentimeter hohe Mauer, kauere mich nieder. Nicht zu früh, schon nähert sich der Pfeifer, am Geräusch lässt sich erkennen, dass er mit dem Fahrrad unterwegs ist. Ich knie atemlos hinter den Ziegelsteinen und sehe, hinter einem Pfeiler hervorspähend, wie der Radfahrer mit einer Taschenlampe die Fassade des Hauses absucht. Stunden später werde ich erfahren, dass hier der Dorfnachtwächter unterwegs ist, um verdächtige Subjekte aufzuspüren.

Ich bleibe unentdeckt, höre, wie sich Rad und Pfiffe entfernen, Totenstille bald. Ich richte mich ein, schalte das Radio (mit Ohrhörer) ein. Eine Männerstimme predigt gegen das Rauchen: »Klar wirst du nicht aufhören, wenn du stärker an den Tabak glaubst als an die Jungfrau«, ein anderer schmachtet, mitten unter tausend Geigen, von *labios ardentes*, brennenden Lippen. Ich liege am Steinboden, zitternd, ohne den wärmenden Mund einer Frau, rauche, vertraue noch immer keinen Jungfrauen, glaube noch immer ans Rauchen als (notdürftiges) Mittel gegen die Kälte und höre wieder – exakt 15 Minuten später – den Radler mit seiner Taschenlampe die Terrasse entlangstreichen. Aber nur einmal noch wird es heikel, als ein Hustenanfall zur falschen Zeit kommt und ich tapfer den Kopf im Schal vergrabe. Aber der Nachtwächter ist schwerhörig, er pfeift weiter, ich huste weiter. Und alles geht gut. Ab fünf krähen die Hähne.

Um 6.30 Uhr wird es hell, scheinheilig unbedarft gehe ich zurück zur Straße, Mataral liegt noch im Nebel. Durch kurze Sprints versuche ich, den eisstarren Leib zu reaktivieren. Nach einer halben Stunde kommt ein Campesino mit einem Spaten vorbei, er will aufs nahe Feld. Ich frage ihn, ob er von einem Bus in den Süden weiß. Und der schlaue Bauer Florentino sagt, dass ich keinen Bus brauche, er habe einen Wagen und verdinge sich nebenbei als Taxifahrer.

Nach zehn Minuten kommt er zurück mit einer Toyota-Karre und ich zahle die Hälfte des vereinbarten Fahrtpreises an. Auf zur »Tankstelle«, einem Schuppen mit Kanistern. Nachdem mittels Gießkanne das Benzin in den Tank gelangt ist, geht es los und der Alte staubt – lässig eine meiner Zigarillos inhalierend – über die Landstraße.

Kurz vor acht Uhr in Vallegrande, hübsches Nest mit ein paar tausend Einwohnern. Umgehend beginnen die umwerfenden Seiten des Reisens, urplötzlich ändern sich die Verhältnisse. Der Nebel verschwindet, jede Minute wird die Welt blauer und wärmer. Auf dem Markt gibt es heißen Kaffee, warmes Brot, Spiegeleier. Die Stiefel glänzen nach Minuten, und Eloy, der Schuhputzer, weiß eine Pension. Ein sauberes Haus, ich checke ein.

Ich bin in diese Gegend gekommen, weil ich als Junge ein Bild sah, das hier entstanden ist. Es war eines der meistveröffentlichten Fotos des 20. Jahrhunderts. Schon damals träumte ich davon, die Stelle aufzusuchen, wo der Tote fotografiert worden war. Morgen ist es so weit. Aber zuerst muss ich nach La Higuera, dort wurde – einen Tag vor der Aufnahme – der bewundertste (und verhassteste) Revolutionär der Weltgeschichte hingerichtet.

Ich finde Taxifahrer Adali, er hat ein heiteres Grinsen. Bevor wir starten, kauft er noch ein halbes Pfund Kokablätter. Wir werden sie brauchen, die 65 Kilometer bergen Überraschungen. Ich frage ihn, ob er glücklich sei, und die Antwort des Familienvaters – »aber natürlich, ich sorge mich um nichts« – wird sich als durchgehend wahr erweisen. Ob es der Wissenschaft je gelingt, den Gemütszustand von einer Person auf eine andere zu übertragen? Ich würde mir sofort Adalis Gelassenheit ausleihen. Sie scheint der Garant ungetrübten Glücks zu sein.

Am Ortsende steht eine *Mautstelle* und daneben ein Schild, auf dem der Staat die Asphaltierung der Strecke verspricht. Sobald die Gelder vorhanden sind. Deshalb muss jeder, der den Schlagbaum passieren will, zwei Bolivianos (20 Cent) entrichten. Da Adalis Kumpel gerade Dienst hat, wird die kurze Szene zu einem Schnellkurs in Sachen Südamerika: Adali verlangt keine Quittung und braucht deshalb nur einen Boliviano zu bezahlen, conclusión: Der Taxifahrer spart die Hälfte, der Amigo kassiert die Hälfte, der Staat geht leer aus, der (jämmerliche) Zustand der Straße bleibt. Der heitere Gipfel: Minuten später wird sich Adali über die Korruptionsorgien in seinem Land beschweren, die »Evo Morales hoffentlich bald abschafft«. Das ist ein ausgesprochen lustiger Satz, denn heute Morgen kam im Radio die Meldung, dass die Regierung gegen die »Seuche Bestechung« ein *proyecto milagro* gestartet hat. Das ist ein realistischer Vorschlag, denn nur ein Wunder kann den Flächenbrand besiegen.

Die erste halbe Stunde verläuft sorgenfrei, dann eine Vollbremsung und Adalis panische Frage: »Hast du sie gesehen?« Bevor ich antworten kann, zeigt er auf eine Schlange mitten auf der Straße. Wir müssen sofort aussteigen, denn »eine grüne Viper zu töten bringt Segen!«, ja noch dramatischer: »Eine grüne Viper nicht zu töten bringt Unheil!« Adali holt mit einem Ast aus, das dünne, einen Meter lange Reptil zuckt noch immer. Ich suche einen Steinbrocken und lasse ihn zielgenau auf den Kopf sausen. Das reicht. Wenn schon töten, dann schnell.

Bei der Weiterfahrt höre ich den Grund der Aktion: Einst ritt die heilige Jungfrau Maria auf einem Esel. Bis das Tier von einer grünen Viper gebissen wurde und umfiel. Man kann sich das Ungemach nicht vorstellen, das der Jungfrau dabei widerfuhr. Somit ist jeder gläubige Bolivianer – alle neun Millionen minus vielleicht tausend – aufgefordert, weiteren Verdruss von der Jungfräulichen fernzuhalten. Klar, dass dabei Glück und Segen für den Schlangentöter abfällt.

Nun, Gottlose, auch wenn sie im Namen der Mutter aller Mütter Vipernköpfe zerschmettern, werden nicht belohnt: Jählings unternimmt Adali seltsame Manöver, drückt bei viel zu hoher Geschwindigkeit den ersten Gang rein, reißt die Handbremse nach oben, ruft: »Das Bremspedal greift nicht mehr!« Wir kommen dennoch zum Stehen, denn 100 Meter weiter geht es wieder bergauf. Adali checkt die Bremsflüssigkeit, randvoll, was tun? Die Antwort ist leicht, wir sind in Bolivien: Weiterfahren. Adali kichert, ich transpiriere. Ohne Zweifel, die Aussicht, andinische Serpentinen bremsenlos entlangzufahren, hebt das Lebensgefühl.

Um elf Uhr erreichen wir La Higuera. Im Zentrum, an der *Plaza de Che Guevara*, steht eine Büste des Helden, daneben ein Schild: »… einer, der bereit war, seine Haut zu opfern für seine

Ideale.« Der andere Satz stammt vom Unbestechlichen selbst: »Der wahre Revolutionär lässt sich von den großen Gefühlen der Liebe leiten. Er ist nicht denkbar ohne diese Eigenschaft.«

Ein Schwein grunzt, an der anderen Seite des unscheinbaren Platzes steht eine Parabol-Antenne, sie gehört zum einzigen Telefon am Ort, in dem 15 Familien leben. Wir suchen den Mann, der den Schlüssel zum *Gemeinde-Museum* hat. Und Señor Mellano sperrt den bescheiden renovierten Flachbau auf, der damals als Schule mit zwei Räumen diente. Hierher wurde Che nach seiner Gefangennahme verschleppt. Und hier verbrachte er seine letzte Nacht, bevor er – kurz vor 13 Uhr am 9. Oktober 1967 – von Unteroffizier Mario Terán, der sich als Freiwilliger gemeldet hatte, erschossen wurde. Ohne Verhandlung, gegen jede internationale Konvention. Stunden zuvor war ein Telegramm des bolivianischen Staatspräsidenten Barrientos eingetroffen, das unter dem Codewort *Operación 500.600* die Exekutierung des seit Monaten gesuchten Revolutionärs befahl. 500 war der Deckname für Che und 600 die Anordnung zur Vollstreckung des Todesurteils. Heute weiß man, dass der Befehl in Zusammenarbeit mit der amerikanischen Botschaft in La Paz zustande kam. Auf dem CIA-Steckbrief stand schon seit Jahren der Name von Doktor Ernesto Guevara. Sein Tod schien seinen Henkern vorteilhafter als ein weltweit medial verfolgter Prozess.

Schmuckes kleines Museum. Viele Bilder hängen an den Wänden, auch aus den unbeschwerten Tagen des Heiligen. Man sieht den 22-jährigen Medizinstudenten aus Argentinien, wie er mit einem motorisierten Fahrrad seine erste Reise durch Südamerika antritt, sieht Fotos von seiner ersten Begegnung mit Fidel Castro in Mexico City (1956), sieht das fotografierte Kalenderblatt vom 7. Oktober 1967 mit der letzten Aufzeichnung des Rebellenführers.

Ein Bild zeigt die Schuhe, die Che trug, als er in die Hände der bolivianischen Armee fiel: abgerissen, geflickt. Automatisch denkt man an die letzten Besitztümer Gandhis. Eben kein Besitz, nur das absolut Notwendige. Viele Texttafeln zeichnen den Lebensweg des Toten nach. Wer mag, kann ein Fläschchen mit *Erde und Blut des Che* kaufen. Fröhlich wird man hier nicht, man steht genau auf jenen Quadratmetern, auf denen der damals 39-Jährige aus eineinhalb Metern Entfernung abgeknallt wurde.

Ein paar Schritte weiter befindet sich die einzige Wirtschaft in La Higuera, mit dem einzigen Telefon und dem einzigen Laden. Ich komme mit Manuel ins Gespräch, einem Bauern. Er hat damals fast alles gesehen, auch die vor Freude schwer betrunkenen Soldaten. Der Staatsfeind Nummer eins war endlich außer Gefecht, endlich bezwungen. Viele Bewohner des Dorfes, erzählt Manuel, sind noch in derselben Woche weggezogen, aus Angst, die »Terroristen«, so der offizielle Sprachgebrauch, würden Rache nehmen, wie der staatliche Rundfunk damals behauptete. Jetzt ist alles friedlich hier oben, nicht einmal einen Polizeiposten gibt es. Besoffene raufen bisweilen, ansonsten keine besonderen Vorkommnisse.

Nach einem gemeinsamen Mittagessen sucht Adali nach jemandem, der seinen Corolla reparieren könnte, während Manuel sich bereit erklärt, mich an die Stelle zu bringen, an der das letzte Gefecht stattfand, dorthin, wo Che verwundet und gefangen wurde.

Schwieriger Zugang, zwei Kilometer außerhalb des Dorfes führt ein steiler, steiniger Pfad von der Straße hinunter zur *quebrada del Churo*. Und Manuel führt mich zu jenem Felsbrocken in der Bergschlucht von Churo, an dem der Kampf zu Ende war. Ungleicher Kampf, Manuel deutet nach oben zu den Hügelkämmen, hier waren am 8. Oktober 1800 Soldaten gegen 17 Guerilleros angetreten. Heute grasen ein paar Kühe, ein Bach plätschert, nur eine rote Inschrift auf dem Gestein erinnert an das Ereignis.

Pedro Peña, ein Campesino, hatte das Versteck des Trupps an die Armee verraten. Welch Ironie. Ausgerechnet einer aus jener Bevölkerungsschicht, für die Che sein Leben riskiert hatte. Um ihnen mehr Gerechtigkeit zu verschaffen. Aber die bolivianischen Bauern wollten nicht befreit werden, das Gespenst des Kommunismus – penetrant von den Medien verbreitet – machte ihnen Angst.

Zu dritt zurück nach Vallegrande. Da Manuel gerade Geld als Guide verdient hat, kann er sich eine Behandlung im nächsten Krankenhaus leisten, er leidet an einem Hautausschlag. Wir sind noch immer ohne Bremsen unterwegs, wie vorauszusehen gab es in La Higuera keine Toyota-Vertragswerkstatt. An den steilsten Stellen legt Adali freundlicherweise wieder den ersten Gang ein. Und irgendwann bekreuzigt sich der Fahrer, kein Grund zur Unruhe, meint er, vor zwei Wochen wäre hier ein mit ihm befreundeter Taxifahrer mit fünf Passagieren in die Tiefe gerauscht. Ich bin dumm genug und frage den Gelassenen, ob er versichert sei. Nein, natürlich nicht, seine Kiste ist ein *chuto*, ein aus Chile geschmuggelter Wagen. Beruhigend immerhin Adalis sanfter Ton, mit dem er aus seinem Leben erzählt. Vollständig und vollzählig erreichen wir unser Ziel.

Vallegrande am Abend kann sich sehen lassen. Wirtshäuser mit Billardtischen, Spielhöllen, ein Zirkus gastiert seit Tagen hier, jeder scheint in den Gassen unterwegs zu sein. Ich esse in einer der vielen Küchen, die am Markt aufgebaut sind. Aus Versehen stoße ich mit dem rechten Stiefel gegen etwas Weiches unter dem Tisch. Ich denke, ein Hund liegt da, schaue und sehe, dass ich die nackten Füße meines Banknachbarn angestoßen habe. Ich höre, dass Marcelino kein Geld für Schuhe hat, auch jetzt nicht im Winter. Er war früher Schreiner, heute ist er Rentner ohne Rente.

Nach dem Essen gehen wir einkaufen. Viele Verkaufsstände haben noch offen, es kommt zu einer surrealen Szene. Der junge Verkäufer wirft einen diskreten Blick auf die von mehreren Schmutzschichten verkrusteten Füße des 67-Jährigen, überlegt angestrengt – und sucht dann nach zwei Plastiktüten, die er über die Füße streift. So geschützt werden mehrere Paare probiert. Das vierte ist genau das richtige, schwarz, solide, zwei 15 Millimeter dicke Sohlen garantieren, dass sie bis zur Sterbestunde ihres neuen Besitzers halten. Guten Mutes gehen wir drei auseinander.

Am nächsten Morgen durch die *Calle Señor de Malta*, kleine schmutzige Straße, zwei Beerdigungsinstitute gibt es, eine Bruchbude, in der »Brücken und Kronen aus Gold« hergestellt werden, windige Läden, Staub weht, wenn ein Auto vorbeifährt. Ich frage ein paar Jugendliche, was sie über Che Guevara wissen. Sie wissen nichts, einer hat schon mal den Namen gehört.

Das Krankenhaus *Señor de Malta* wird gerade renoviert. Hugo Chavez, Präsident Venezuelas und mit Evo Morales befreundet, zahlt für den Umbau. Kubanische Ärzte arbeiten hier, ein Geschenk Fidel Castros. Hibiskus blüht. Hinter der Baustelle liegt ein Stück Wiese, Vögel zwitschern, ein paar Zedern geben Schatten.

Die grauschmutzigen Wände mit dem Ziegeldach sind nicht zu übersehen. Hier steht die ehemalige Wäscherei des Hospitals, sechs Meter breit, fünf Meter tief, der Boden aus gestampfter Erde. In der Mitte befinden sich noch immer die zwei vierekkigen Waschbecken, auf denen am 10. Oktober 1967 der Leichnam Guevaras der Presse präsentiert wurde (gemeinsam mit der Falschmeldung, dass er im Kampf fiel). Als Beweis, dass Lateinamerikas berühmtester Guerillero tot war.

Kein Kiosk steht herum, niemand verteilt Sticker mit *Comandante adelante*, keiner knipst, keiner schwatzt, keiner leiert Daten, es ist märchenhaft still. Hier an dieser Stelle entstand jenes weltbekannte Foto. Die Aufnahme Freddy Albortas zeigte den Toten mit nacktem Oberkörper, offenen Augen, offenem Hosenschlitz. Und der Einschussstelle unter dem Herzen. Was man nicht sah, aber es gibt andere Bilder, die das zeigen: Am Boden lagen damals zwei *compañeros* des Argentiniers, die ebenfalls am Vortag hingerichtet worden waren. Völlig entstellt und blutüberströmt. Bemerkenswert, noch als Toter war Che schöner als alle anderen. Sacht berühre ich die Waschbecken, wohl von dem Wahn befallen, dass ein paar Milligramm seines Muts, seiner Großzügigkeit an den Berührenden abfallen.

Die Wände sind vollgekritzelt mit Sätzen früherer Besucher: *Viva Che, viva Chavez* und *Keiner stirbt, solange wir uns an ihn erinnern* und *Wir werden siegen* und *Mit dir leben wir, mit dir sterben wir*. Und hundert mehr Sprüche eloquenter Bonsai-Revolutionäre. Bis ich den Satz einer gewissen Fiona finde, jedes Wort will man ihr glauben: *Che, I love you.*

Nach einem Umweg über den Flughafen, einer harten Wiesenpiste, wo 1997 die sterblichen Überreste Ches gefunden wurden, läute ich am frühen Abend bei Señor Mariano Rojas. Eine Zufallsbekanntschaft von der Straße. Es dauert, bis er die Treppen herunterkommt und mich heiter und betrunken begrüßt. Rojas arbeitet als Lehrer, ist eine Spur zynisch, liebt sein Land und hält es die nächsten drei Ewigkeiten für verloren. Er breitet die gestern versprochene Originalausgabe der *Presencia* vom 11. Oktober 1967 aus, in der auf fünf Seiten das Ende des Revolutionärs gefeiert wird. Der Blick in die alte Zeitung scheint den dreifachen Familienvater zu inspirieren. Blau und grandios spielt er die letzte Minute aus Ches Leben nach, steht schwankend im Raum und deklamiert mehrmals die Worte, die der zum Tode Verurteilte zu Unteroffizier Mario Terán gesagt haben soll: »¡Apunta bien, no tiembles, vas a matar a un hombre!«, ziel genau, zittere nicht, du wirst einen Menschen töten!

Vielleicht ist es gut, dass Che rechtzeitig als Heiliger abtreten konnte. Was wäre aus ihm geworden, wenn er hätte erkennen müssen, dass der »neue sozialistische Mensch« nicht kommen will? Wäre er aus Enttäuschung darüber zum Massenmörder geworden? Wie andere Weltverbesserer. Oder geworden wie sein Ex-Kampfgenosse Fidel Castro, der zum Betonkopf verwitterte und sein Volk, unter anderem, mit fünfstündigen Predigten über die Segnungen des Kommunismus folterte? Der Idee des »neuen Menschen« verdankt die Menschheit etwa 50 Millionen Ermordete, immer Menschen, die einfach nicht imstande waren, neu zu werden. Der Idealist ist per se die gefährlichste Spezies, er trägt die Lust auf ein Blutbad schon in sich. Weil er nicht begreifen will, dass der Mensch kein Ideal ist, sondern ein Wesen mit bewundernswerten und furchterregenden Merkmalen. Anders bei Che, durch den Herzschuss hat er überlebt. Bis ans Ende aller Zeiten. Als Toter, als toter unberührbarer Held.

Mit dem Nachtbus nach Santa Cruz und mich um vier Uhr morgens für einen halben Tag in ein Hotel legen, Schlaf nachholen. Beim Frühstück will Kellner Anselmo wissen, woher ich komme. »Oh, Paris«, seufzt er, »dort würde ich gerne leben.« Als ich ihn frage, was er über die Stadt weiß, sagt er: »Nichts.« Ach, wer wäre nicht gern so ersehnt, dass jeder nach seiner Nähe seufzte. Selbst wenn der Seufzende nichts als den Namen kennt. Eine Sehnsucht, deren Zauber wohl nicht vergeht.

Blick aus dem Restaurantfenster auf die Straße. Betriebsam, jeder im Blickfeld malocht, muss von früh bis spät, so scheint es, schuften gehen, um über den Tag zu kommen. Die immer gleichen Bewegungen, der immer gleiche Stumpfsinn des Überlebens. Wie andere Reisende, so vermute ich, überkommt mich in solchen Momenten eine Art schlechtes Gewissen. Und ein Glücksgefühl, dass ich davonkam.

Wieder den Nachtbus nehmen, auf nach Potosí. Zeit zum Lesen, lehrreiche Zeitungslektüre, gleich auf der zweiten Seite steht ein Interview mit der neuen Miss Bolivien. Das Furchtbare an Klischees ist, dass sie oft furchtbar wahr sind. Auf die Frage, wer sie unterstützt habe im Kampf um den Titel der Schönheitskönigin, antwortet Jessica J.: »Der Herrgott.« Drei Rubriken weiter ein Bericht über das Ende von Al Zarqaui im Irak. Al Qaida meldete dazu auf einer Website: »Sein Tod verstärkt nur unseren heiligen Krieg. Auf dass das Wort Gottes in der Welt herrsche.« Hoch lebe der Allmächtige, der Allgütige. Einmal hilft er einer bildhübschen Tussi beim öffentlichen Wackeln mit Hintern und Brüsten, und dann wieder – Welten entfernt – greift er einem grottenhässlichen Psychopathen beim Schlachten und Köpfeabhacken unter die Arme.

Morgens um zehn Uhr in Potosí, einer der höchstgelegenen Städte der Erde, über 4100 Meter. Hektische Bewegungen eher meiden, wer hier rennt, ist nach 50 Metern mürbe. Die 130 000 Einwohner verfügen über eine berühmte Sehenswürdigkeit, die außen prächtig in den Himmel ragt und innen einen Blick ins Fegefeuer freigibt: *el Cerro rico*, der reiche Hügel. 1545 wurde der Reichtum von den Spaniern entdeckt. Und ausgebeutet. Mit Hilfe der Indigenen, die sie in die Silberminen steckten und – ganz wörtlich – zu Tode schindeten: sie drei Monate ohne Unterbrechung unter Tage schlagen und keuchen ließen, sie antrieben mit Prügel und Koka und denen sie nach 90 Tagen eine Woche »Urlaub« gewährten. Damit die Arbeitstiere Nachkommen produzierten, die wiederum keine anderen Zukunftsaussichten hatten, als geschunden zu werden. (Neugeborene Mädchen kamen besser davon, sie wurden zum Teil umstandslos entsorgt.) Großzügigerweise hat die Kirche damals erlaubt, dass zu diesem Zweck – der Produktion von Sklaven – ein Mann mehrere Frauen beschlafen durfte. Die phantastische Zahl von insgesamt acht Millionen tödlich Verletzter oder an Erschöpfung Hingeraffter wird überliefert.

Wer heute den Berg besuchen will, muss in einem Reisebüro buchen. Und unterschreiben, dass man für »Unfälle, Verletzungen und den eigenen Tod« selbst verantwortlich ist. Auf einem anderen Blatt steht, mit welchen Bedrängnissen die heutigen Bergarbeiter zu rechnen haben: Tuberkulose, Staublunge, Rheuma, Taubheit, Vergiftungen, sonstige Unfälle.

Um ein Uhr werden Xavier, ein Franzose, der eine Zeitlang als Krankenpfleger in La Paz arbeitete, und ich abgeholt. Von León, der uns führen wird. Ohne ihn geht nichts, man käme nicht rein und – folgenschwerer – nicht wieder raus. Zuerst müssen wir uns umziehen, Gummijacke, Gummihose, Gummistiefel, Helm mit aufgesteckter Lampe. Weiter zum »Kiosk«. Heute ist es üblich, dass Fremde etwas mitbringen, was das Leben jener im Fegefeuer eine Spur erleichtert. Wir kaufen ein paar Dynamitstangen, etwas Amoniumnitrat, Zündkapseln und ein halbes Dutzend Softdrinks. Kaufen auf Empfehlung Leóns eine Flasche Äther, das 96-prozentige Feuerwasser. Um den Silikonstaub runterzuspülen. Und nehmen – das Grundnahrungsmittel – zwei Pfund Kokablätter mit. Auch sie helfen, um die Wahrnehmung zu dimmen.

Mit einem Kleinbus zum Cerro, ein eisiger Wind fegt. Aussteigen und in einem der großen Löcher verschwinden. León geht voraus, er weiß, wo die Gefahr toxischer Gifte am stärksten ist, wo gerade gesprengt wird und wo sich der nächste Ausgang befindet. Von verirrten Neugierigen wird erzählt, dass sie erst Jahre später wieder als Skelette auftauchten. Früher gab es 20 000 Schächte, heute noch knapp 500. Der Berg ist über die viereinhalb Jahrhunderte ärmer geworden, ist aber noch immer großzügig genug, um 1300 Männer und ihre Familien am Leben zu erhalten.

Leicht geht es los, nur den Kopf einziehen, um nicht mit dem Helm – nach dem zweiten Peng wird man wach – gegen die niedrigen Stützbalken zu stoßen. Die Schonzeit dauert sieben Minuten, dann schrumpft die Höhe der Tunnels bisweilen auf 40 Zentimeter. Ab sofort auf Knien oder bäuchlings sich fortbewegen. Dazu der Staub, die Platzangst, die Hitze, die dünne Luft. Und das Wissen, dass man sich jetzt auf 4300 Meter Höhe über dem Meeresspiegel in einem Bergwerk befindet, das über keine Ventilatoren verfügt, in dem viele Wege nicht gesichert sind und kein Alarmsystem funktioniert. Über Leitern hochsteigen, bei denen ein Teil der Sprossen abgebrochen ist. Manche Schächte sind so beklemmend schmal, dass man die am Rücken befindliche Batterie nach oben halten muss, um dünn genug zu sein. Gleichzeitg darf der Hintermann – wenn es aufwärts geht – den Vordermann nicht aus den Augen lassen: weil sich immer wieder Steine lösen und es klug wäre, ihnen rechtzeitig auszuweichen.

Irgendwann hat León Erbarmen mit uns und wir erreichen das Ende eines Schachts, wo drei Bergleute pausieren. Neben ihnen der verehrte und gefürchtete *tío*, der Onkel, den sie – ohne es je laut auszusprechen – auch *diáblo* nennen, den Teufel. Die mit Konfetti und Kokablättern bedeckte Keramikfigur soll sie hier unten – man kann das Fegefeuer auch Hölle nennen – beschützen.

Wir sind willkommen. Eine der verteilten Zigarillos stecken sie in den Mund des Gefürchteten. Und öffnen umgehend die Schnapsflasche, schütten ein paar Tropfen auf den Boden. Alles soll helfen, den teuflischen Onkel zu beruhigen. Dann trinken sie selbst, lassen die Flasche reihum gehen. Xavier und ich sind verwegen und schlucken auch. Wir müssen. Bei notorischen Anti-Alkoholikern rauscht der Hochprozentige wie Lava durch die Speiseröhre.

Wir übergeben ein paar der Dynamitstangen, einer der Männer öffnet die Kokatüte, jeder legt sich seine Ration auf die Linke und das ewig gleiche Ritual nimmt seinen Lauf: den Stengel abzupfen, ein Blatt in den Mund stecken, kauen und schließlich in eine der beiden Wangen schieben. Den Vorgang wiederholen, mindestens 200 Mal. Bis sich die Wange ausbeult. Dann zieht das Koka in den Körper, der Mensch beginnt zu arbeiten. Nach vier Stunden spuckt er den Knödel wieder aus, die stimulierende Wirkung lässt nach, Pause. Und die Prozedur beginnt von vorn.

Befremdliche Atmosphäre, zuerst völlige Stille, nur das Geräusch von sechs kauenden Mündern. Und Finsternis, nur *eine*

Stirnfunzel glimmt (um Energie zu sparen). Aber irgendwann reden wir. Mario ist der Gesprächigste, seit 23 Jahren arbeitet er hier, von 9.30 Uhr bis 18 Uhr. Fünf oder sechs oder sieben Mal die Woche. Hängt vom Verdienst ab. Alle Bergarbeiter sind heute Besitzer des Berges. Keiner entlohnt sie, jeder – als Einzelkämpfer oder als Teil einer *cooperativa* – ist sein eigener Unternehmer, verdient nur das, was er dem Gestein entreißt. Im Durchschnitt zwischen 800 und 1000 Bolivianos pro Monat, zwischen 80 und 100 Euro. Immerhin das Doppelte des gesetzlich vorgeschriebenen Mindestlohns.

Mario lässt wie die anderen, die wir später treffen, kein Gefühl von Unglücklichsein verlauten. Auch keine Begeisterung über seine Arbeit. Eher den Eindruck völliger Hinnahme und – sehr zurückhaltend – ein Bewusstsein von Stolz. Sie wissen, welchen Strapazen sie hier ausgesetzt sind. Ein Leben, ein Bergarbeiterleben lang. Mit 50 sind die meisten am Ende. Als Wracks leben sie die letzten Jahre von einer mageren Rente. Es gibt in Potosí für sie keine Alternative, keiner hat das Kapital oder die Fertigkeiten, um eine andere Existenz zu gründen. Zudem ist die Fron im Berg Familientradition, über Generationen hinweg.

In zehn Jahren, so sagen sie, ist der Cerro rico arm, bis auf den letzten Nickel geschröpft. Schon jetzt sind die fetten Minen Legende. 1994 war das letzte Mal, dass ein *minero*, ein gewisser Emilio Alave, eine gigantische Ader entdeckte und zum Superstar der Stadt avancierte, längst als Stinkreicher lebt und schon lange nicht mehr hier vorbeikommt. Meist, so die drei, geht es im Berg zu wie bei der Lotterie. Wunder passieren selten, der Alltag ist die stündliche Schinderei, das Suchen, das Vermuten, das Weghämmern, das Wegbohren, das bisschen Finden.

Die meisten bohren trocken, nur eine Minderheit arbeitet mit Wasser. Aber eher unwillig, denn die Tanks müssen immer wieder nachgefüllt werden, sprich, Zeitverlust, Kraftverlust. Viele legen auch die Gasmasken ab, sie hindern am Sprechen, beeinträchtigen die Bewegungsfreiheit, die Sicht. Das ist leichtfertig, denn die Hauptgefahr sind die toxischen Gifte, die in gewissen Fällen umgehend tödlich wirken. Weitere Risiken, und dagegen hilft auch kein Atemschutz: Die einstürzenden Stollen, die Gase, die sich entzünden und explodieren. Bis zu 4000 Tonnen Geröll werden pro Tag ins Freie geschafft. An erster Stelle steht heute der Gewinn von Zink. Dann Blei, Zinn und – Silber: Das Edelmetall macht heute höchstens fünf Prozent der Beute aus.

Mario hat sieben Kinder, und ein Ende ist nicht abzusehen. Ich frage den 42-Jährigen, ob er keinen Zusammenhang sieht zwischen vielen Kindern und viel Armut. Eher nicht, es wäre halt Brauch, zudem seien die Nächte kalt und die Nähe zur Frau biete doch Wärme. (In der schwarzen Höhle, wo wir uns gerade befinden, klingt der Satz doppelt poetisch, zudem: der Wetterbericht verspricht für heute Abend sieben Grad minus.) Und natürlich rechne er damit, dass der zahlreiche Nachwuchs eines Tages für ihn sorgt. Dass die sieben oder acht oder neun es schwer wie er haben werden mit dem Ranschaffen von Geld, das erwähnt Mario nicht.

So musste es kommen. Wenn ein halbes Dutzend Männer zusammensitzt, wird irgendwann über Sex gesprochen. Nun nehmen auch die zwei Schweigsamen am Gespräch teil. Jetzt wird die Höhle zum Beichtstuhl. Und das Trio gesteht, dass es sich – wie die vielen anderen – bisweilen zu fremden Frauen legt. Potosí beherbergt ein halbes Hundert Puffs, wo Damen schon ab 25 Bolivianos (2,50 Euro) zu Diensten stehen. (Am nächsten Tag besuche ich ein paar der Etablissements: Orte für Unerschrockene, wer hier aufkreuzt, muss blind und geruchstaub sein.) Das wenige Geld, auch das beichten die Männer, haben die *prostitutas* schnell verdient. Die Mehrzahl der Kunden kommt bezecht vorbei, Hose runter, Hose rauf, dazwischen vergehen keine fünf Minuten. Alkohol und Frauen, sie gelten als die großen Glücksbringer im Leben eines bolivianischen Bergmannes.

Wir ziehen weiter, weichen mehrmals Arbeitern aus, die wie Maultiere kleine Wagons, immerhin eine Tonne schwer, über die Gleise ziehen. Zwei Mann vorne, zwei hinten. Begegnen Männern mit Schubkarren. Sie sind auf dem Weg zu den primitiven Winden, die das Material nach oben hieven. Wir steigen immer tiefer, vorbei an Bergleuten, die mit nackten, schweißgebadeten Oberkörpern arbeiten, vorbei an Jaime, dem 15-Jährigen, der sich hier in seiner schulfreien Zeit ein Taschengeld verdient.

Wir gehen und kriechen, bis wir auf Alberto stoßen, der seit sieben Jahren in diesem Schlauch sitzt und augenblicklich mit Hammer und Meißel Löcher in die Wände schlägt. Geräumig genug, um morgen oder übermorgen die Dynamitstangen hineinzulegen und ein Stück Berg wegzusprengen. Alberto ist Einzeltäter, arbeitet ausschließlich allein. Kein anderer Laut begleitet ihn, kein Radio, kein Walkman, kein Discman, er hört nichts als die eigenen Gedanken und sein eigenes Gehämmer. Heute muss er die Nacht dableiben, weil er gestern mit Freunden gefeiert hat. Einfach so, ohne Anlass. Muss das fehlende Geld wieder reinholen. Morgen um sechs will er aufhören. Naiverweise frage ich ihn, ob er ein Badezimmer hat. Nein, aber eine gute Frau, die ihm eine Schüssel warmen Wassers hinstellt. Nein, er geht zu keiner anderen, nein, auch er ist nicht unglücklich. So ist es eben. Er nimmt es hin, das Leben, sein Leben.

Nach sechs Stunden führt uns León zur Erdoberfläche zurück. Im Schein der Lampe sehe ich, dass meine Hände bluten. Erinnerung an die klaustrophobische Enge. Wie belanglos jetzt. Vom Himmel leuchten die ersten Sterne, der Wind faucht noch immer. Ein paar Männer winken uns in ihren Container, sie sind blau wie die strahlende Nacht. Sie sind oft blau, sagen sie. Heldenhaft blau, könnte man hinzufügen. Ich wäre längst als Selbstmörder verschwunden oder irgendwann liegengeblieben, versiecht an einer aussichtslosen Zukunft. Alvaro zeigt auf den *campamento*, die Barackensiedlung der Bergleute am Fuße des Cerro rico. Flache Bauten aus Adobe, Wellblech-Dächer, Gitter vor den Fenstern. Jede Familie hat zwei Zimmer, ohne Kanalisation, immerhin Strom. Hunderudel ziehen um die Häuser, die fröhlichen Schreie von Kindern, die im Dämmerlicht Fußball spielen. Wir legen die verstaubte Schutzkleidung ab, herzlicher Abschied von Xavier und León.

Zurück ins Hotel, waschen, umziehen, wieder auf die Straße und nach einem Restaurant mit einem Ofen suchen. Anders ist Potosí um diese Uhrzeit, um diese Jahreszeit nicht auszuhalten. Ich finde das *Cosana*, und eine einzige Wohltat beginnt: geheizt, gemütlich, ein fester Tisch, gutes Essen, das Lächeln von Ema, der Bedienung. Bis vier Talentfreie auftreten, ihre Instrumente anschließen und mit ihrem Lärm alles kaputt machen. Als die Rechnung kommt, sehe ich, dass man für das *derecho de música*, für das Recht auf Musik, zahlen muss. Warum gibt es kein Recht auf Stille? Ich würde das Doppelte hinlegen.

Aber ich bleibe, sitze die Krachmacher aus. Und werde belohnt. Ema bringt die heutige Sonderausgabe von *La Razón*, ein dickes Heft mit den »hundert wichtigsten Persönlichkeiten Boliviens«. Und zwischen Simón Bolívar, dem Befreier Südamerikas, und dem heutigen Präsidenten Evo Morales steht der Name eines Deutschen: Werner Guttentag. Der Text neben dem Foto erzählt von einem anstrengenden, faszinierenden Leben: 1920 als Sohn eines jüdischen Handelsvertreters in Breslau geboren, gelingt ihm rechtzeitig die Flucht vor den Nationalsozialisten. Umso bemerkenswerter, als der Vater bereits in einem Konzentrationslager interniert war und es wieder – gegen jede mörderische Logik – verlassen konnte. Flucht zuerst nach Holland, wo der Junge Mechaniker lernt, dann Ankunft in Bolivien. Im Frühjahr 1939, nicht einen Tag zu früh. Im Gepäck befanden sich »drei wichtige Gegenstände«: eine Schreibmaschine, Dostojewskis *Die Brüder Karamasow* und ein Fahrrad.

Die Familie findet Arbeit in Cochabamba, heute eine Stadt mit über einer halben Million Einwohner, damals ein trübes Provinznest. Man schlägt sich durch, der Halbwüchsige repariert Motoren, bastelt Schmuck, arbeitet in einer Silbermine. Bis er sich 1945 seinen Traum erfüllt und in einem Land, in dem zwei Drittel nicht lesen und schreiben konnten, seine erste Buchhandlung eröffnet. Auch mit deutschen Büchern, denn nicht wenige Landsleute – Opfer und Henker – hatten in Bolivien Unterschlupf gefunden. *Los Amigos del Libro*, die Freunde des Buches, beginnt als eine Art Leihbibliothek, die per Flugzeug, Zug, Lastwagen und Esel die gewünschten Titel in jeden Winkel des riesigen Landes verschickte.

Jude sein und für die Freiheit des Denkens eintreten war auch in Bolivien nicht immer leicht. Der berühmteste Nazi, der es dorthin geschafft hatte, war Klaus Barbie, Gestapo-Mann und »Schlächter von Lyon«. (Klaus Altmann war sein Deckname im Exil.) Guttentag berichtet, wie dessen Anhänger sein Haus überfielen, einen Teil seiner Bibliothek verwüsteten, einen Teil öffentlich verbrannten (!) und den Hausherrn mitnahmen.

Kaum war die braune Gefahr vorbei, kamen andere Zumutungen. Von Seiten der Machthaber, von Seiten linker Splittergruppen, von Seiten eines Staates, der bis heute der ärmste Südamerikas ist, wo jedes Copyright missachtet wird, wo jeder (seltene) Erfolg umgehend raubkopiert wird.

Die Guttentags haben das alles hinter sich. Sieben Buchläden stehen heute im Land, der Deutsche gilt als einer der Geburtshelfer der modernen bolivianischen Literatur, als ein vehementer Antreiber in Sachen Alphabetisierung, als einer von hundert Außergewöhnlichen.

Ich zahle und suche einen Telefonladen, um in Cochabamba anzurufen. Und irgendwann spricht Werner Guttentag am anderen Ende. Und plötzlich merke ich, dass ich dem 86-Jährigen nichts zu sagen habe, was er nicht schon wüsste. So stottere ich in der Not meine Bewunderung in die Muschel, rede von dem Artikel, den ich gerade gelesen habe (von dem er überraschenderweise nichts weiß). Und der noch immer lesewütige Alte sagt mit warmer Stimme, dass er sich freue und jederzeit meinen Besuch erwarte. Hinterher weiß ich, warum ich angerufen habe. Weil ich wissen wollte, ob es den Mann tatsächlich gibt. So verschlungen, so anders schien mir seine Existenz, dass ich sie für erfunden hielt, für die Laune eines durchgeknallten Journalisten.

Am nächsten Morgen einen Elektroofen ins Hotelzimmer schleppen, um die zehn Finger zu enteisen. Dann ein paar Stunden schreiben. Den Nachmittag durch Potosí wandern, jetzt unter einem andenblauen Himmel. Die engen, steilen Gassen, verwinkelt, der großzügige Platz des 10. November, die vielen Fassaden aus der Kolonialzeit, die mit Maß und Eleganz das Auge begeistern. Vorbei an der *Casa Real de la Moneda*, formidabel wie ein Palast, in dem 1572 die ersten Geldmünzen geprägt wurden. Lauter Beweise, dass die spanischen Raubritter neben Blut und Elend auch Dinge hinterlassen haben, die jeden Betrachter – auch den Bolivianer – mit Freude erfüllen, ja jeden in den wunderlichen Zustand von Frieden versetzen, der wohl immer dann Besitz von einem ergreift, wenn man vor etwas steht, das den geheimnisvollen Gesetzen der Schönheit folgt.

Hinter der Pracht liegt das andere Potosí. Hier liest man Schilder der *Kreditanstalt für Wiederaufbau*, die ein Projekt für Trinkwasser finanziert, hier gibt es die Vier-Quadratmeter-Bordelle, die *Cervecería del minero*, die Bergmann-Schenke, den *Mercado calvario*, den Kreuzweg-Markt. Der Name stimmt, viele Stufen führen dorthin. Wer mit schwachen Lungen in diese Stadt reist, sollte sich rechtzeitig ein Sauerstoffgerät umschnallen.

Abends wieder im *Cosana*. Wie gestern beschenkt mich Ema mit einem Willkommenslächeln und der Zeitung. Selten hat mir ein Mensch an zwei Tagen hintereinander Drucksachen gebracht, die so innig bewegen. Heute kann man eine Hommage an Jorge Luis Borges lesen, der vor genau 20 Jahren gestorben ist und den viele für den einflussreichsten Schriftsteller des Kontinents halten. Wie dem auch sei, auf jeden Fall hat der Argentinier einen Text hinterlassen – hier abgedruckt –, den man wie Goldstaub auf sein Herz legen sollte. Um es aufzutauen und anzutreiben, wenn es den Mut sinken lässt:

Könnte ich mein Leben nochmal von vorn beginnen, würde ich versuchen, mehr Fehler zu machen. Ich würde albern sein, würde ganz locker werden, nur noch ganz wenige Dinge ernst nehmen. Ich würde entschieden verrückter sein und weniger korrekt. Ich würde mehr Gelegenheiten beim Schopf ergreifen und öfters auf Reisen gehen. Ich würde mehr Berge ersteigen, mehr Flüsse durchschwimmen und mehr Sonnenaufgänge auf mich wirken lassen. Ich würde mehr echte Probleme und weniger eingebildete Nöte haben. Nun, ich hatte meine verrückten Augenblicke, aber wenn

ich nochmal von vorn anfangen könnte, würde ich mehr verrück-
te Augenblicke haben. Genau gesagt: einen Augenblick nach dem
andern und keine Pläne zehn Jahre voraus.

Am dritten Tag weiter in den tiefen Süden, nach Tupiza, nahe
der Grenze zu Argentinien. Im Bus setzt sich ein Sieben-Uhr-
Alkoholiker neben mich, der mir schon am Ticketschalter schöne Augen machte. Damit ich den Nachschub organisiere. Aus
Dankbarkeit für die spendierte Dose schläft er an meiner rechten
Schulter ein und kippt irgendwann – selig dabei schnurrend –
den Rest der Flüssigkeit auf meine Hose. Ich bin keineswegs un-
gehalten, da ich im selben Augenblick über meinen iShuffle *You*
were there von Eric Clapton höre und wieder an diese Frau denke, die noch immer nichts ahnt von meinem Fernweh nach ihr.
Vielleicht liegt es an dieser einen Zeile im Lied: »You climbed
the prison wall deep inside of me«, dass ich sie jetzt so deutlich
vor mir sehe. Ich Phantast, wie so viele Männer träume ich von
jemandem, der kein Hindernis scheut, um meine Mauern, meine Angst-Mauern, zu überwinden.

Nachmittags in Tupiza, Städtchen und Perle in einem Tal, das
von den Höhen der Cordillera de Chichas umgeben wird. Über
1000 Meter tiefer liegt es als Potosí, lieblich und herbstwarm
ist es. Auf der *Plaza de la Independencia* flaniert die schicke
Dorfjugend, warten die Schuhputzer, wartet Elvio, der Mann
vor seinem Büchertisch. Zwischen Grisham und Franzen liegt
Hitlers *Mi lucha*, »Mein Kampf«. Ich frage den Buchhändler nach
dem Autor und der 32-Jährige antwortet trocken wie einst Char-
lie Chaplin: »Hitler? Kenn ich nicht.«

Von Tupiza träume ich seit meiner Jugend. Ohne es zu wissen. Vor vielen Jahren sah ich den Film *Butch Cassidy und Sun-*

dance Kid, die Geschichte zweier Gauner, mit Robert Redford und Paul Newman in den Hauptrollen. Schöne Helden, lustige Helden. Erst viel später erfuhr ich, dass in Tupiza vor fast 100 Jahren der Untergang der beiden seinen Anfang nahm. Er war anders als im Hollywood-Märchen, ganz anders. Er war nicht schön, nicht lustig. Er war vollkommen trostlos.

Die Vorgeschichte: Butch Cassidy (Utah 1866) und Sundance Kid (Pennsylvania 1867) finden bald zueinander. Da sie beide schon als Halbwüchsige Gerissenheit und kriminelle Energie bewiesen hatten, stand einer lebenslangen Freundschaft nichts im Weg. Dass auch ihre Ganoven-Namen falsch waren, sei der Vollständigkeit halber noch erwähnt. Sie schließen sich verschiedenen Gangs an, die berühmteste hieß *Wild bunch*, wilder Haufen, genauer kann man es nicht ausdrücken. Sie überfielen Züge und Banken. Was ausnahmsweise auch im Film stimmte: Sie waren Gentlemen. Sie nahmen anderer Leute Geld, nie ihr Leben. Ein bisschen K.o.-Hauen ja, morden und löchern nie.

Irgendwann wird ihnen der Boden in der Heimat zu heiß, sogar das berühmte Detektivbüro Pinkerton ist ihnen auf den Fersen. Das Duo verschwindet nach Argentinien. Ihre täppischen Versuche, bürgerlich zu werden, scheitern. Sie versuchen sich als Rancher, Eselsbändiger (!) und – wunderbare Ironie – Sicherheitspersonal für Geldtransporte. Aber ähnlich standhaften Alkoholikern scheinen auch notorische Diebe nur schwer heilbar. Es zuckt, noch immer. Wie ein Geburtsfehler, der nicht aufhören will. Sie greifen weiter in die Kassen fremder Leute, treten erneut die Flucht an, landen endlich über Umwege und nach weiteren Überfällen in Bolivien, in Tupiza. Mit der schlichten Absicht, den Tresor der lokalen Bank leerzuräumen. Sie sind jetzt knapp über vierzig und müssen – so sagen sie beiläufig – »an ihre Rente denken«.

Das funktioniert nicht. Eine Einheit der Armee befindet sich gerade in der Stadt, die beiden spähen nach einem neuen Opfer. Sie erfahren, dass umgerechnet eine Million Dollar von hier zu einer zweieinhalb Tagesmärsche entfernten Mine gebracht werden soll, die Löhne für Bergleute. So sei es. Am Morgen des 3. Novembers 1908 machen sich der Vorarbeiter Carlos Peró, sein Sohn Mariano und ein Tagelöhner mit ein paar Maultieren (sie tragen die Scheine) auf den Weg, diskret gefolgt von den beiden geldhungrigen Yankees. Die Bankräuber riechen die Banknoten, sie sind guter Dinge. Sie haben noch drei Tage zu leben.

Wir kommen etwas spät. Ein Jahrhundert später fahren Josué, Fahrer und Besitzer eines Toyota-Geländewagens, und ich den beiden hinterher. Wir brechen früh auf, der Weg ist steil und steinig.

Jeder sei gewarnt. Wer Tupiza Richtung Nordwest verlässt, wird bisweilen das Atmen vergessen, hingerissen von einer phänomenalen Landschaft. Wildwest-Country, Macholand, am Fuße der rot leuchtenden Felsen wohnen John Wayne und die Götter, angefeuert von einem stechend blauen Himmel, ausgeliefert einer Tiefenschärfe, die erst im Unendlichen Halt macht, umringt von sonnenbleichen Baumruinen und kolossalen Kakteen, von denen der mächtigste – ach, wie sollte es anders sein – *la poronga* heißt, der Penis.

Nach 40 Minuten erreichen wir Salo, ein Kaff mit Schule. Die Kinder lärmen und der Rektor, Señor Gregorín Vargas, steht für Auskünfte zur Verfügung. Einen Euro zahlen die Eltern pro Tag und Kind für Kost, Logis und Unterricht. Hausmeister Serafin führt mich in eine der Buden, die jedem Lehrer während der fünf Arbeitstage zur Verfügung stehen: ein Raum, kein fließendes Wasser, ein Fenster, eine Blechtür, seit einem Jahr Elektrizität. Neben der Kirche rostet der Bus, der die Lehrerschaft am Wochenende zurück nach Tupiza bringt.

In dieser Schule, die damals als Privathaus dem Minenbesitzer gehörte, übernachteten Carlos Peró und sein kleiner Anhang. Cassidy und Kid zogen in der Dunkelheit daran vorbei, nun lagen sie vorn und folgten, sobald der Tross im Morgengrauen aufbrach, mit ihren Ferngläsern dem Kurs des Geldes.

Wir fahren weiter und Josué hält nach einer Stunde neben einer Kuppe namens Huaca Huañusca. Der Fahrer zeigt mir den Weg hinunter ins Tal, dort unten fand der Überfall statt. Ich gehe los, wir machen aus, uns am anderen Ende – dort führt die Straße vorbei – wieder zu treffen.

Romantischer Pfad, einen melodramatischeren Platz hätte man sich für eine Missetat nicht ausdenken können. Absolute Stille, einmal zieht ein Kondor durch die Lüfte. Unten angekommen sieht man neben dem trockenen Flussbett die Grotte, aus der die beiden Draufgänger gegen 9.30 Uhr heraustraten und höflich und in noch immer brüchigem Spanisch Peró aufforderten, die Million zu übergeben, dabei nonchalant Flinten und Colts schwingend. Sie bekamen knapp ein Zehntel davon, der Rest, so stellte sich heraus, sollte erst nächste Woche geliefert werden. Die herbe Enttäuschung verführte sie zu zwei tödlichen Fehlern: nachlässig die Überfallenen zu fesseln und einen Esel mitzunehmen, der das Brandzeichen A trägt, den Anfangsbuchstaben der Mine Aramayo.

Sie irren los und erreichen am Abend des 6. November San Vicente. Als Josué und ich am frühen Nachmittag dort eintreffen, wird sofort klar, dass man – auch ein Jahrhundert später – hier nur ankommen soll, um zu sterben. Karstland, Karsthügel, 4700 Meter hoch, eingekesselt von eisigen Winden. Grau, farblos, das einzig Helle sind die bunt geschmückten Ohren der Lamas, die von den Abhängen die letzten Halme fressen.

Heute leben in den Baracken 160 Bergleute, die in der *Pan-America-Silver-Bolivia-Mine* nach Silber suchen, das es kaum mehr gibt. Ein Brunnen steht herum, in den Eislöchern waschen Frauen die Wäsche, oben bei der Erste-Hilfe-Station warten Leute vor dem Eingang, heute soll ein Arzt kommen. In der Kantine gibt es Fadennudeln und Kartoffelgemüse. Und Tunesien spielt gegen Saudiarabien, im Fernseher.

Edi, ein Arbeiter, führt uns zu der Stelle, wo Cassidy und Kid übernachteten. Ein deprimierender Anblick, drei Adobemauern als schäbiges Gemäuer. Es passt zum kläglichen Tod, der bereits auf sie lauert. Jemand erkennt das A auf dem gestohlenen Lastesel und verständigt die vier Soldaten, die kurz vor den beiden hier eintrafen. (In den letzten 55 Stunden hatte Vorarbeiter Peró genug Zeit, um Polizei und Armee zu informieren.) Dann geht alles sehr schnell. Es ist bereits Nacht, die vier dringen in den Vorhof ein, Cassidy erscheint in der Tür und feuert seinen Revolver leer. Ein Angreifer geht schwer verwundet zu Boden, kann jedoch – vor dem Verenden – noch zielen und treffen. Stille, kein Laut mehr, die (jetzt) drei Soldaten und ein Teil der Bevölkerung bewachen das Haus. Aus dem in den Morgenstunden zwei Schüsse knallen. Wieder Stille. Bis man sich hineintraut und die beiden tot auffindet. Im Film machen die zwei Hasardeure noch ein paar coole Sprüche, bevor sie sich dem Kugelhagel eines ganzen Regiments stellen. Schön pathetisch, schön erfunden. Im wahren Leben hat Sundance Kid seinem angeschossenen Freund Butch eine Kugel in den Kopf gejagt und sich anschließend selbst liquidiert. Aus Hoffnungslosigkeit oder – so die Sentimentalen – aus Traurigkeit, weil der Soldat Víctor Torres ihr erster Toter war.

300 Meter entfernt liegt der Friedhof. Ein Gräberverhau, nicht eine frische Blume, jeder Quader verwittert, selten kann man noch Namen und Daten erkennen, Unkraut wuchert. Das Tor ist verschlossen, man muss über die Mauer klettern. Eine Kapelle, die inzwischen zum Abort verkommen ist. Dreckiges Klopapier bedeckt den Boden. Edi bringt uns zum »Grab von Butch Cassidy und Sundance Kid«, nichts als ein Steinstumpf. Edi weiß nicht, dass im Jahr 1991 Wissenschaftler vorbeikamen und die darunter liegende Leiche untersuchten. Keine Amerikaner kamen zum Vorschein, sondern ein deutscher Minenarbeiter, ein gewisser Gustav Zimmer. Das beweist nichts, die beiden wurden – als *Gesetzlose* – irgendwo hier in der freien Natur verscharrt.

Klar, seit dem 6. November vor 100 Jahren haben die Spekulationen über die zwei nicht aufgehört. Man kann sein Leben mit dem Nachlesen des Schwachsinns verbringen, der seither verbreitet wurde. Ähnliches passierte ja auch nach Elvis' Tod. Der King fiel nicht am 16. August 1977 mit schwachem Herzen von der Kloschüssel seines Hauses in Memphis, sondern tourt noch immer mit Josef Mengele durch den brasilianischen Urwald.

Zurück nach Tupiza. Nach einer Stunde stoßen wir wieder auf Señor Juan und seinen Sohn Edwin. (Wir kamen schon mittags an ihnen vorbei.) Wie versprochen haben wir etwas zum Trinken und Essen aus San Vicente mitgebracht. Seit zwei Tagen hängen sie hier fest, das Autowrack streikt, seit zwei Tagen liegt Edwin unter dem Chassis, um es zu reparieren. Juan und Edwin greifen herzhaft nach den Sandwiches und dem Bier. Ich frage den Vater, ob er glücklich sei. »Sí, todo está tranquilo«, ja, alles ist ruhig. Keine Angst bestürmt ihn, er sagt, dass er Arbeit habe, eine Frau, einen Sohn. Die 48-Stunden-Panne? Sie kann sein

Glück nicht mindern. Und tatsächlich, irgendwann funktioniert die Kiste wieder, sie starten, wir fahren als Begleitschutz hinterher. Aus dem Autoradio meldet Radio Católica, dass Frauen, die zur »Pille danach« (RH84) greifen, Krebs bekommen oder gleich tot umfallen – Bolivia, mi amor.

Schönes Heimkehren. Die letzten Sonnenstrahlen beleuchten Tupiza, die Alten sitzen am Hauptplatz und plaudern, Kinder schlecken Eis. Auf dem Weg zum Hotel komme ich an der *prisión momentánea* vorbei, am »augenblicklichen Gefängnis«. Zwei Zellen. Aber keiner sitzt drin, nur Gerümpel liegt herum, Zementsäcke, alte Möbel. Tupiza ist friedlich und ruhig geworden, Butch Cassidy und Sundance Kid sind lange tot.

Aufbruch ins 200 Kilometer entfernte Uyuni, Richtung Norden. Obwohl der Jeep gehörig überbelegt ist, scheint es keine angenehmeren Reisegefährten zu geben als die Bolivianer. Wie Sardinen sitzen sie da und beklagen sich kein einziges Mal. Wieder einmal werde ich den Eindruck nicht los, dass Südamerikaner ein trauriges Volk sind. Nur Niederlagen liegen hinter ihnen. Entspannte, traurige, einsame Gesichter.

Ich kauere und lese, finde in der Zeitung einen Satz von Muhammad Ali, dem »größten Boxweltmeister aller Zeiten«, heute zitternd und von Parkinson geplagt: »Mein jetziges Leben ist nur der Preis für mein vorangegangenes.« Irritierender Satz. So kann nur ein Ex-Christ und Moslem reden. Er lässt tief blicken auf einen rachsüchtigen Gott. Monotheisten aller Couleur müssen scheinbar für ihr Glück bestraft werden. Ich will es mit Nietzsche halten: »Ich würde nur einen Gott anbeten, der tanzen kann.« Für seinen Mut zum Glück soll der Mensch belohnt werden, nicht gezüchtigt.

Nachmittags in Uyuni, ein scharfer Wind weht um die schiefen Telefonmasten. Am Ortseingang steht, dass die 15 000-Einwohner-Stadt die *Lieblingstochter Boliviens* ist. Nicht der architektonischen Wunder wegen, sondern weil Uyuni nach einem verlorenen Krieg gegen Chile die geschlagenen Soldaten aufnahm.

Die tapfersten Einwohner sitzen auf Stühlen vor den Cafés und strecken ihre vermummten Leiber der Sonne entgegen. Als wollten sie sie mit Wärme aufladen, um heil die Nacht zu überstehen. Gab es früher Decken für die Pferde, so wärmen sie heute damit die Motorhauben der Sattelschlepper. An eine Hausmauer hat jemand grün (Farbe der Hoffnung?) gesprayt: »Jesus, bitte lass mich nicht allein«.

Etwas außerhalb liegt ein Eisenbahnfriedhof. Ich frage jemanden nach dem Weg und er sagt: »Nimm dich in Acht.« »Vor was?« »Vor den vielen Betrunkenen.« Als ich die Schienen entlanggehe, komme ich an den zahlreichen (toilettenlosen) Uyunianern vorbei, die links und rechts ihr (großes) Geschäft erledigen. Wer mich sieht, dreht sich ab und zeigt den Hintern. Interessante Geste, denn in dieser Position schämt es sich offensichtlich leichter. Ein nackter Po scheint weniger entblößend als ein bloßes Gesicht.

Wegen eines Lokomotiv-Schrottplatzes kommt keiner hierher. Am nächsten Morgen finde ich Isidro, einen Taxifahrer, er soll mich zu einer Übernatürlichkeit bringen. Wir fahren einen Schleichweg (die Hauptstraße wird heute von wütenden Minenarbeitern blockiert), irgendwann kommen wir an einem Holzkreuz vorbei und ich frage den 65-Jährigen, warum es hier steht. Und Isidro hat eine unglaubliche Geschichte parat, die er besser kennt als jeder andere: Hier verunglückte vor drei Jahren sein Schwager Cecilio, Motorradfahrer und Arzt. Er war auf den Weg zu einem Patienten, als ihm ein Truck die Vorfahrt nahm und ihn überrollte. Die Bremsspuren und der Zustand des Toten ließen keinen anderen Schluss zu. Der Täter fuhr weiter, er wurde nie gestellt. Absurdes Ende: Mitten in einer brettflachen Landschaft mit drei Vehikeln pro Stunde stirbt ein Mensch bei einem Verkehrsunfall.

Nach 25 Kilometern erreichen wir den *Salar de Uyuni*, das 12 000 Quadratkilometer große Salzmeer. Das größte Reservoir der Welt, jedes Jahr werden hier 20 000 Tonnen Salz gewonnen, weitere zehn Milliarden stehen noch zur Vefügung. Gigantische Zahlen, die nichts, absolut nichts aussagen über den Schock, der den Besucher überwältigt, ja, überwältigen muss.

Ich steige aus und sprinte los, renne über den hart gefrorenen Schnee, renne, bis ich nichts Weltliches mehr sehe, kein Taxi, keine Männer mit Spitzhacke und Schaufel, keine Lastwagen und Lagerschuppen, renne, bis ich mir einbilde im Mittelpunkt des Meers zu stehen und nichts zu hören als eine Stille, die kein anderes Geräusch durchlässt als das Pochen des Herzmuskels, renne, bis ich nichts sehe als eine schneeweiße Welt, überdacht von einem in alle vier Richtungen blau flirrenden Himmel. Und endlich stehenbleibe und mich im Kreis drehe, wohl blöd vor Glück, wohl kindisch wie ein Sack Flöhe.

Jetzt müsste ich schreiben, dass ich mich klein fühle im gewaltigen All und das Nichts meiner Winzigkeit entdecke. Was für ein Larifari. Ich fühle mich stark und aufgehoben, bin gerade König von Südamerika, glaube wieder den Satz von Dostojewski, dass »Schönheit die Welt retten wird«. Mich zumindest und jeden anderen, den ein Stern hierher verschlägt und der nun wie ein seliger Tor über den Salar de Uyuni hüpft. Zwei Stunden lang bin ich besoffen und unverletzbar.

Mittagessen mit Isidro, der mir von seiner krebstoten Frau erzählt, die er geliebt hat, und von Filipa, seiner jetzigen Freundin, von der er sich trennen will. Denn sie wäre eine »mujer vividora«, eine Abzockerin.

Zum Abendessen treffe ich »Hirsch« in einem Restaurant. Ich habe ihn vor einer Stunde am Bahnhof kennengelernt. Er wollte nach La Paz, um sein neues Fahrrad abzuholen (ich suchte nach einer Verbindung von Uyuni nach Chile). Aber kein Zug fuhr, weder für ihn noch für mich. Auch hier Streik. Sofort gefiel mir die Art des Amerikaners, mit Leuten umzugehen. Heiter, fast sanft, immer respektvoll. Ich wollte wissen, wie er das macht. Wir verabredeten uns. Robert ist sein Vorname, aber sein Familienname gefällt ihm besser, also Hirsch.

Der 27-Jährige besitzt die Biografie eines Zyklopen. Hat Biochemie studiert und abgeschlossen. Und zeitgleich begriffen, dass er für das regelmäßige Leben nicht taugt. Wanderte den *appalachian trail* entlang (3 500 Kilometer, von Georgia nach Maine), marschierte über den *pacific crest trail* (plusminus 5 000 Kilometer, von Mexiko nach Kanada), lebte drei Jahre als Peacecorps-Freiwilliger in einer Hütte in dem Inselstaat Vanuatu, um anderen Lesen, Schreiben und Englisch beizubringen. Und beschließt eines Tages, in Vancouver ein Fahrrad zu besteigen, um irgendwann unten am Kap Hoorn, der südlichsten Spitze Südamerikas, anzukommen. Heute Abend – nach elf Monaten und 13 Tagen – macht er Zwischenstation in Uyuni. Mein Glück, denn Hirsch ist ein Geschenk, bartverzottelt, blitzgescheit, hartgesotten und – was für ein bedrohtes Wort – weitherzig.

In 24 Stunden wird ihn ein stechender Schmerz beuteln, für den ich mich mitverantwortlich fühle. Weil mein Ratschlag der falsche war. Aber heute wissen wir nichts davon, heute geht es uns gut.

Hirsch hat keine geografische Endstation. Vielleicht steigt er am Kap Hoorn vom Sattel und ist am Ziel, vielleicht fliegt er nach Europa oder Afrika und radelt weiter. Noch ist alles vage und eindeutig zugleich, denn er will einen Ort finden, an dem er auf sinnvolle Weise arbeiten kann. Arbeit, die ihn erfüllt und anderen nützt. Das eine so wichtig wie das andere.

Die innigste Szene seiner bisherigen Reise passierte an einem Montagvormittag, als eine kleine uralte Frau in Mexiko City seine Hand nahm. Damit der lange Gringo sie auf die andere Seite der *Avenida de los Insurgentes* führt. (Wer die Straße kennt, weiß, um was sie ihn bat.) Die beunruhigendste Situation holte ihn in einer Stadt in Ecuador ein, in Cuenca. Als er sein Fahrrad über einen Markt schiebt und acht Jugendliche ihn umringen. Und ihn umdrängen und heftiger umdrängen und Hirsch – noch immer kindlich naiv – nicht weiß, wie ihm geschieht. Bis er Minuten später feststellt, dass das Portemonnaie im Rucksack fehlt. Mit einem Vermögen von 43 Dollar. Für einen Mann, der mit einem täglichen Budget von fünf, im Extremfall sechs Dollar leben muss, ist das verdammt viel. »This was my awakening«, sagt er, seine Lehrstunde, die Lehre eben, immer und immer Bargeld am Leib zu tragen, versteckt und unerreichbar, tagsüber, nachts.

Sein spartanischer Haushaltsplan ist nur möglich, weil er meist im mitgebrachten Zelt schläft und von nichts anderem als Brot, Milch, Gemüse und Obst lebt. Jeden vierten, fünften Tag schreibt er an seinem Blog, kommentiert, stellt Fotos hinein, (www.makesomedaytoday.blogspot.com). Sein Traum wäre, als Schriftsteller zu enden. Er berichtet, dass er bereits zwei Texte an Magazine verkaufen konnte. Und mitansehen musste, wie Redakteure seine Skripte schlachteten. Damit ein Häufchen Buchstaben veröffentlicht wird, die nicht wehtun, nicht herausfordern und keinen zum Widerspruch reizen. Er fragt mich (er weiß, dass ich schreibe), wie man diese Pein vermeiden könne. Ich habe keine Ahnung, war selbst Opfer profilneurosen-verpickelter Alleswisser. Kann nur zur Zähigkeit raten, irgendwann wird er Leuten begegnen, die seine Schwächen und Begabungen erkennen, ihn anschieben und ihm – wenn Beistand da möglich ist – beim Handwerk des Schreibens zu Hilfe kommen. Das Wort Beharrlichkeit sollte er sich notieren, es wäre so unersetzlich wie das Talent, das eine rechte Wort hinter das nächste rechte Wort zu stellen.

Beim Abschied begehe ich den bereits erwähnten Fehler, für den ich nichts kann. Aber ich begehe ihn. Hirsch fragt mich, mit welcher Busgesellschaft ich in einer halben Stunde abfahre. Ich nenne sie ihm, die preisgünstigste, gebe ihm die Adresse des Büros. (Sein Fahrrad brach in La Paz zusammen, deshalb ist er ausnahmsweise mit öffentlichen Verkehrsmitteln unterwegs.) Ein schlechter Rat, denn morgen wird er dort buchen und übermorgen wird er eine Mail schreiben, die von seinem stechenden Schmerz erzählt. Wir umarmen uns innig, ich bewundere den Kerl. Er ist ein Einzelstück, einer, der jeden Preis zahlt, um seinen Platz in der Welt zu finden.

Ich besorge noch eine Decke gegen die drohende Kälte. Um Punkt 20 Uhr fährt der Bus ab nach La Paz. Wer die Eisblumen am Fenster wegkratzt, sieht die Sterne. Eine gewisse Stallwärme entsteht, es gibt mehr Passagiere als Sitzplätze. Eineinhalb Stunden lang geht alles seinen Gang, aber dann beginnt das strenge Leben. Wir kommen zum Stehen. Ich steige über die Schlafenden hinaus in die kalte Nacht. Der linke hintere Reifen ist platt. Das wäre kein Problem, befänden wir uns nicht in Bolivien. Der

Reservereifen ist vollkommen abgefahren und der Wagenheber fehlt. Mit Taschenlampen suchen wir – zwei Fahrer, zwei Reisende – die Umgebung nach größeren Steinen ab. Um damit die Achse abzustützen. Es ist so kalt, dass ich mit der einen Hand die andere festhalten muss, so zittern sie.

Irgendwann sind genug Steine vorhanden. Jetzt die Mulde graben, bis der Reifen freihängt und gewechselt werden kann. Seltsamerweise kriecht der Beifahrer unter den Bus. Genau im falschen Augenblick, denn die Handbremse löst sich und der 7,5-Tonner beginnt zu rollen. Nur dank seiner blitzschnellen Reaktion – sich flach legen – vermeidet Arturo ein Desaster.

Was normalerweise 20 Minuten dauert, dauert unterm eisigen Nachthimmel genau eine Stunde und elf Minuten. Als wir zurück in den Bus steigen, schlafen die meisten noch immer, oder schon wieder. Wenn es etwas gibt, um was ich manche Zeitgenossen beneide (mehr beneide als um vieles andere), dann ist es diese Seligkeit, sich in jeder beliebigen Situation von der Welt abwenden zu können. Ist das eine gute, eine empfehlenswerte Eigenschaft? Was weiß ich. Welche Antwort auch immer, der Neid bleibt. Meine Zehen wimmern, mein Skelett klappert.

30 Kilometer später wiederholt sich die Prozedur, jetzt platzt der Reservereifen. Wohl aus Altersschwäche. Es gibt ein zweites Ersatzrad, natürlich ähnlich profillos. Wieder hinaus, wieder verfluchen, auch die beiden Fahrer, wieder Steine sammeln. Als wir endlich startbereit sind, frage ich Arturo und Humberto, wer für die Schlamperei verantwortlich ist. »El destino«, antworten sie unisono, die Bestimmung, die Fügung, was sonst? Rachegöttinnen haben wohl das Profil weggefressen und den Wagenheber geklaut. Ich halte den Mund, will nicht moralisieren, nur den Kopf schütteln. Die Heizung gibt irgendwann den Geist auf,

die Fensterblumen wachsen, der Atem als eisiger Schweif. Um ein drittes Pech zu vermeiden, wird der Bus die letzten zehn Stunden nicht schneller als 55 Kilometer pro Stunde fahren. Als wir um elf Uhr in La Paz ankommen, ist die Stadt blau und warm. Wohl die Belohnung für eine unwirtliche Nacht.

Der letzte Abend in Bolivien wird lustig. In meinem Café, dem *Ciudad*, hat jemand eine Zeitung aus Chile dagelassen. Ich lese, will mich einstimmen. Auf einer halben Seite wird die Ankunft von *Desperate housewives* im chilenischen Fernsehen angekündigt, auf dem *canal católico* (!). Der Sprecher des Senders gibt zu Protokoll: »Für Männer ist die Serie faszinierend, da sie damit in die unbekannte Welt der Frau eintreten, und für die Frauen ist sie wie ein wahrhafter Spiegel.« Neben dem Text sieht man ein Foto mit den fünf Hauptdarstellerinnen, alle im Badeanzug, bündig wird ihre jeweilige Rolle erklärt: »Edie, Single und rastlos hinter Männern her« und »Susan, gerade geschieden und überrascht von der Ankunft eines gut aussehenden Schlossers in der Nachbarschaft« und »Gabrielle, das Ex-Modell verliebt sich in einen Gärtner« und »Bree, sie will alles perfekt und trotzt ihrer Familie« und »Lynette, immer am Rande einer Ohnmacht wegen ihrer hyperaktiven Kinder«.

Man will den Atem anhalten ob der nervenzerfetzenden Schicksale, die dem chilenischen Volk in Bälde vorgeführt werden. Fieberhaft wartet man als Leser, dass der Verfasser des Artikels die Wirklichkeit hinschreibt, etwa: »Und dieser Kack ist nun endlich bei uns angekommen.« Nein, mitnichten, der aalschleimige Lohnschreiber verweist begeistert auf die Nachricht, dass über den Kauf einer zweiten Staffel bereits verhandelt wurde und dass die »Kultsendung« regelmäßig von 36 Millionen (vermutlich ebenfalls verzweifelten) Hausfrauen in den USA gesehen wird. Als Beweis der Güte des Produkts wird noch das *Time Magazin* erwähnt, das Marc Cherry, den Erfinder und Fließbandverfasser des Schrotts, unter die »100 einflussreichsten Persönlichkeiten des Planeten« gewählt hat.

Doch der Leser hat noch immer nicht die Spitze des Scheißbergs erklommen, denn Mister Cherry kommt persönlich zu Wort. Auf die Frage, ob er sich von Zuschauerwünschen beeinflussen lasse, antwortet einer der »führenden Köpfe des Jahrhunderts«: »Nein, eigentlich nicht, aber manchmal ändere ich was, dann schreibe ich eine Szene, wo Gabrielle (das Ex-Modell mit Gärtnerfreund) in Unterwäsche auftritt. Und alle Welt ist zufrieden.« Was lernen wir da? Dass die Könige des Schwachsinns überall lauern, auch am Ende der Welt. Dümmlichkeit ist wie Hochwasser, sie kriecht in jede Ritze.

CHILE

Reisen kann nerven. Ich sitze im Bus Richtung Nachbarland und alles könnte gut sein. Am Fenster ziehen kalte, leere Landschaften vorbei, Schafe dünn wie Windhunde stehen herum, Schnee glitzert auf den Gipfeln. Ein fliegender Händler steigt zu und verkauft chilenische Pesos. Auch er trägt zur Vereinfachung des Lebens bei.

Bis die Frau neben mir seelenruhig eine Leine spannt und die Wäscheklammern rausholt. Um ihre noch feuchten Leibchen und Höschen aufzuhängen. Ich mag schräge Typen, aber ich mag sie nur, wenn sie einigermaßen geruchsfreundlich auftreten. Doch die Leibwäsche riecht, offensichtlich fehlte ein Waschmittel. Ich bitte höflich, die Stinklappen wieder einzusammeln. Ich bitte mehrmals, mehrmals vergeblich, denn die Schräge scheint taub. Plötzlich sehe ich, dass ich auf dem Platz für *Schwerbeschädigte* sitze, ich sitze also richtig. Ich ergebe mich, eine Verstockte darf kein Gegner sein. Wer ohne Glück ist (ich gerade), soll leiden. Belagert von bolivianischer Unterwäsche erreichen wir Chile.

Leichter Übergang, obwohl es bei den Chilenen länger dauert, sie strenger kontrollieren, sie noch immer mit einem Schatten von Misstrauen dem Fremden begegnen. Als müssten sie sich erst an die Demokratie gewöhnen, die in ihr Land zurückgekehrt ist. Ich kam zum ersten Mal hierher, als Pinochet noch an der Macht war. Nachts bei starkem Schneefall mussten wir uns alle – auch die Alten, auch die Kinder – in einer Reihe aufstellen. Und zwei Stunden warten, bis sich sadistisch abgerichtete Zöllner zur Passkontrolle aufrafften. Manche der Passagiere heulten vor Schmerzen (die Kälte), vor Zorn.

Auf dem zweiten Teil der Reise lerne ich eine friedliche Frau kennen, Alba riecht gut, zieht keine Schnur über den Gang und erzählt eine witzige Geschichte: Die Kolumbianerin arbeitete als Hausgehilfin bei einer Industriellenfamilie in La Paz. Marta, ihre Chefin (und Gattin des Schwerreichen), war eine tyrannische Person, die das Personal drangsalierte und nicht einen Boliviano mehr als den Mindestlohn zahlte, doch – jetzt kommt das Witzige – immer wieder von Che Guevara schwärmte, alle aufforderte, doch so zu werden wie er: menschenfreundlich und großzügig.

Wer kennt keine Marta in seinem Leben? Jenen Menschenschlag, der mit seinen Worten nie in der Realität ankommt, immer Sprache dazu benutzt, um der eigenen Verantwortlichkeit auszuweichen. Marta ist ein Spiegel, jeder darf hineinschauen und erschrecken.

Am frühen Nachmittag in Arica, nördlichste Stadt Chiles. Etwa 200 000 Einwohner, einst Ausfuhrhafen für die Silberschätze aus Potosí. Auf dem Weg zum Hotel komme ich an mehreren Graffiti vorbei, eines fragt: »Wann warst du das letzte Mal auf abenteuerliche Weise am Leben?« In Arica fällt die Antwort schwer, denn hier sieht es aus wie in Celle oder Blackpool. Mit dem Unterschied, dass über den Shops und Banken spanische Namen stehen. Ich traue es mich kaum zu denken, aber unter Pinochet war es aufregender. Weil vieles heimlich vonstatten ging, vieles verboten war. Auf bizarre Weise schienen mir die Einwohner intensiver zu leben. Jetzt weht so ein fader Wind des Wohlstands durch die Straßen. Wie bei uns.

Bis ich abends auf einen Mann stoße, der sich als Jacinto vorstellt. Zwei Tische von mir entfernt sitzt er in einem einfachen Restaurant. Und verhandelt mit dem Kellner über die Preise, er scheint knapp bei Kasse. Ich werde hellhörig, da der vielleicht 50-Jährige aus Peru kommt (eindeutige Gesichtszüge) und neben sich einen zusammengeknoteten Wäschesack liegen hat. Wer bis drei zählen kann, weiß, wer hier sitzt. Ein Illegaler. 25 Kilometer nördlich von Arica liegt die Grenze. Und Chile ist auf dem Weg in die Erste Welt und Peru kommt nicht vom Fleck. Also schleichen die Peruaner nach Süden, um Arbeit zu finden.

Die Situation könnte nicht einladender sein, Jacinto braucht eine Mahlzeit und ich brauche eine Story. Ich spreche ihn an und darf mich setzen. Da ich als hiesiger Geheimpolizist nicht in Frage komme, trübt kein falscher Verdacht unsere Nähe. Richtig, auch ich will ihn aushorchen. Aber ohne ihn hinterher abzuschieben. Will nur zuhören und dankbar sein.

In Tacna, der letzten peruanischen Stadt vor dem Übertritt, hat der sechsfache Familienvater Kontakt mit einem *jalador* aufgenommen, einem Schleuser, einem Vertreter jener halbkriminellen Spezies von Männern (und Frauen), die Leute von einem Land in ein anderes verschieben. Verstohlen, gegen Entgelt. Oder so tun, als ob sie verschöben. Und mit der Anzahlung verduften.

Jacinto hatte Glück, »halbes Glück«, sagt er. In Tacna gewährte ihm der Schlepper gegen eine Gebühr von umgerechnet 90 Euro einen Kredit. Genug, um als *turista* akzeptiert zu werden. Sodass der Arbeitslose, der noch nie in seinem Leben zum Vergnügen gereist ist, ohne Schwierigkeiten in einem Bus die Grenze überqueren konnte. Sobald er in Arica ankam, wurde ihm von einem anderen *jalador*, der zur selben Gang gehörte, das Darlehen wieder abgenommen. (Es gibt nur eine Straße – die *Panamericana* – zwischen den beiden Städten, somit ist die Gefahr gering, dass sich ein Schuldner mit dem Darlehen unbemerkt absetzt.)

Damit war die Glückssträhne von Jacinto zu Ende. Laut »Vertrag« sollte er am hiesigen Bahnhof weiterverfrachtet werden. Denn 160 Kilometer tiefer südlich liegt Cuya, der zweite Kontrollposten. Der schärfere. Hier müssen nochmals alle durch, die nach Santiago wollen. Und jeder will, denn dort findet er Arbeit, Schwarzarbeit. In seinem Wäschesack trägt Jacinto sein Startkapital nach Chile, gebrauchte Wäsche, die er in der Hauptstadt verkaufen will.

Nun, der Schlepper verschwand und der Peruaner muss einen anderen suchen, einen nächsten bezahlen. Immerhin ist Jacinto auf dem Laufenden, hat bereits mit mehreren Gestrandeten gesprochen. Morgen will er es riskieren: Ein chilenischer Busfahrer (sie wirken vertrauenerweckender als ihre peruanischen Kollegen) wird vom Schleuser bestochen, um den Flüchtling an Bord zu nehmen und zu verstecken. Auf dem Klo, hinter den Koffern der Gepäckablage, flach liegend in einem doppelten Boden (oder vergraben unter der Gemüseladung eines Lasters).

Schätzt der *jalador* die Lage kurz vor Ankunft in Cuya als zu riskant ein, gibt es zwei Möglichkeiten: Der Immigrant steigt einen Kilometer vor dem Checkpoint aus dem Bus, geht runter zur Küste, geht Richtung Süden, steigt zwei Kilometer später wieder ein. Oder der Heimliche wird am Kontrollposten in ein anderes Vehikel geschmuggelt, das bereits abgefertigt wurde. Das Risiko bleibt, viele werden entdeckt und zurückgeschickt. Was die meisten nicht bremst, sie werden es wieder versuchen.

Das war ein guter Abend in Arica. Ich durfte am aufregenden Leben eines anderen teilnehmen. Aus Dankbarkeit lade ich Jacinto zu zwei Menus ein, er hat sie verdient. Morgen Vormittag werde ich am Bahnhof seine Aussagen gegenchecken, sie stimmen alle. (Schleuser und Geschleuste sind gleichermaßen redselig, Menschenschmuggel ist keine Straftat in Chile.) Allerdings besteht noch eine andere Möglichkeit, um in den Süden zu gelangen: einen gestohlenen Pass mit einem Foto kaufen, das dem Kopf des neuen Besitzers ähnelt. Aber dieser Trick ist unbeliebt, den Tagelöhnern fehlen die Nerven, sie beginnen zu stottern, wenn man sie mit ihrer neuen Identität konfrontiert. Keine Abgebrühten sind hier auf der Flucht, eher Männer und Frauen aus einfachen Verhältnissen.

Reisen ist aufreibend. In einem Internet-Shop lese ich die Nachrichten von Hirsch, dem Radfahrer, Sucher und Prototypen.

Jetzt ist es so weit. Er schreibt, dass der Bus der Firma, die ich ihm empfohlen hatte, in Oruro wegen technischer Probleme ausgewechselt wurde. (Wenig überraschend.) Und ihm beim Abladen seines großen Rucksacks der kleine gestohlen wurde. In dem einen, einzigen Moment, in dem er in die andere Richtung blickte. Das verschwundene Geld ist nicht der Rede wert, denn diesmal verschwanden auch der Pass und – sein Laptop. Für einen (armen) Schreiber kommt das einer Enthauptung gleich.

Fest steht: Hirsch ist noch immer nicht achtsam geworden, noch immer kein *awakening*, noch immer trägt er seine sieben (wertvollen) Sachen nicht am Leib, noch immer hat er nicht verinnerlicht, dass ein Busbahnhof der ideale Truppenübungsplatz für südamerikanische (und andere) Halunken ist. Ich predige hier keine Moral, ich war selbst Opfer nicht fassbarer Nachlässigkeit.

Ich schreibe zurück und biete Hirsch an, über *Western Union* Geld zu schicken. Aber der Amerikaner bleibt Held und verweigert die Annahme. Vermutlich wird er die nächsten Monate von zweieinhalb bzw. drei Dollar pro 24 Stunden leben. Mit Herzflimmern gehe ich ins Bett. Hirsch darf nicht aufgeben, der Gedanke an einen wie ihn beschwingt die Freude am Leben.

Weiter nach Süden, immer auf der *Panamericana*. Links und rechts liegt jetzt die Atacama, die trockenste Wüste der Erde. Hier gibt es Abschnitte, auf die nie ein Regentropfen fiel. Gleißender Dunst liegt über dem Land. An einem Gefängnis vorbei, an ein paar einsamen Dörfern zwischen den Sanddünen, vorbei an Postern entlang der Straße, die Ray-Ban-Brillen, Lebensversicherungen, Zement, Reifen, Handys und Casinos anpreisen. Ob es der Kapitalismus je schafft, ein paar Meter Welt in Ruhe zu lassen? Ist kein Entkommen? Will er uns keinen Atemzug mehr genehmigen, ohne uns etwas einzubläuen?

Vorbei an Geiern, die auf Kreuzen sitzen, die an einen Unglücklichen erinnern, der hier unter die Räder kam. Die Raubtiere und der Kapitalismus, das ist ein sinniges Bild, sie inspirieren einander. Sogar die Toten wollen sie fleddern.

Nach sechs Stunden sehe ich das Schild *Humberstone* und bitte den Fahrer zu halten. Hier will ich raus, hier liegt eine Geisterstadt, die 1872 gegründet wurde, 60 Jahre später noch immer boomte und Ende der fünfziger Jahre am Ende war. Etwa 3 000 Arbeiter gruben hier »caliche« ab, das *weiße Gold* Chiles. Der gereinigte Salpeter war damals weltweit als Düngemittel und zur Herstellung von Schießpulver unentbehrlich. Bis den deutschen Chemikern Haber und Bosch die viel billigere synthetische Herstellung gelang. Womit Chiles Salpetermonopol und der Wirtschaftsboom zu Ende waren. Und die 3 000 (und viele andere Tausend) entlassen wurden. Das Dorf verfiel, Plünderer und Vandalen kamen vorbei und räumten ab. Erst 2002 gründeten ehemalige Beschäftigte eine Organisation, die den Untergang Humberstones aufhalten sollte. Seit 2005 gehört der Ort zum *Weltkulturerbe*. Humberstone ist eine Pflichtadresse für alle, die sich bisweilen von den modernen Zeiten erholen wollen.

Am Eingang steht das Tickethäuschen. Es kommt zu einer rührigen Szene. Kaum habe ich (mutterseelenallein) die Eintrittskarte, eilt ein zweiter Mensch herbei und stellt sich neben dem kniehohen Zaun auf, um das Stück Papier abzureißen. Todernst, ohne Ironie. Es ist, als ob diese Handlung ihnen die Gewissheit vermittelte, dass es tatsächlich Leute gibt, die mitten im Nowhereland absteigen, um ihre Vergangenheit zu bewundern.

Links und rechts der staubigen Hauptstraße liegen die Baracken der ehemaligen Bewohner. Robust, aus Holz, eine Brise zieht durch die Räume, in manchem Bad steht noch eine rostige Dusche. Jede Familie besaß einen Vorgarten und einen Hinterhof. Manche aufgeräumt, manche vermüllt mit dreibeinigen Wannen und ramponierten Möbeln. Blick durch ein Fenster, hinter dem ein Radio steht, ein wunderbar altes Teil.

Der Wind gehört zur Einrichtung, plötzlich schlägt eine Tür zu. In einem Western würde nun etwas Entscheidendes geschehen. Ein Mann mit einem Heldengesicht würde auftreten. Oder zwei Gangster würden innehalten und lauschen, ob sich nicht doch jemand im Nebenzimmer befindet. Hier nicht, hier haben 1959 die letzten Einwohner ihre Häuser verlassen.

Hunde streunen, ich suche nach einem Holzprügel. Manche Köter knurren unfreundlich, sie scheinen vor langer Zeit das Territorium in Besitz genommen zu haben. An den schiefen Telegrafenmasten vorbei zum Schwimmbad, heute ein riesiges Loch aus angerostetem Eisen. Sogar die Tribüne steht noch. Daneben die *öffentliche Bibliothek*, natürlich verschlossen. Ein paar Schritte weiter ein Fußballfeld, ein Baseballfeld, mehrere Tennis-Courts, eine Kegelbahn. Das imposanteste Gebäude, bereits renoviert, diente mit 800 Plätzen als Kino und Theater. Plakate verweisen auf die Filme, die damals gezeigt wurden: Vom Winde verweht, Citizen Kane, Der große Diktator. Eine Metallplatte informiert stolz, dass hier lokale und internationale Gäste auftraten. Als Sänger, als Musiker.

Alles vorhanden, sogar ein Hotel mit kupfernen Pipischüsseln auf der Herrentoilette. Hier gab es am Samstagabend Tanz, Tango, Foxtrott, Bolero. Und Männer, die Stunden davor noch Steine geklopft hatten, standen jetzt im schwarzen Anzug und mit pomadisiertem Haar an der Bar und balzten um die wenigen *solteras*, jene unverheirateten Frauen, die es hierher verschlagen hatte. Ein paar der stolzen Gockel, so heißt es, trugen drei, vier Füllhalter in der Brusttasche, unübersehbarer Beweis (wahrer Beweis?), dass sie lesen und schreiben konnten.

Und eine *casa de los secretos*, ein Haus der Geheimnisse, gehörte zu Humberstone. Hier tüftelte der Chemiker, und kein anderer durfte zu ihm hinein. Und eine Krankenstation gab es, hier landeten auch die hoffnungslosesten Fälle, die armen Schweine mit den aufgerissenen Bäuchen, eben Arbeiter, die es vor der morgendlichen Sprengung um 11.30 Uhr nicht rechtzeitig geschafft hatten, in Deckung zu gehen. Daneben der *Supermarkt*, in dem noch heute Colgate-Tuben und Zigaretten ausliegen, die damals noch ungeniert *pectorales* heißen durften. (Pectoral kann man mit »heilsam für die Brust« übersetzen.)

Daneben die Kirche, mit Beruhigung stellt man fest, dass sie viel kleiner ist als das Kino. Ich knie mich in den Beichtstuhl und würde gern wissen, was es hier an Frevel zu gestehen gab. Dann fallen mir die ambulanten Damen ein (im lokalen Volksmund *minas* genannt: Minen!), die in jenen Zeiten von Zeche zu Zeche zogen, um den Schwerstarbeitern das Leben kurzfristig zu erleichtern. Das war sicher eine christliche Sünde.

Noch ein Blick in die Schule, auch sie erinnert an lang Vergangenes. Das Loch in den Bänken für das Tintenfass, die längliche Vertiefung für Feder und Bleistift. Eine gewisse Juana Morales hat an die Wand geschrieben: »Das war mein Klassenzimmer.«

Als es dämmert, gehe ich bis ans Ende der Siedlung, Richtung Wüste, dort, wo ein Windrad und das große Hintertor stehen. Neben dem Portal kann man den Wachturm besteigen. Und dort oben das einzige Wort auf einem Schild entdecken, das jeden Reisenden zutiefst befriedigen muss: *Peligro*, Gefahr. Als ich wieder am Boden bin, kommen die Hunde zurück, sie wollen, dass ich endlich verschwinde. Ich gehe zurück zur *Panamericana* und trampe ins nahe Iquique.

Señor Rivas nimmt mich mit, ein ehemaliger Bergmann, heute im Büro seiner Mine beschäftigt, einer Kupfermine. Die Entdeckung dieses Minerals hat nach dem Niedergang der Nitrate das Land Chile vor dem Untergang gerettet. Heute ist Kupfer das wichtigste Exportgut. Und die neue Abhängigkeit: 40 Prozent des Staatshaushalts werden damit finanziert. Natürlich haben die neun Millionen Chilenen Angst, dass wieder jemand in einem Labor etwas ausheckt, das den einzigartigen Stromleiter durch ein preiswerteres Material ersetzt.

Ich will in Iquique nur übernachten. In einer Broschüre las ich, dass der Bürgermeister die Küstenstadt zum »allerersten Badeort des Landes« ausbauen will. Solche Absichten wecken keine Neugier, nur grausige Ahnungen. Wer am Strand entlangfährt, fährt an den Träumen hiesiger Politiker vorbei: Beton, architektonischer Wildwuchs, die Herrschaft der Immobilienhaie. Aus der Werbeschrift erfuhr man noch, dass Iquique seit kurzem auch über ein Tsunami-Frühwarnsystem verfügt: »Wenn die Wände wackeln und sich keiner mehr auf den Beinen halten kann, wird auf jeden Fall der *rote Alarm* ausgelöst.« Man ertappt sich bei dem Gedanken, dass ihn jemand möglichst bald auslösen sollte.

Chile begeht dieselben Fehler wie alle Länder, die reicher werden. Reinhauen, planieren, klotzen. Und wird (vielleicht) irgendwann aufwachen und sich an Landschaften erinnern, die keinen Profit abwarfen, wenn nicht den einen, den unbezahlbaren: den Menschen zu heilen, der sich in ihnen bewegt, ihn zumindest – für eine Stunde, für einen Tag – erfahren zu lassen, dass die Schönheit der Welt ein Grundnahrungsmittel ist, ein Spurenelement, ohne das keiner von uns über die Runden kommt.

Trotzdem, der Abend im Zentrum der Stadt, fern der Beton-kulisse, verschafft Heiterkeit. Ein Bettler hat einen Pappkarton um den Hals hängen, Text: »Quiero comer bistec con arroz«, ich möchte Steak mit Reis essen! Das klingt gut, kein Schmus, kei-ne Anklage, keine Elendsjeremiade. Ich gebe ihm sofort Geld und sofort geht Jesús (sic!) damit über die Straße ins nächste Restaurant.

Und an einem Eck steht ein Dichterling, ein gewisser Plácido D. Castillo, sicher der Künstlername des Unglücklichen. Er be-schreibt sich als »silencioso, solitario y soñador«, als Verschwie-gener, Einsamer und Träumer. Keine schlechten Eigenschaften, um Schriftsteller zu werden. Der 44-Jährige verkauft Zettel mit einem Gedichtlein, Titel: »Simplemente te quiero«, ich liebe dich einfach. Ich investiere ein paar Pesos und lese: »Ich liebe dich, weil du jetzt zu mir gehörst / und ich dich immer beschützen werde / Ich liebe dich, weil du dich der einfachen Dinge er-freust / wie am Strand gehen und in die Sterne gucken.«

Um mich von Plácidos niedergelegten Einsamkeiten zu er-holen, gehe ich in eine nah gelegene Buchhandlung und kaufe einen Gedichtband von Pablo Neruda, dem Poesiegiganten und Volkshelden Chiles. (Fair ist das nicht, aber ich kann nicht an-ders.) Und suche ein Liebesgedicht, in dem das so einmalige Dichterwort »querer« (lieben / wollen) vorkommt. Und finde es, eine Hymne an seine Frau Matilde: »Will nicht schlafen ohne deine Augen, / will nicht sein, ohne deinen Blick auf mich / … / Freunde, das ist es, was ich so begehre / Es ist fast nichts und ist fast alles.« Die paar Zeilen machen klar, warum der eine in der Ecke stehen muss und der andere sich Dichter nennen darf. Armer Plácido, geht er mit seiner Freundin so ungelenk um wie mit der spanischen Sprache, dann werden ihm beide davon-laufen.

Weg nach Süden, nach Südosten. Zwei Stunden später noch eine Gepäckkontrolle, ich denke an Jacinto, den Peru-Flüchtling. Vor diesem Check, dem dritten, hat ihn keiner gewarnt. Routinemäßig liegt ganz oben in meinem Rucksack »la ropa sucia«, die Schmutzwäsche. Der lässige Hinweis meinerseits an die Zollbeamten hat noch immer erschreckt, auch heute. Ich muss nichts auspacken. Die Chilenen sind nervös, die illegale Einfuhr von Kokain hat sich in den letzten vier Jahren verdoppelt. Kein Tag, an dem die Presse nicht darüber berichtet.

Wir fahren noch immer durch die Wüste. Sichtweite auf der kerzengeraden Spur, über den Daumen, bis ans Ende der Welt. Trotzdem Überholverbots-Schilder. Die Zeichen von Schwachsinn ersten Grades sind immer eine Quelle leiser Beschwingtheit. Dazu läuft der Fernseher, ein Wild-West-Streifen wird gezeigt. Aber die Kinnhaken und Querschüsse stören nicht, denn von der Decke des Busses baumeln Kopfhörer. Jeder kann entscheiden, ob er sich den Kintopp antun will oder nicht. Das ist ein Quantensprung Richtung Demokratie. Draußen sieht man Sandberge und Berge mit Schneegipfeln.

Irgendwann wird es drollig. Ein Weißer steigt zu, ein adretter Herr, möglicherweise Frühpensionär. Er packt seine Kamera aus und will sich gleich wieder von seinem Sitz erheben. Unübersehbar seine Intention, auf ein Fenster zuzugehen, um von dort zu fotografieren. Das ist völlig normal und überhaupt nicht lustig. Das wird es erst in jenem Moment, in dem im TV-Kino eine Salon-Schlägerei ausbricht und unser Mann in Chile abrupt in der Bewegung des Aufstehens innehält, hinschaut, sich wieder setzt – und glotzt. Kaum ist der Schlagabtausch jedoch zu Ende, huscht er zu dem bereits anvisierten Fenster, hält die Kamera hoch, drückt ab, blickt sofort wieder zum Fernseher –

nein, keine besonderen Vorkommnisse, nur ein paar Langweiler, die reden –, pest weiter zum nächsten Fenster, will von dort aus schießen, hält aber wie angestochen inne, denn – wir wissen es längst – eine neue Keilerei geht los, somit höchste Zeit für den umtriebigen Rentner, auf seinen Platz zurückzueilen und die Kopfhörer aufzusetzen. So geht das die nächste Stunde, aufspringen, knipsen, zurückspringen, glotzen, wieder hoch, wieder knipsen.

Wer genau hinsieht, erkennt in dem betagten Seriösen eine jugendliche Couchpotato. Nur dass er mit einer Canon fuchtelt, statt mit der Bierflasche. Vielleicht scheint sein Tun noch eine Spur bescheuerter. Denn obwohl er ans andere Ende der Welt reist, will er nicht anders sein als immer. Auch nicht in der Wüste von Atacama. Wobei dem aufmerksamen Beobachter nicht die Befriedigung auf dem Gesicht des Belichters entgangen ist, das Behagen im Augenblick des Abdrückens, Subtext: Ich war hier! Ich war dabei! Ich war Zeuge! Zu Hause wird er es allen beweisen. Und keiner käme je auf die Idee, dass er *nicht* dort war, sondern weit weg: in Hollywood, auf einem Filmset, mitten in einer drögen Geschichte rülpsender Kuhhirten.

Was ich hier notiere, ist keine Kritik. Es ist lediglich der Bericht über einen Mann, der uns vormacht, wie unfähig wir sind, im Hier und Jetzt zu leben. Alles scheint uns verlockender als die Gegenwart. Man kann dem Fremden nur dankbar sein für seine Mühe, uns aufzuklären. Reisen bildet, wie furchtbar wahr.

Ach ja, als der Bus an Chuquicamata, der größten Kupfermine im Universum, vorbeifährt – das Erdloch ist viereinhalb Kilomter lang, dreieinhalb breit und 850 Meter tief –, schläft Herr Berndl aus der schönen Steiermark. (Wir haben inzwischen ein paar Worte geplaudert.) Selig hält er die Kamera im Schoß. Und ich muss es hinschreiben, obwohl es eine Gemeinheit ist: Der

Fernseher schläft auch, Stille, ganz offensichtlich hat die Welt momentan nichts zu bieten.

Genau hier kam auch Che Guevara auf seinem zweiten Trip durch Südamerika vorbei, vor 55 Jahren. Der Film darüber (*Die Reise des jungen Che*, von Walter Salles), der ab 2005 in den Kinos lief, erzählt unter anderem von diesem Tag in Chuquicamata. Getreu den Aufzeichnungen des damals 24-Jährigen, die er als *Notas de Viaje* (Reisenotizen) veröffentlichte. Manche behaupten, dass der Anblick der geschundenen Arbeiter in der Mine – damals in Gringohänden (»... die unverschämten und tüchtigen blonden Verwalter«) – einen Wendepunkt im Denken des Medizinstudenten provozierte. Hin zu mehr Radikalität, mehr Mitgefühl für andere.

Am frühen Nachmittag in San Pedro de Atacama. Ich fühle gleich, dass ich hier falsch bin. Der Ort scheint berühmt, ganze Heerscharen halten ihn besetzt. Schon beim Aussteigen haschen die Abschlepper, grapschen nach jedem, der noch kein Bett hat. Der Massentourismus verdirbt alle, die Besucher und die Besuchten. Jeder Reisende weiß das, und jeder (ich auch gerade) ist dafür verantwortlich. Dagegen hilft kein Murren, kein Lästern, da hilft nur der endgültige Vorsatz, gewissen Standorten in Zukunft aus dem Weg zu gehen. Sie sind verloren, entzaubert bis zum Jüngsten Tag.

Wer die Shops und Cafés mit der über die Gassen plärrenden Musik hinter sich lässt, der spürt noch etwas von der Anmutung einer Oase, die inmitten einer endlosen Wüste liegt, hört das Plätschern der Bewässerungsanlagen, sieht drei Kühe schmatzen, fühlt den Sand unter seinen Füßen, freut sich wie ein Kind, wenn er den Rand des Dorfes erreicht und den rosafarbenen Seidenhimmel entdeckt, an dessen Rand jetzt für Minuten die Sonne schwebt. Ich werde noch kindischer und bete den Sonnengott an, flüstere ihm zu, mir jemanden zu schicken, der mich reich macht, im Kopf, im Herzen, eben jenes Gefühl befördert, das Thomas Mann das nobelste von allen nannte: Bewunderung.

Bei Dunkelheit kehre ich zurück und finde ein geheiztes Restaurant. Als ich zu essen beginne, kommt eine Wildfremde vorbei, sagt: »Sieht gut aus«, sie meint die Spaghetti auf meinem Teller. Ich bin einsam und sage, dass ich vor einer Stunde um eine Märchenfee bat und nur darauf warte, dass sie sich an meinen Tisch setzt. Die Frau mit dem langen braunen Haar nimmt am Nebentisch Platz. Die Geste muss sein, sie hat wohl mit dem Spiel zwischen Mann und Frau zu tun. Fünf Atemzüge später lächeln wir uns wieder an, und jetzt zieht die Forsche nochmals um, jetzt trennen uns nur noch die Nudeln. Die gut aussehenden.

Ja, ein Märchen bekomme ich zu hören. In dem Kampf und Liebe vorkommen und der Tod nicht weit entfernt scheint. Um was Teureres darf ein Zuhörer nicht bitten: Vor Monaten hat Lena mit Hilfe von Bestrahlung einen Tumor überwunden. Ihr Freund hat ihn noch, nicht wie sie im Hirn, sondern in der Lunge. Noch droht keine Todesgefahr. So vereinbaren sie, dass sie die Welt durchstöbert nach einem Heilkraut, einer Zauberei, einer letzten Rettung, um den Kranken in Sicherheit zu bringen.

Lena erzählt von der (ebenfalls) krebsgeplagten Ariadne, mit der sie in der Klinik lag und die ihr ein Haarshampoo aus Mallorca verschaffte. Damit die Haare (seine Haare) wieder wachsen, trotz Behandlung. Inzwischen spurtete sie von einem Kurs zum nächsten, kann Kundalini-Massage, weiß, wie man Reikisteine auf der Haut verteilt, versteht gar Schmerzen zu lindern via Klangwellen, die Schalen auslösen, die man auf den Patientenleib legt, hat eine Firma in China ausfindig gemacht, die Pillen herstellt, um Nierenkrebs zu heilen, traf in Brasilien einen Dschungelheiligen, der es mit jedem Brustkrebs aufnimmt, und steht in Verbindung mit einem sibirischen Rasputin, der aller Welt verkündet, dass jeder Schmerz mit der Tatsache zu tun hat, dass die Beine des Betroffenen unterschiedlich lang sind. (Und seinen Anhängern verspricht, sie auf gleiche Höhe zu schrauben.) Augenblicklich denkt die 42-Jährige darüber nach, ob sie in Südfrankreich ein Hotel aufmachen soll für krebsoperierte Patienten.

Lena, *the troubleshooter*. Für eine libidoschwache Freundin hat sie in Peru das magische *macawood* eingepackt. Der Trank soll verschlafene Unterleiber wieder zum Glühen bringen. Natürlich war sie beim berühmten Erich Kuby, glaubt wie er, dass jede Krankheit eine Krankheit der Seele ist, dass alles heilbar ist, wenn der Mensch nur zäh genug wäre, es mit den Irrwegen der Psyche aufzunehmen. Eins hänge vom anderen ab, den Satan Zufall gibt es nicht.

Bei anderer Gelegenheit hätte ich das New-Age-Geklingel nicht ausgehalten. Aber heute Abend will ich mir einbilden, dass Liebe die Designerin (Decken und Möbel) antreibt. Und wer liebt, hat wohl recht. Ihr Glaube wird nicht Berge versetzen, aber ihrem Freund das einmalige Gefühl vermitteln, dass er nicht allein ist. Auffällig, dass Lena immer im Indikativ redet, nie im Konjunktiv, sie sagt »das heilt«, sie sagt nicht »das würde heilen«. Ein guter Trick, um nicht zu schwächeln, erklärt sie. Sie will nicht zweifeln, sie will so tun, »als ob« das Leben einen Sinn hat und »als ob« die Liebe den Lebenssinn vermehrt. Um ihren Optimismus zu stärken, berichte ich von meinem Stoßseufzer in der Wüste, von meiner penetranten Bitte an die Götter, mir heute einen »reichen Menschen« zu schicken. Und ausnahmsweise wurde sogar ein Ungläubiger erhört.

Die Nähe einer starken Frau treibt auch zögerliche Männer an. Kaum habe ich die Pragerin zurück in ihr Hotel gebracht, laufe ich zu meiner Unterkunft, packe den Schlafsack auf das Fahrrad (beides bei Ankunft offiziell ausgeliehen) und trete los. Ich hatte den Plan schon aufgegeben, aber während der letzten Stunde überkamen mich neue Kräfte. Mit der Taschenlampe suche ich die Schilder, die Richtung *Valle de la Luna* weisen. Denn hinter San Pedro de Atacama liegt die Welt verlassen, kein künstliches Licht mehr zu sehen, nur die Sterne in der kalten Nacht.

Noch was peitscht: Die Aussicht, dass tagsüber die Heerscharen mit einer Autobus-Armada hier eintreffen und – so kann man es nachlesen – dieses Tal des Mondes überrennen. Jeder hat das Recht, sich an den 1001 Wundern der Welt zu berauschen. Jeder Einzelne. Nur nicht die Masse, die hat es nicht, nie. Sie macht sie platt, walzt sie nieder. Bei ihrer Ankunft geht jedes Wunder in die Knie und verkommt zum Sightseeing. In Augenblicken wie diesen mag ich meine Wut, sie treibt mir die Trägheit aus, sie befiehlt zu handeln. Ich trete und höre nur das surrende Geräusch der Reifen im Wind. Wieder überkommt mich das verheerend schöne Gefühl, am Leben zu sein.

Zuletzt bergauf und ankommen, nach knapp 15 Kilometern. Am Straßenrand steht die verschlossene Baracke, an der man tagsüber Eintritt zahlt. Links und rechts der Straße phosphoreszieren die Felsen, verwittert von Millionen Jahren, schroff, gespenstisch, einsam. Der Mond über dem Mondtal. Ich suche eine versteckte Stelle, von der aus ich jeden sehen kann und keiner mich entdeckt. Aber um Mitternacht kommt hier niemand vorbei. Ich krieche schwitzend in den Schlafsack und gaffe in den Himmel. Nur Stille, nur das knisternde Streichholz, um ein Zigarillo anzuzünden. Ich denke an Lena. Zum Glanz des Reisens gehört die Begegnung mit außergewöhnlichen Männern und

Frauen, die Begegnung mit ihrer Geschichte, ihrer Revolte, ihrem Traum von einer anderen Zukunft.

Lenas Leben. Das sie radikal ändert, um das Leben eines anderen zu retten. Wer darf behaupten, er wäre ähnlich belastbar. Man kann nur hoffen, dass einem die nötigen Reserven zuwachsen, wenn es so weit ist. Stopp, ich will jetzt nicht denken, ich will Rauchringlein in die Nacht paffen und versuchen, mich dem sagenhaften Glück zu fügen, das sich seit geraumer Zeit in mir ausbreitet. Denken macht traurig, ich will nicht traurig sein, ich will das Glück.

San Pedro de Atacama sieht frühmorgens am besten aus. Wie eine verschollene Insel, verschlafen aufwachend, verschlafen den neuen Tag beginnend. Keiner schreit, keiner lärmt, nur das Zwitschern von Kindern, die zur Schule gehen. Ich finde einen Kiosk, wo neben der Theke ein Tisch und ein paar Bänke stehen. Hier gibt es Kaffee und Sandwiches. Und an der Wand ein Foto von Pablo Neruda. Ein Stoß Zeitungen liegt da, auch die Satire-Zeitschrift *El Clinique*. Wer sie durchblättert, erkennt sofort, dass ein neuer, frecher Ton im Land umgeht. Der dreisteste Cartoon zeigt eine Tube *Opus Gel*, Anspielung auf die berüchtigte Organisation *Opus Dei*, die sich (wie die chilenische Amtskirche) während der Pinochet-Jahre eher reibungslos mit der Diktatur arrangierte. Der dazugehörige Text ist hinreißend: »El único lubricante anal autorizado por el Vaticano«, das einzige vom Vatikan autorisierte Anal-Gel.

Im Lokalblatt steht, dass Wissenschaftler der NASA ihren Besuch in der Wüste angekündigt haben. Denn extremere Bedingungen wären schwer zu finden. Sie wollen wissen, wie mikroskopisches Leben hier entsteht, wie es sich trotz der Widrigkeiten durchsetzt.

Erstaunlich, was man bei einem Frühstück alles lernen kann. Bald kommt Felisa, eine Souvenirladen-Besitzerin. Chilenen sind umgänglich, miteinander reden scheint eine Form von Höflichkeit. Die junge Frau hat andere Nachrichten parat. San Pedro ist auch deshalb so beliebt, weil es unter Globetrottern als Umschlagplatz für Drogen empfohlen wird. Hier rauchen sie alles, auch die *pasta base*, das unbehandelte Kokain. Mancher inhalierte hier sein letztes Pfeifchen. Sie selbst hat einen Freund leblos aus der Badewanne gezogen. Der Stoff kommt vor allem aus dem nahen Bolivien, per Huckepack oder auf Eselsrücken, nachts übers Gebirge. Straff organisiert von Indigenen-Gangs, die sich gegenseitig bekriegen. Klar, Krieg und Drogen gehören zusammen.

Das hält Felisa nicht ab, mich anschließend in das Hinterzimmer ihrer Boutique einzuladen. Wir haben vorher die Bedingungen festgelegt: Sie stellt den Stoff und das Ambiente zur Verfügung, ich zahle. Und so sei es. Ohne weitere Umstände ziehen wir uns ein paar Linien durch die Nase. Ich mag Drogen. Weil ich immer hell genug war, sie nie als Fluchthelfer zu begreifen, sondern immer als Einstieg zu Erfahrungen, an die ich anders nicht herankomme. Diesmal strömt ein warmer Mellow-yellow-Rausch durch mein Blut. In gehobener Stimmung, mit einem wohltuend sorglosen Körper besteige ich den Bus.

Wieder Richtung Süden. Vorbei an Ruinenstädten in der Wüste, nur noch Mauern stehen, verlassen von Menschen auf der Suche nach Arbeit. Strahlt die Abendsonne, dann erfährt man, wie Licht noch ein Wrack verschönern kann. Nach fünf Stunden erreichen wir Antofagasta, die zweitgrößte Metropole des Landes. Ich bleibe eine Nacht, eine verlorene Nacht, denn die Hafenstadt ist ein Ausbund an Hässlichkeit, 300 000 leben an diesem Ort im Exil. Undenkbar, dass jemand freiwillig hierher will.

Am nächsten Morgen um elf Uhr beginnen 31 schwarze Stunden. So lange dauert die Fahrt nach Santiago de Chile. Jetzt rede ich wie Muhammad Ali. Sie sind wohl der Preis für den Tag und die Nacht in San Pedro de Atacama. Ein Husten jagt (die nächtlichen Schweißperlen im Mondtal) und das Rauschgift ist kein Rausch mehr, ist nur noch Gift. Und die Welt, die Umwelt, tut alles, um den lädierten Körper zu martern. Hier haben sie eine Heizung, aber eine, die sich nicht abstellen lässt. Damit keiner nach Luft schnappen kann, sind die Fenster verriegelt. Um uns darüber hinwegzutrösten – so die mutmaßliche Logik des Unternehmens –, wird umgehend die Unterhaltungsindustrie aktiviert. Sofort laufen die fünf Fernseher, kopfhörerlos, in Taifun-Lautstärke. Ich will nicht hassen, aber ich war schon inniger in die Menschheit verliebt.

Stunden in der Folterkammer, zwischendurch verteilt der Beifahrer das *menú*, ein brotähnliches Gebilde, dazu gelbes Zuckerwasser. Hinterher – und bisweilen will man nicht glauben, worauf man blickt – geht der Hiwi durch den Gang, zieht die Vorhänge zu und legt den vom wilden Leben Erschöpften eine Decke über den Bauch. (Nach sechs Stunden fiel die Heizung aus, jetzt wird gefroren.) Wobei die Zärtlichkeit nicht zu übersehen ist, die in der Geste eines Mannes liegt, der anderen Männern eine Decke über den Körper breitet. Trotzdem, sie hat was Abseitiges, sie ist Teil der Infantilisierung.

Nach sieben Stunden und 38 Minuten Trommelfeuer aus MTV-Seiche, Brutalstkino, wieder Seiche, wieder Morden und Weitermorden ist es so weit. (Auch nach vier freundlichen, vergeblichen Bitten meinerseits.) Ich habe den folgenden Auftritt wohl überlegt, auch die Gefahr bedacht, wieder als despektierlicher Ausländer aufzufallen. Mir auch in Erinnerung gerufen, mich die letzten Wochen mehrmals zurückgehalten zu haben.

Mich zuletzt überzeugt, dass ich nicht aus Hochmut handle, sondern aus schierer Notwendigkeit. Weil einer sich irgendwann auflehnen muss. Um nicht zu ersaufen unter den Killerwellen einer einzigartigen Erniedrigung.

Und so bricht es zuletzt aus mir heraus, als ich aufstehe und über die 17 Reihen hinwegbrülle: dass ich es nicht mehr ertrage, ununterbrochen zum Menschenaffen degradiert zu werden, und dass jetzt mein Hirn um Gnade winselt, um endlich von den Nahaufnahmen hemmungsloser Schwachsinnigkeit erlöst zu werden.

Das sind die finsteren Augenblicke, in denen mich der Albtraum peinigt, den Rest meines Lebens von Blödigkeit, Protzsucht und nicht mehr zu überbietender Grausamkeit umzingelt zu werden. Keine Diskussion darüber, ob das Konsumieren dieser Blutorgien das Gewaltpotenzial im Zuschauer hebt oder mildert. Aber gesichert scheint: Sie verdumpfen uns, sie bimboisieren uns, sie schwärzen unser Herz. Die Hölle ist unter uns, wie wahr. Zumindest jetzt, seit knapp acht Stunden.

Überwältigenden Erfolg habe ich nicht, auch kommt mir keiner der Mehlsäcke zu Hilfe. Aber immerhin begreift der Beifahrer, dass etwas in meinen Augen blitzt, das auf ein Unheil schließen lässt. Und drosselt die Lautstärke.

Etwas Überraschendes passiert. Kurz nach 23 Uhr bleibt der Fernseher für eine halbe Stunde aus. Und die Leute fangen an zu reden, sie lachen, sie nehmen einander zur Kenntnis, sie kommunizieren. Sinnigerweise fällt mir wieder die Fahrt aus dem Jahr 1983 ein, von Bolivien nach Chile. Diese Erinnerung ist ein glatter Beweis dafür, dass keiner als Schaf geboren wird, sondern zum Schaf abgerichtet wird (und sich abrichten lässt). Kein Entertainment aus der Dose bedrohte uns damals, es gab Live-

Unterhaltung: Der Fahrer machte sich über Pinochet lustig, äffte ihn nach. Der Mann riskierte seine Haut. Und die Passagiere gingen langsam aus sich heraus, nahmen teil, riefen Stichworte nach vorne. Der heimliche, unheimliche Hass auf den Präsidenten kam zum Vorschein. Und das, obwohl keiner wusste, ob sich unter den Anwesenden nicht ein Spitzel befand, ein Kriecher, der Stunden später die Witzemacher denunzieren würde. Das Wunderbare an der gefährlichen Situation: Die vierzig lagen nicht wie überernährte Nilpferde in ihren »Halbbett-Sesseln«, sondern nahmen teil, trauten sich, waren mutig, waren am Leben.

Die Nacht wird doch noch gut. (Wenn das Wort gut in dem Zusammenhang erlaubt ist.) Denn ich finde auf meinem Weltempfänger eine Sendung über Carlos Gardel, der heute vor 71 Jahren tödlich verunglückte. Bei einem Bruchstart auf dem Flughafen von Medellín. Tage später gab es weitere tödlich Verunglückte: Frauen, die sich das Leben nahmen, als sie vom Tod des Argentiniers erfuhren. Wer Kitsch liebt, Sentimentalität, Schmalz, Romance, den Eros elegant sich bewegender Körper und die Melancholie des Tangos, der muss eines Tages auf diesen Mann stoßen, der als unehelicher Sohn einer Büglerin sein Geburtsland Frankreich verließ und mit seiner Mutter nach Buenos Aires emigrierte. Um dem Mief europäischer Provinz zu entkommen.

Carlos sucht seine Freiheit, seine Identität, überlebt mit miserablen Gelegenheitsarbeiten, singt 18 Stunden am Tag und findet irgendwann das *Café O'Rondeman*, wo man ihm – dem (späteren) Superstar, Gutausseher, Charmeur, Tangosänger (sein Hauptberuf), Filmhelden und berühmtesten Exportartikel des Landes – ein Abendessen für seine Auftritte bezahlte. Er war der erste Macho, der in seinen Liedern danach fragte, warum ihn eine Frau verlassen hatte. Und ihr nachheulte, sie wiederhaben wollte. Das war ein Zeichen von (bravouröser) Schwäche in einer Welt von Männern, die nie heulten und nie ihre Wunden zeigten. Mit 45 verbrennt Gardel in einem Flugzeug. Die Argentinier sanken auf die Knie und wehklagten. Ein Gott hatte sie verlassen. Die Bilder seiner Beerdigung erinnern an die Volksmassen, die dem Sarg Mahatma Gandhis folgten.

Morgens Ankunft in Santiago de Chile. Mitte des 16. Jahrhunderts von den Spaniern gegründet, damals mit 200 Einwohnern, heute leben sechs Millionen hier, knapp 40 Prozent der Bevölkerung des Landes. Als es hell wird, blickt man auf das Schönste, was die Hauptstadt zu bieten hat: Die schneebedeckten Gipfel der Anden, die im Westen und Osten strahlen. Meist jedoch ist das Schönste verdeckt, verdreckt vom Schmutz der Luft. Dann bleibt nur der Blick auf ein eher hässliches Entlein, das von jeher von einem unaufholbaren Minderwertigkeitskomplex geplagt wird. Denn auf der anderen Seite der Berge liegt das Wunder Buenos Aires, die Begehrteste in ganz Südamerika.

Ich mag Santiago. Schon wegen seiner Geschichte, die für meine Generation am 4. November 1970 begann. Das Datum, an dem Salvador Allende – als erster frei gewählter Marxist in der Geschichte – sein Amt als Staatspräsident antrat. Was ihn so verführerisch erscheinen ließ, war (zumindest für mich) nicht sein »linkes« Weltbild, sondern die Überzeugung, dass er »sauber« war, kein *Caudillo*, kein Schinder, kein Mächtiger, der nach oben strebte, um seine Untertanen zu plündern. Und dass er Sprache liebte, belesen war, die Dichter förderte, die Freundschaft zu Pablo Neruda pflegte. Wimmelte der Kontinent von Proleten, die mit blutverschmierten Händen an die Macht ge-

langt waren, so glaubte Allende – der ehemalige Arzt, der Frei-
geist, der Freimaurer – noch in seinen bittersten Stunden an die
Spielregeln der Demokratie.

Dass Kommunisten noch nie intelligente Ideen verbreite-
ten, um die Wirtschaft anzutreiben, auch dafür stand Allende:
Zentralisierte Planung, eingefrorene Preise und Löhne, Verstaat-
lichung, Zwangsenteignung. Er hatte fabelhafte Träume von so-
zialer Gerechtigkeit, aber keine Ahnung, wie dort ankommen.
Und er hatte Feinde. Die mächtigsten saßen in Washington. So
lavierte das Land auf den Abgrund zu, Generalstreiks, über 600
Prozent Inflation, Straßenkämpfe der verfeindeten Lager. Als
Augusto Pinochet – drei Wochen zuvor zum Oberbefehlshaber
des Heeres ernannt – am 11. September 1973 mit einem Putsch
Chile an sich riss, beging Allende Selbstmord. Seine Feinde, die
Freunde Pinochets, hatten gewonnen.

Die Wirtschaft begann sich zu erholen (»Das Wunder von
Chile«) und 17 Jahre Schrecken kamen über das Land. Als Pinochet im März 1990 als Präsident abgelöst wurde, konnte sich
die (andere) Bilanz des damals 75-Jährigen sehen lassen: knapp
30 000 politische Gefangene, fast alle gefoltert, über 3 000 ermordete Gegner (»Verschwundene«), etwa 200 000 ins Ausland
Vertriebene, eine hocheffiziente Geheimpolizei. Dass Pinochet
– stets pünktlicher Kirchgänger und nimmermüder Moralpre-
diger – noch kurz vor seinem Ende der Korruption überführt
wurde (man entdeckte 27 Millionen Dollar auf seinen Konten in
den USA, der Schweiz und Panama), soll der lästigen Wahrheit
wegen noch erwähnt werden.

Der Mann kann von Glück reden, bis zuletzt. Kein Richter,
kein internationaler Gerichtshof schaffte es rechtzeitig, ihn zur
Rechenschaft zu ziehen. Dafür, hieß es, stand ein Priester bei-
zeiten am Sterbebett, um dem 91-Jährigen »die letzte Ölung« zu

verabreichen. Bevor Señor Augusto José Ramón Pinochet Ugarte, so verlautete aus Familienkreisen, »friedlich und mit sich im Reinen« entschlief. Immerhin hat Francisco Cuadrados Prats, der Enkel eines ermordeten Regimegegners, während der Beerdigung Richtung Pinochets Sarg gespuckt. Und getroffen.

Die Andenrepublik hat einen langen Weg hinter sich. Im März 2006 wurde Michelle Bachelet zur Präsidentin gewählt. Nach dem Tod ihres Vaters (Spätfolgen der Folter) floh ihre Familie nach Australien, von dort zog die Tochter nach Berlin, um Medizin zu studieren. Alles staunenswert: Eine Frau, eine Agnostikerin, eine Chirurgin, eine allein erziehende Mutter regiert heute Chile. Das sind Meilensteine im einst erzkonservativen Macholand.

Tage in Santiago, Lichtblicke, Dunkelblicke, Rätsel. Ich streiche durch das Zentrum, um die *Plaza de Armas*. In einer Seitenstraße, einer Fußgängerzone, liegt ein Mann ohne Beine, ohne zehn Zentimeter Beine. Rotes Turnhemd, rote Turnhose, liegt bäuchlings und mit dem Gesicht auf dem Asphalt. Daneben eine Schuhschachtel, in der sich ein paar Münzen befinden. Er liegt mitten im Sonntagnachmittags-Verkehr, links und rechts gehen die Passanten an ihm vorbei, manche werfen Kleingeld in den Karton. Wie eine Wunde liegt der Mensch da, wie eine offene Wunde, die nicht heilen wird, solange der Verwundete lebt.

Irgendwann hat der Krüppel Erbarmen mit uns und richtet sich auf. Jetzt sieht er aus, als wäre er hüftabwärts in den Boden eingelassen, eingegossen. Der Anblick von Kindern fällt mir ein, die sich am Strand einbuddeln, bis nur noch der Kopf aus dem Sand schaut. Er beginnt die Almosen zu zählen, ordnet die Geldstücke pedantisch nach Größe und bindet jede Einheit mit einer

Schnur zusammen. Dann legt er sich wieder flach, die Wunde schwärt weiter.

Ein junger Kerl fällt mir auf, er lehnt an einer Hauswand, blickt ab und zu rüber. Ich spreche ihn an. Und richtig, die beiden gehören zusammen. (Mit dem Kaputten zu sprechen schien mir unhöflich, aufdringlich. Zudem wäre das Gespräch nicht intim, die Leute würden gaffen.) Victor ist der Stiefsohn von Roberto, dem Beinlosen. Vor acht Jahren ist der heute 45-jährige Ex-Bergarbeiter betrunken auf Zugschienen eingeschlafen. Ich frage (und während ich frage, fällt mir die Absurdität meiner Worte auf), ob Roberto glücklich sei. Doch Víctor sagt ruhig: »Ja«, er beschwert sich nicht. Obwohl ohne Beine, ohne staatliche Zuwendung. Víctor wird gesprächig. Vor einem Jahr haben sich Roberto und Maria, die Mutter des 17-Jährigen, kennengelernt. Und geheiratet. Sie arbeitet in einer Fischfabrik in Valparaíso. Deshalb leben die zwei nicht zusammen. Denn in Santiago liegt mehr Geld auf der Straße. So fährt Victor seinen Stiefvater jeden Morgen mit dem Rollstuhl hierher. Und stellt ihn auf, wie einen Opferstock. Um ihn abends wieder zurückzufahren ins (schäbige) Hotel. Auch Víctor scheint nicht unglücklich, die beiden haben eine eingespielte Beziehung, eher cool und zuverlässig.

Ist das eine dunkle Geschichte? Oder eine, die schillert? Wohl beides.

Widersprüchliche Welt. Eine Ecke weiter, direkt neben der Kathedrale, steht das *Schop y Cerveza*, ein traditionelles *Café con piernas*, Café mit Beinen. Die Fenster sind von außen nicht einsehbar, man muss den obskuren Ort betreten, um zu wissen, was sich dahinter tut. Nicht viel.

Wer hier arbeiten will, braucht nicht nur Beine, er braucht formschöne. Denn vor der Theke sitzen ein paar Männer und hinter der Theke stöckeln und bedienen die (Bikini-) Mädchen mit den verlockenden Extremitäten. Für jeden Nicht-Chilenen ist das ein bizarrer Ort. Ich frage Paula, die noch freie Schönheit, warum hier Kunden vorbeikommen, wenn jeder weiß, dass keine sich hier auszieht, keine sich tätscheln lässt und keine in ein Hotelzimmer mitgeht. Und Paula weiß die Antwort: »Allein der Anblick lockt sie, das reicht ihnen, naja, muss ihnen reichen.« Paula ist smart, sagt auch, dass das Zwielichtige der Umgebung den Ruch erhöht, das Halbseidene soll dem braven Familienvater das Gefühl vermitteln, verwegen zu sein.

Paula und ich vergnügen uns eine Viertelstunde mit arglosem Blabla. Die 32-Jährige hat zwei Kinder und einen neuen Freund, einen ehemaligen Gast. Der Neue hat gleich ein neues Problem mitgebracht: seine Eifersucht, da ja täglich andere Männer begehrliche Blicke auf die Halbnackte werfen. Ansonsten will sie nicht klagen. Nach der Arbeit geht sie nach Hause, kümmert sich um Sohn und Tochter und schaut fern.

Ich sehe mich um, und jedes Wort der schönen Mutter ist wahr. In der sinistren Höhle geht es zu wie in einem SOS-Kinderdorf. Musik läuft, ruhige Stimmen. Ich zahle meinen Espresso (korrekter Preis), zahle ein Trinkgeld für das freundliche Geplauder und verschwinde. Draußen wundere ich mich über die Männer, die hier vorbeikommen, um ein Bier zu trinken, um auf die (spärlich versteckten) Kurven der Bedienung zu schielen, um endlich – so behauptet Paula – erleichtert nach Hause zu gehen zur Gattin. Den letzten Teil des Satzes glaube ich nicht. Denn mich (und alle Männer, die ich kenne) macht ein solcher Anblick eher nervös. Weil die Nähe von schöner Haut doch den Wunsch auslöst, der Frau nah zu sein, ganz nah. Die (angeblich) zufriedenen Señores ähneln wohl seltsamen Alkoholikern, die eine Bar betreten, Whiskeyflaschen anglotzen und dann selig davonwanken. Geheimnisvolles Chile.

Der französische Fotograf Cartier-Bresson sprintete nicht von einem Ort zum nächsten, er blieb lieber Stunden an einem Punkt. Und wartete. Und schaute. Und drückte ab, wenn der »entscheidende Moment« vorbeikam. Gute Methode. Ich bin noch immer an der *Plaza de Armas* und irgendwann flaniert eine Frau als Sandwich-Man über das Pflaster, vor dem Bauch und über dem Rücken trägt sie zwei identische Poster, die das Foto eines jungen Mannes zeigen, Text vorne: »Ich habe seine Sachen gefunden«, Text hinten: »Wenn Sie etwas über ihn wissen, sagen Sie es mir.« Man denkt sofort an Drama und Verlust. Und tatsächlich, Leute kommen, umringen sie, fragen, wer der Mann ist, was sie gefunden hat, ob sie die Polizei eingeschaltet hat, seit wann sie nach ihm fahndet?

Ich bin zurzeit gut in Form, wittere besser als an anderen Tagen und kapiere, dass die Sache nicht koscher ist. Ich lächle die Schaustellerin an und frage, ob ich sie einen Augenblick allein sprechen kann. Claro, wir gehen in ein Eck und ich sage ihr, dass sie nichts gefunden hat und niemanden sucht. Ihr heiterer Gesichtsausdruck würde sie verraten, ja ihr fast unsichtbares Lächeln. Und Arlene lacht jetzt, freut sich über die Entdeckung, gesteht, dass sie derlei Tricks immer wieder aufführt, in verschiedenen Stadtteilen. Sie sei *artista*, sie will beweisen, wie leicht die Leute verführbar sind, wie leichtsinnig sie glauben und glauben wollen.

Kurz darauf esse ich in einem Kentucky Fried Chicken, drei Tische neben mir sitzt ein Teenie-Paar, sie küssen sich. Mit freiem

Blick auf einen Fernseher, der an der Wand hängt. Eine Telenovela läuft, und nach fünf Minuten küsst sich auch das Paar auf der Mattscheibe. Sonderbares passiert: Die beiden Teenies hören abrupt auf zu schmusen und schauen zu. Gebannt.

Nun, die eine tiefe Wahrheit des digitalen Zeitalters lässt sich daraus lernen: Anderen beim Küssen (= beim Leben) zuzuschauen ist erregender, als selber zu küssen, selber zu leben. Weil die einen dabei gefilmt werden und die anderen nicht. Kamera ab, ich lebe, Kamera stopp, ich bin nichts.

Santiago hat was zu bieten, auch abends. Ein paar Ecken weiter, auch Fußgängerzone, wird nachts zum Tanz gebeten. Von Tangotänzern. Oder grelle Transvestiten ziehen durch die Straßen, mit Trillerpfeifen und anderen Gerätschaften, um auf sich aufmerksam zu machen. Klassische Gitarrenmusik hallt durch die Hochhausschlucht. Pantominen biegen sich wunderbar lautlos. Lautsprecherbewaffnete Männer und Frauen plärren das »Wort Gottes« in den Himmel. Und Mapuche-Trommler erinnern an ihr Volk und daran, wie das andere Volk, das weiße, ihr Land mit Leid überzog.

Mir will auch einer Böses (weniger Böses, okay). Ich schau allen zu und plötzlich höre ich das Geräusch eines aufgehenden Reißverschlusses. Unglückserfahrene Reisende wissen sofort, was es geschlagen hat. Wer lange unterwegs ist, entwickelt das absolute Gehör für verdächtige Laute: Jemand öffnet den Ranzen auf meinem Rücken. Ich drehe mich ruckartig um und frage den jungen Halunken, ob ich ihm behilflich sein kann beim Klauen meiner Sachen. Ich frage laut und deutlich, damit die vielen Leute um uns herum ebenfalls Bescheid wissen. Das wirkt, der Typ rennt auf die andere Straßenseite, wo ein Kumpan auf ihn wartet, die beiden tauchen ab. Ich inspiziere den Rucksack,

Entwarnung, nichts fehlt, auch nicht – was für ein treffliches Wort für ein Radio – der Weltempfänger. Auf die Welt verzichten müssen, das wäre ein Verlust.

Dennoch leichte Verwunderung. Heute standen mehrere Artikel in der Zeitung, den rapiden Anstieg der Kriminalität im Land betreffend. (Mit genauen Zahlen: Raub ohne Gewalt, mit Gewalt, mit Messer, mit Revolver, zwei Täter, drei Täter, eine ganze Bande.) Auch vom Anstieg der Bürgerwut über diese Zustände war zu lesen. Und es lag (wie in Lima) ein Plan mit den mulmigsten Zonen der Hauptstadt bei. Der Paseo *Ahumada*, wo sich gerade ein Nichtsnutz für mich interessierte, war nicht eingezeichnet.

Der Preis des Reisens steigt, die letzten zehn Jahre ist es nicht beschwingter geworden. Dank der Medien wissen immer mehr Habenichtse, wie die Reichen aussehen. Geld stinkt, und sie riechen es. So ist das ganze Jahr über Jagd auf die Alleshaber. Die Armut ist selbstbewusster geworden, sie duckt sich nicht mehr. Nicht anders in Paris. Jetzt kommen die Bettler ins Café und strecken die dreckigen Hände direkt vors Gesicht.

Am nächsten Tag suche ich das Restaurant *Lili Marleen*, habe vorgestern einen Artikel darüber gelesen. Langer Weg, denn der Treffpunkt der lokalen Altnazis und ihrer Sprösslinge liegt weit draußen. Leider komme ich zur falschen Stunde, heute und morgen Ruhetag. Eine mächtige deutsche Fahne weht, ein imposantes Schild in den alten Schwarz-weiß-rot-Farben leuchtet von der Fassade, darüber der Reichsadler. Mittels Sprechanlage versuche ich, eine Angestellte zu überreden, mich einzulassen. Mit dem Hinweis, dass ein begeisterter Nationalsozialist vor dem Tor stehe, auch mit dem Versprechen, sie großzügig zu entlohnen.

Nein, geht nicht, heute »cerrado«. Mein Blick fällt auf die Blechtafel: »Achtung Hund! Betreten auf eigene Gefahr!« Ich darf noch fragen, ob es stimmt, dass General Pinochet hier bisweilen speiste. »Ja, stimmt, ein Foto von ihm hängt in der Wirtsstube.«

Am letzten Tag bekomme ich drei Geschenke: ein Glück, eine Hanswurstiade, die Stille. Ich verlasse frühmorgens mein Hotel und schlendere Richtung Stadtzentrum. Und irgendwann biege ich um eine Ecke, und das vom Regen gewaschene Sonnenlicht fällt auf die Straße. Wie ein Glücksstrahl fällt es. Ein Licht, das in reinste Wonne taucht. Heute ist es violett, sanft, wasserglänzend. Eine unmäßige Freude zieht durch den Körper, ohne Vorwarnung, ohne jeden Grund. Nichts als die verheißende Farbe und das Wissen, dass alles stimmt, für Augenblicke: die Temperatur der Welt, die Lautstärke, der Stand der Dinge.

Kilometer später komme ich an der *La Moneda* vorbei, dem Regierungssitz. Um zehn Uhr ist Wachablösung. Jetzt passiert die Alberei. Hunderte von Carabineros marschieren los, fahren mit Gebrüll die Brust raus, schlagen die Hacken zusammen und setzen sich unter Marschmusik in Bewegung, via Stechschritt. Weltweit die immer gleiche Blödelei. Diesmal allerdings endet sie witzig. Ein Hund läuft quer und einer der stolz Geschwellten kommt ins Stolpern, hinreißend haltlos geht er zu Boden. Wie erfreulich, ein Straßenköter genügt, um das blecherne Gehabe zu entlarven.

Ein paar Kreuzungen weiter liegt die Nationalbibliothek, ich will den Tag über schreiben. Aus irgendeinem Grund wird sie heute mit Verspätung geöffnet. Ein Zufall, der mir ein formidables Bild schenkt: Die wartenden Männer und Frauen durchschreiten endlich das Haupttor, keiner redet, wir gehen die Gänge entlang, vorbei an Sicherheitsbeamten, hinauf zur Treppe, Richtung Lesesaal, Richtung Stille. An einen Ort, wo keiner brüllt. Und unvermittelt fällt auf, dass die Stille in gewaltigen, mauerstarken Gebäuden aufbewahrt wird. So wertvoll scheint sie, so rar, dass sie wohl geschützt werden muss vor denen, die von ihr nichts wissen wollen.

Fahrt in den Süden, vier Stunden im Bus. Das heutige Ziel ist einer der Fixpunkte, die schon vor der Reise feststanden. Jahrzehntelang las ich von Ungeheuerlichkeiten, die dort vor sich gingen. Die ganze Welt wusste davon, und dennoch hörten sie nicht auf. Jetzt ist der Spuk vorbei, ich will ein paar von denen treffen, die ihn überlebt haben.

Bevor ich ankomme, gibt es noch eine erfreuliche Meldung. Sie steht in der Zeitung und stammt aus Kolumbien: Vier Frauen streiten sich um die Asche eines ambulanten Bananenverkäufers, der tödlich verunglückte. Cesaro war Vater von neun Kindern, mit vier Müttern. Jede will die Urne für sich allein. Als Andenken. Andere enden als Millionäre, und die Gattinnen rangeln im Vorzimmer des Testamentsvollstreckers um seine Bankkonten. Hier nicht, hier hat einer immer nur Bananen verkauft, und alle wollen nur ihn. Und wäre er auf ewig tot. ¡Qué hombre!

Nachmittags in Parral, irgendein Kaff an der Panamericana, das es geschafft hat, 45 Jahre lang auf berüchtigte Weise berühmt zu sein. Jetzt ist es nur noch Kaff, mit einer *Plaza de Armas* irgendwo in der Mitte, einem *Teatro municipal*, in dem keiner Theater spielt, einer *Parfumería de París*, die an vieles erinnert, nur nicht an Frankreich, mit ein paar düsteren Spielhallen, einem Buchladen mit Büchern, die keiner lesen will, und einem lausigen Geschäft, das sich tollkühn *Schwarzenegger* nennt. Und mit Casimiro, dem Dorfstenz, der – den Sombrero in beiden

Händen – neben einer Frittenbude steht und siegessicher nach Bewunderern Ausschau hält. Ich bewundere ihn tatsächlich, er scheint der Einzige hier, der anders sein will. Schön und mondän lebt er am falschen Fleck. Ich sage ihm das alles und der Beau antwortet, unfehlbar knapp und trocken: »Así es«, so ist es. In der rechten Hintertasche seiner Lederjeans steckt *El Diario del Sol*, das Tagebuch der Sonne, die Lokalpostille von Parral, sechs Blatt einmal die Woche.

Ich gehe ins Rathaus, wo ich nach den Ungeheuerlichkeiten frage. Aber sie wissen nicht viel darüber. Sagen sie. Und geben mir zwei Telefonnummern, dort solle ich anrufen, dort bekäme ich Antworten. (Ich rufe an, und keiner hebt ab.) Abends gehe ich in die einzige Kneipe, die offen hat, das *Plaza Schop*. Da finde ich noch einen, der denkt, er wäre am verkehrten Ort zur Welt gekommen, Jorge, den Wirt. Seine Tochter sitzt vor dem Fernseher und macht ihre Hausaufgaben, die Frau sitzt an der Kasse und Jorge fragt, ob ich ihn nicht mitnehmen wolle, er möchte gern Pariserinnen kennenlernen. Er fragt leise.

Am nächsten Morgen nochmals eine gute halbe Stunde Busfahrt nach Catillo, einem Bauerndorf. Näher komme ich mit einem öffentlichen Verkehrsmittel nicht heran. Vor der einzigen Pension, dem *Hotel Turismo*, muss ich zwei Mal rufen, bis jemand aufmacht. So überrascht scheinen sie, dass einer hier absteigt. Ich erhalte das Zimmer mit den drei Doppelbetten, lasse mein Gepäck da und sage, dass ich abends wiederkomme.

Ich wandere los, verirre mich, finde zurück, zwei Arbeiter laden mich hinten auf ihren Pickup, nach ein paar Kilometern wieder wandern. Um genau 9.30 Uhr stehe ich vor einer verschlossenen Zufahrt, links daneben ein Flachbau, aus dem zügig eine ältere Frau tritt und kalt fragt: »¿Qué quiere usted?«, was wollen Sie? An ihrem Akzent erkenne ich, dass sie Deutsche ist. Hier ist der Eingang zur ehemaligen *Colonia Dignidad*, der Kolonie der Würde. Der Ort des Grauens, kein bescheideneres Wort würde passen. Mitten in einer verzauberten Welt. Rehe und Hirsche grasen, die satten Wälder, die Hügel, ein makelloser Himmel über dem Tal.

Flashback: Paul Schäfer, Jahrgang 1921, Soldat der Wehrmacht, arbeitet nach dem Krieg als Fürsorger in der evangelisch-lutherischen Kirche. Um 1950 wird er entlassen. Gerüchte schwirren, er habe sich an Kindern vergangen. Schäfer durchstreift als Laienprediger Süddeutschland und beschwört die Idee des Urchristentums. Gleichzeitig phantasiert er von den anstürmenden Horden aus Russland und dem kurz bevorstehenden Untergang des Abendlands. Die ersten Opfer fallen auf ihn herein, jemand wird ihn später als »dämonisch« beschreiben. Nebenbei ist der Verkünder ein Geschäfts-Ass. Jeder seiner Anhänger muss den Zehnten spenden. Vorläufig. Auf psychologischer Ebene entwickelt sich der Ex-Gefreite zum Seelenhändler. Er führt den Beichtzwang ein, jeder muss – regelmäßig – im stillen Kämmerlein niederknien und seine letzten Geheimnisse preisgeben. Das wird die Wunderwaffe Schäfers. Mit dem Wissen kann er verfügen. Über Leben und Tod. 1961 flieht er nach Chile, seine zirka 200 Gläubigen folgen. Er schwadroniert vom »gelobten Land« und verheimlicht, dass ihn diesmal die Polizei sucht. Wegen Kindesmissbrauchs, sein altes Leiden.

Freunde helfen. Wie überall in Südamerika, waren auch in Chile viele Nazis untergekommen. »Don Pablo«, so nennt er sich nun, wird in der Kreisstadt Parral vorstellig, kauft Land ein, viel Land, am Schluss sind es 14 000 Hektar (140 Quadratkilometer). Auf dieser Erde, so erzählt der hoch willkommene Deutsche den

Behörden, soll es aussehen wie in Bayern. Er nennt sein Dorado *Colonia Dignidad* und zäunt es ein, stellt Wachtürme auf und beginnt zu herrschen. Ob es in der Geschichte der Menschheit je einen Mann gab, der zu jedem Verbrechen bereit war, um seinen, so scheint es, unversieglichen Hunger nach Knabenfleisch zu befriedigen?

Ein Schrecken jagt den nächsten. Ein 16-Stunden-Arbeitstag beginnt, lohnkostenfrei, aus dem Karstland soll eine Landschaft für Postkarten werden. Unter Aufsicht eines Zirkels hörig Ergebener (auch das Wort hörig fällt in späteren Zeugenaussagen), bald bewaffnet, bald schwer bewaffnet, bald unterstützt von ringsum versteckten Kameras. Drakonische Regeln nehmen überhand. Aus dem Zehnten wird alles, die Mitglieder müssen ihr gesamtes Privateigentum der Kolonie, sprich Schäfer, überschreiben. Inklusive Renten, Pensionsansprüche, Immobilien in Deutschland. Die Familien werden getrennt, Eltern allein, Töchter allein, Söhne allein. Privatgespräche werden missbilligt, später verboten. Keiner sagt niemandem etwas, alle sagen alles »Onkel Paul«. (Der Mann wird sich noch viele Namen zulegen, viele Decknamen.) Hat jemand – ein Beispiel – sein Taschentuch verloren, dann hat er nicht sein Taschentuch verloren, sondern »eine Schändlichkeit begangen«, und muss sich fragen lassen, »wie er so versagen konnte«. Schäfer, der rasend gewordene Biedermann, beherrscht längst das effizienteste Mittel, um das Herz und den Körper eines anderen auszubeuten: das Schuldgefühl. Auch darin ist er ein Meister aus Deutschland.

Die 14 000 Hektar fangen zu blühen an, irgendwann spricht die Presse von einem »Mustergut«. Das eigene Krankenhaus ist die Trumpfkarte der Anlage, hier wird jeder unentgeltlich behandelt, auch jeder Chilene. Zudem fungiert der riesige Landwirtschaftsbetrieb als Arbeitgeber, viele Einheimische finden dort eine Beschäftigung. Und »Pius«, der Fromme, kauft jetzt Parral, kauft die Polizei, die Richter, den Bürgermeister. Sie werden seine innigsten Verbündeten.

Nachts dann, nach getaner Arbeit und langem Abendgebet, lädt der kleine, dickliche Herr mit dem Glasauge einen 10-Jährigen oder 12-Jährigen oder 14-Jährigen in sein Bett. Oder vergewaltigt ihn im eigens angebauten Badezimmer. Der rastlose Päderast war hier König, es gab keine Widerrede. Wer die Stimme erhob, wurde stumm geprügelt.

1973 putschte Pinochet, die Zeiten wurden noch besser. Die beiden Männer mochten einander von Anfang an. Paul schenkte Augusto einen Mercedes 600 und Augusto installierte im Gegenzug bei Paul ein Folterzentrum (und Waffenlager) der DINA, seiner Geheimpolizei. Um die Regimegegner zur Bekanntgabe anderer Regimegegner zu überreden. Und einen Teil von ihnen – totgefoltert oder hingerichtet – im Wald zu verscharren. Alles verborgen, nachts, vollkommen unsichtbar für die meisten der damals 350 Bewohner.

Widerstand regte sich, trotz allem. Mancher Jugendliche kam durch, rettete sich zur deutschen Botschaft in Santiago, floh weiter nach Deutschland, schaffte es bis zum Bundestag in Bonn, sagte aus, lieferte viele Details. Die Presse investigierte, der *Stern* schrieb mehrmals über die Zustände vor Ort. *Amnesty International* alarmierte. Nichts hatte Folgen, nie. Immer wurde Schäfer gedeckt, zu viele profitierten von ihm und der *Colonia Dignidad*, zu wasserdicht war sein raffiniert gesponnenes Netz aus Korruption, Abhängigkeiten und eiskalter Drohung.

Bis 1997. In diesem Jahr lag ein Haftbefehl vor, und jetzt hatten sich Staatsanwälte, Polizisten und Presseleute gefunden, die nicht käuflich waren. Der »Doktor« floh, acht Jahre lang konnte er sich verstecken. Dann war es so weit, am 10. März 2005 wird

der »Laienprediger, Kinderschänder und Herrscher« (so ein Opfer) in Argentinien verhaftet, Tage später an Chile ausgeliefert
und am 24. Mai 2006 wegen Missbrauchs an 25 Kindern zu 20
Jahren Haft verurteilt. Weitere Verfahren sollen folgen, der heute 86-Jährige sitzt in Santiago ein. Wie knapp zwei Dutzend
seiner Mittäter.

Zurück zum Eingang um 9.30 Uhr, zurück zum »¿qué quiere usted?«, was wollen Sie? Nach allem, was ich bisher über die *Colonia* erfahren habe, muss es sich bei der Barschen um eine jener
»Tanten« handeln, die als Erzieherinnen von Schäfer eingesetzt
wurden. Ich lasse mich nicht provozieren und beginne zu lügen:
dass ich Deutscher bin, durch Chile reise und eher zufällig hier
vorbeikam. Als Philosophie-Professor, als Naturliebhaber, nicht
einmal eine Kamera hätte ich dabei. Die Tante bleibt misstrau-
isch, fragt, was ich »eigentlich« will. Ich lüge wieder und sage,
dass ich nur das schöne Tal sehen will. Tante Hilda (so werde ich
später erfahren) zieht sich zurück, durch das Fenster sehe ich sie
telefonieren. Plötzlich legt sie auf, kommt ein zweites Mal heraus, verlangt meinen Namen und den Pass, telefoniert weiter.

Ich muss warten und bin keineswegs überrascht. So hatte ich
mir die Begrüßung vorgestellt. Auch das unglückliche Gesicht
der vielleicht 70-Jährigen passt, auch der grämliche Ton, der von
Fremden nichts wissen will. Zuletzt ist sie eine Spur umgäng-
licher, der Mensch am anderen Ende der Leitung muss sie zur
Räson gebracht haben. Sie sagt, dass sie hier »von allen Seiten
angegriffen werden« und die Presse nicht erwünscht sei. Ich bekomme meinen Pass und die Erlaubnis, die Kolonie zu betreten, die jetzt *Villa Baviera*, Stadt Bayern, heißt.

Zufällig hält ein Wagen am Tor, Hilda fordert den Fahrer auf,
mich zu Víctor Briones zu bringen. Und Ivan, der Leiter der

Molkerei, nimmt mich mit und schlägt vor, mich vorher »heimlich« herumzufahren. Ein seltsames Wort, denn offiziell ist aller Terror verschwunden. Aber das Vokabular der Angst scheint tief zu sitzen.

Ich bitte Ivan, mich irgendwo im Zentrum rauszulassen. Und sehe sofort das *Flip*, die Wachzentrale, das letzte Stockwerk im höchsten Gebäude auf dem Gelände. Nur Fenster, durchgehend. Damit nichts den Blick nach unten stört. In dem Haus liegen auch die Büros, hier sitzt Víctor Briones. Sympathisches Aussehen, ein Sprüher, umgehend ist er zu einem Gespräch bereit. Der Chilene kam erst in den frühen neunziger Jahren als Volksschüler hierher (eine Colonia-Schule gab es auch), er war frech, hat sich oft mit dem »Jefe« (Chef) angelegt, wurde nie missbraucht. Sagt er. Heute leitet der 27-Jährige eines der drei Unternehmen, die das einstige Arbeitslager in einen modernen Konzern umwandeln wollen. Die Anlage ist verschuldet, es gibt keine Steuerfreiheit mehr, keine Zollfreiheit, der Status der Gemeinnützigkeit wurde gestrichen. Der Betrieb soll marktwirtschaftlich funktionieren, transparent werden. Sie suchen Investoren, wollen wohlhabende Privatiers anlocken, die ein Stück Land kaufen und sich hier niederlassen.

Briones muss an allen Fronten kämpfen: Zwei Drittel der Deutschen sind davon, viele der Dagebliebenen sind alt, zu wenig chilenische Arbeiter, dazu die finanziellen und geschichtlichen Hypotheken. Er muss einen Laden führen, der weltweit als Inbegriff des Bösen Schlagzeilen machte. Als ich ihn beim Abschied frage, ob ich mich frei auf dem Areal bewegen könne, wischt ein Zucken über sein Gesicht. Für den Bruchteil einer Sekunde steht ein unglücklicher Ausdruck in seinen Augen, ihm völlig unbewusst. Eben der lang eingeprügelte Reflex, dass die Wörter *frei* und *frei bewegen* nicht hierher passen. Natürlich ist die Antwort ja. Ich will noch wissen, wo ich was essen könne, der junge Boss zeigt auf ein 200 Meter entferntes Anwesen, dort gäbe es sogar »kuchenes«.

Jetzt habe ich Glück, das Glück des Reporters, jenen Menschen zu treffen, der einen nah, bedrückend nah ans Herz der Wirklichkeit führt. Ein Mann schiebt sein Fahrrad, ich hole ihn ein und frage ihn (scheinheilig), wo es hier ein Gasthaus gäbe. Und der Radfahrer reagiert scheu, doch freundlich, selbstverständlich werde er mich hinführen. Wir gehen die schmale Allee entlang, ich schiele auf sein Gesicht, das vehement verschlossen in die Welt blickt. Als wir am Hundezwinger vorbeikommen, springt der Rüde wütend an den Zaun und bellt los. Auch er hat noch nicht begriffen, dass die Zustände jetzt andere sind. Bis heute kennt er in solchen Augenblicken nur einen Reflex: Den Fremden denunzieren!

Auf den letzten Metern frage ich Herrmann (Name geändert), ob er hier gelebt hat. Und der Mann, groß, kräftig, blond, eindeutig deutsch, fängt zu erzählen an. Stockend, mühsam, mit Pausen. Aber er redet: Als Vierjähriger kam er 1963 zur *Colonia Dignidad*, mit sechs begann er auf dem Feld zu arbeiten. Er mochte das, wollte Schäfers Gunst gewinnen, wollte zu den »Sprintern« gehören, den Lieblingen des »Propheten«. Alle waren von der Welt getrennt, keine Zeitungen, kein Radio, kein Fernseher, nichts. Und jeder von jedem isoliert (soweit das machbar war), dabei immer von den Tanten beaufsichtigt. Übervater Schäfer war Bestrafer und Erlöser zugleich. Er konnte Scham und Niedertracht einbläuen, konnte mit Worten das Glück herbeizaubern. Alles, was er sagte, war Gottes Absicht, alles, was er tat, war Gottes Hand. »Das Unglaubliche daran«, meint Herrmann, »war, dass wir es glaubten.« Schäfer war Gott.

Ja, jetzt ist er frei. Aber nicht im Kopf, nicht im Bauch. Kaum einer hier, sagt der 47-Jährige, hat gelernt, wie er mit der Freiheit umgehen soll. Jetzt lebt er mit seiner Frau Anne (Name geändert) zusammen, jetzt darf er zu jeder Zeit die 14 000 Hektar verlassen, jetzt hat er am Wochenende keine Verpflichtungen, jetzt bekommt er ein Gehalt, jetzt kann er Radio hören und TV schauen. Und doch: Jedes Mal, wenn er an der Stelle vorbeigeht, wo er misshandelt wurde, sticht jemand zu in seinem Kopf.

Vor kurzem fuhr er mit Anne in die Stadt Osorno, um seinen Bruder zu besuchen. (Vor Jahren heimlich abgehauen, ebenfalls von Schäfer »verführt«.) Auf der Rückreise, noch 200 Kilometer vor der Villa Baviera, fing Anne zu weinen an. Allein die Aussicht, an diesen Ort zurückzukehren, ließ sie die Nerven verlieren. Stundenlang.

Richtig, er »wurde« homosexuell, hatte aber sonst – außer mit Schäfer – mit niemandem so nahen Kontakt (ja undenkbar, da streng verboten). Er, Herrmann, wäre nie auf die Idee gekommen, dass noch andere Formen körperlicher Zuneigung existieren. Erst vor zwei Jahren wurde er, mit 45, über den Eros zwischen Mann und Frau aufgeklärt. Als er dann Anne kennenlernte (auch sie kam als Kind hierher) und die beiden beschlossen zu heiraten, beschimpfte ihn ein anderer Mann, der ebenfalls zu Schäfers Lustknaben gehörte: »Du Schwein, wie kannst du dich so erniedrigen?« Der Vorwurf kann als Hinweis gelten auf die Höllensätze, die in der *Colonia Dignidad* über heterosexuelle Liebe verbreitet wurden.

Ich frage Herrmann, ob ihm, dem Zehnjährigen, in Schäfers intimer Nähe nie der Gedanke kam, dass irgendetwas nicht stimmte? Und der Vorarbeiter liefert den letzten Beweis der hier praktizierten Gehirnwäsche: »Nein, nie, ich dachte, Gott will es so.« Gewiss empfand er Schmerzen. Aber sie waren gottgefällig, Gott wollte, dass er leidet, also war es gut.

Als der Gewalttäter weg war, zertrümmerten er und andere den Anbau hinter »Papas« Schlafzimmer, den Lieblingsort Schäfers für seine Auftritte als Päderast. Das frenetische Schwingen der Spitzhacke, sagt Herrmann, war der Versuch, die Erinnerungen zu demolieren, die fast alle Männer seiner Generation hier verfolgen. Hinterher haben sie Wiesenstücke auf den Grund verpflanzt. Damit kein Indiz der Schande mehr zu sehen sei.

Viele haben sofort geheiratet, als es möglich war. Und versucht, Kinder zu bekommen. Die älteste Schwangere war 47. Anne ist älter als Herrmann, sie konnte nicht mehr Mutter werden. *Sie* hat damals die Initiative ergriffen, Herrmann, der Zaghafte, hätte sich nicht getraut, sie anzusprechen. Später wird sie zu ihm sagen: »Wäre ich allein geblieben, wäre ich wahnsinnig geworden.«

Ich frage nach seinen Plänen. Ja, er will weg, aber er kann nicht. Viel Verantwortung liege auf seinen Schultern (sein Handy klingelt mehrmals, chilenische Bauern wollen Saatgut kaufen, andere Anrufer erinnern ihn daran, dass er auf die Felder muss, gestern hat es zu regnen aufgehört, heute muss gesät werden): »Was soll werden, wenn ich weggehe, was aus den Alten, was aus dem Tal?« Ich bohre nach und Herrmann sagt den von Schäfer immer wieder verkündeten Satz: »Du kannst ans Ende der Welt laufen und ich werde dich finden.« Die Drohung scheint der eigentliche Grund für sein Bleiben, es ist die panische Angst, für sein Handeln, sein eigenständiges Handeln, bestraft zu werden. In alle Zukunft, für immer.

Etwa 20 arbeitsfähige Deutsche gibt es hier noch, der Rest Kinder und Greise. Da alle – außer den Bonzen der *Colonia* – umsonst gearbeitet haben, verfügt keiner über eine Altersversorgung. Erst vor drei Jahren fingen sie an, in einen Fond einzuzahlen, soll heißen, die im Rentenalter fällige Prämie reicht zur Begleichung der Frühstücksmarmelade. Die jetzt abgeschlossene Krankenversicherung ist ähnlich mickrig, sie vergütet nur einen geringen Teil der Arztkosten und Medikamente. Wie die meisten Männer hier hat Herrmann Probleme mit der Wirbelsäule. Die schwere Arbeit rächt sich, er muss operiert werden.

Alle 14 Tage kommen drei Therapeuten (von der Botschaft bezahlt), um die Psyche der Gedemütigten zu sanieren. Wenn es denn möglich ist. Herrmann geht gern zur Sprechstunde, der Psychologe tue ihm gut, das Gespräch helfe ihm tatsächlich.

Beherzter Herrmann, das viele Antworten muss ihn anstrengen. Ein paar Mal schweigt er, dann scheint die Erinnerung ihn zu überwältigen, er schaut weg, will allein heulen, ungesehen. Ob er jetzt an den Menschen denkt, der versuchte, sein Leben zu ruinieren? Nein, er suche nur nach den richtigen Worten für die Ungeheuerlichkeiten. Sagt er. Und heult.

Wir tauschen unsere Mail-Adressen aus, wir wollen in Kontakt bleiben. Er lächelt jetzt, vor Wochen ist die digitale Welt auch hier angekommen. Während des Computerkurses hat er zum ersten Mal das Wort Internet gehört. Herrmann rennt los, die Arbeit wartet.

Ich wandere durch Bayern. Wiesengrund, Bäche, Gänse, Fichten, Schnee auf den Vor-Anden, Bäckereien, Schlossereien, eine Autowerkstatt, Silos, Lagerschuppen, Honigfässer und 2 500 Hennen, die ein mürrisches Rauschen anstimmen, als ich ihren Gefängnis-Stall betrete. Nicht weit davon entfernt liegt der Flughafen, eine Graspiste. Ich leihe mir ein Fahrrad, das reicht nicht, wer alles sehen will, braucht einen Hubschrauber.

Vorbei an dem blonden Fünfjährigen. Und den schlürfenden Alten, die zurückhaltend grüßen. Sie gehören jener Generation an, die als junge Erwachsene mit Schäfer nach Chile kam. Und um alles betrogen wurde. Ein Leben ohne Wärme liegt hinter ihnen, ohne Hingabe, ohne die Nähe eines anderen Körpers. Ohne Mann, ohne Frau, ohne Kinder.

Ich gehe zum *Posta Villa Baviera*, dem Krankenhaus. Posta heißt Station, aber auch Marterpfahl. Die unfreiwillige Ironie klingt makaber. Eine Frau kommt mir entgegen, die sich als Tanja (Name geändert) vorstellt. Höflich, lächelnd, die Krankenschwester hat heute Dienst. Die 51-Jährige sieht aus wie ein altes Mädchen, mit der Frisur einer Internatsschülerin aus der Nachkriegszeit. Dazu die passende Brille. Die Deutsche führt mich durch ein komplett eingerichtetes Hospital, blitzblank. Nur noch ambulant wird behandelt, die glorreichen Zeiten sind vorbei, die verantwortlichen Ärzte sitzen im Zuchthaus, mehrere Räume (Röntgen, Labor) sind bis auf weiteres versiegelt, die Untersuchungen der Staatsanwaltschaft laufen noch. Ein Teil der Krankenzimmer wurde in Wohnungen umgewandelt.

Nein, sagt Tanja, von den Elektroschock-Behandlungen habe sie nichts gewusst. Durchaus möglich, denn das Gebäude ist weiträumig und das System der Verheimlichung funktionierte reibungslos. Vielleicht ahnte sie etwas und verbat sich jede Ahnung. Sie ruft ihren Mann an, er solle vorbeikommen. Und H. kommt vorbei. Wie zum Beweis stellt sie ihn vor mir auf. Auch er ein rückengeschundenes Opfer, das die Tage nur noch sitzend übersteht.

Langer Weg zurück nach Catillo. Vorbei an den KZ-Stacheldrahtzäunen, vorbei an Schildern wie »Gefahr – Sprengstoff unter der Erde« und »Straße ohne Ausweg«, vorbei, wie aberwitzig, an einer Wand voller Dankschreiben zum 30. Jahrestag (29.6.1991) der Kolonie. Zwei Kostproben: »Gesundheit, Liebe und Güte gibt es nur hier« und »In Anerkennung solch aufopfernder Arbeit«. Die Strahlen der untergehenden Sonne leuchten auf die Buchstaben, absurd schön sieht die Welt aus.

Spätabends im *Hotel Turismo*, ich bin noch immer der einzige Tourist. Don Juan, der umsichtige Besitzer, bereitet das Abendessen, reicht die Zeitung. Ich finde ein Interview mit Marcelo Birmajer, einem argentinischen Autor. Er spricht einen sensationellen Gedanken aus: »Meine einzige Verpflichtung als Schriftsteller ist es, dem Leser Freude am Leben zu vermitteln.« Ob das Lesen über die *Colonia Dignidad* sie hebt? Vielleicht, über Umwege. Weil sie uns daran erinnert, wie gefährdet beide sind. Das Leben, die Freude.

Noch einmal nach Parral. Denn die Stadt birgt neben einer dunklen eine helle Wahrheit. Ein anderer Pablo machte hier von sich reden, wohl das Gegenteil von Paul (Pablo) Schäfer. Jener war Menschenfreund, Kinderfreund, ein Mann, der den Frauen gefiel. Und ein Mann, den sich andere Männer als Freund wünschten. Ein Verschwender, ein Treuergebener, ein Verrückter, ein Süchtiger, ein Weltmeister der spanischen Sprache, einer, der eine Frau liebte und dieser Liebe nicht einen Tag abtrünnig wurde.

Um ihm nah zu sein, hause ich eine Nacht lang in der marodesten Bude Südchiles. Schiefes zerbrochenes Fenster, schiefer zerrissener Vorhang, Flecken auf dem Laken, Wasserflecken an der Decke, Risse in den Mauern. Aber die Hotel-Baracke *Papi Schop* liegt an der *Calle Pablo Neruda*, eben jener Straße, in der am 12. Juli 1904 der chilenische Dichter geboren wurde.

Das Geburtshaus gibt es nicht mehr, das elende Parral hatte angeblich kein Geld, um es zu erwerben und als Museum einzurichten. Heute steht ein Spießer-Heim dort, auf einer Plakette wird nicht auf ein Weltwunder verwiesen, sondern auf den Überwachungsdienst, der hier nachts vorbeikommt. Ein frisch gewaschenes Auto glänzt vor der Garage. Als ich läute, kommt ein bellender Hund zum Vorschein und kein nachlässig-lässig gekleideter Poet. Parral war schon immer ein armseliges Loch, wenig überraschend, dass es die Familie des Dichters nur kurze Zeit darin aushielt.

Reise zurück nach Santiago, dort umsteigen und ein Ticket nach Isla Negra kaufen. Ich bitte den Busfahrer, mich möglichst nahe am Haus, am weltberühmten Haus von Pablo Neruda aussteigen zu lassen. Der Mann fragt verdutzt: »Pablo Neruda? Wer ist das?« Ich weiß sofort wieder, was für ein Träumer ich bin. Der Gewinner des Nobelpreises für Literatur 1971 ist seit 33 Jahren tot und heute stand auf Seite eins der Zeitung ein Bericht über Britney Spears. Warum sich also für einen Giganten interessieren, wenn man nachlesen kann, dass eine trällernde Disco-Ziege zum Shoppen nach New York flog?

Isla Negra ist eine kleine hübsche Stadt, die früher *Las Gaviotas*, die Möwen, hieß. Bis der Dichter Ende der dreißiger Jahre ein Grundstück mit Steinhütte kaufte. Und den Ort umtaufte, in Schwarze Insel. Noch heute weiß keiner, warum. Denn nichts hier ist schwarz, alles ist hell, flimmert, sprüht. Nach ein paar Schritten runter zum Strand steht man vor dem *Museo Pablo Neruda*. Wer jetzt eintritt, sollte vorbereitet sein. Ähnlich jenem Besucher, der sich in Elvis' Graceland in Memphis traut. Unglaublichkeiten werden ihn erwarten.

Zuvor noch ein schneller Blick auf eine verblüffende Vita: In seinem Gedicht *Selbstbildnis* schreibt Neruda, dass er »monumental de apetito« ist. Ein Mordsappetit plagt ihn, nicht nur bei Speis und Trank. Er ist ein Oktopussi, ein Lebemann, ein Allesverschlinger (»ich könnte die Erde aufessen, das Meer austrinken«), ein Freund, der Freunde findet und sie ein Leben lang nicht verliert. Ist einer, der nie auf die Idee kommt, für sein Glück bestraft zu werden. Er ist gottlos und immer irdisch. Er ist nie kleinmütig, er ist mutig.

Und immer Dichter, schon als 14-Jähriger veröffentlicht er. Studiert nebenbei in Santiago Pädagogik, wird nebenbei mit 23 Konsul, vertritt sein Dritte-Welt-Land in Rangun, in Batavia (heute Jakarta), in Colombo, in Kalkutta, bekommt – zumindest die ersten Jahre – ein Dritte-Welt-Gehalt, schläft auf Feldbetten und duscht in Holzbottichen. Und verfügt über einen Leib, der einem Scheiterhaufen gleicht und sich jede Nacht entzündet, entzünden muss. So sehr hungert ihn nach der Haut einer Frau, ihrem Atem. Und so stillt er den Hunger, oft und wahllos.

Als der spanische Bürgerkrieg ausbricht, arbeitet er als Diplomat in Madrid, hilft den Republikanern, muss Spanien verlassen, organisiert von Frankreich aus ein Schiff, um flüchtige Franco-Gegner nach Chile in Sicherheit zu bringen, wird Kommunist, wird mit überwältigender Mehrheit in den Senat gewählt, greift die Machenschaften der eigenen Regierung an, wird verfolgt, muss bald als polizeilich Gesuchter die Flucht antreten, verschwindet zu Fuß und auf Eselsrücken über die Anden nach Argentinien. Wo die erste Station eines dreijährigen Exils beginnt. Begleitet von einer Frau, die er noch nicht lange kennt. Sie hat rotes wildes Haar, hat *Comercio* gelernt und studierte anschließend – da freudlos als Geschäftsfrau – am Musikkonservatorium Gesang und Gitarre. Ebenfalls mit Erfolg.

Doch auch die Karriere der Matilde Urrutia als Sängerin wird nicht stattfinden. Die nächsten 27 Jahre wird sie Neruda um die Welt begleiten, wird seine Muse, wird das Ziel seiner Liebesgedichte, wird sein Leben ordnen, wird ihn mit Leichtigkeit dazu verführen, alle anderen Frauen loszulassen, um nur von einer, einer einzigen zu singen. Und sie wird an seinem Totenbett sitzen und zwölf Jahre lang die einsamste Frau Chiles sein.

Maria, die für die Stiftung Pablo Neruda arbeitet, führt mich herum. Aus der Steinhütte sind längst mehrere Gebäude geworden, im Laufe der Jahre vom Meister dazugebaut. Wobei er kaum die Hälfte davon mit Matilde bewohnte, der Rest diente als Abstellfläche, um – wörtlich – den tonnenschweren Zierrat zu verstauen, den er aus allen vier Himmelsrichtungen anschleppte. Schon der erste Raum, das Wohnzimmer mit der One-million-dollar-Aussicht auf den Pazifik, wird von »Souvenirs« belagert, auch von schwebenden Engeln und Rittern. Wer je auf dem Sofa vor dem Kaminfeuer neben Pablo saß, musste fürchten, dass irgendwann die Schnüre rissen und die Heiligen und die weniger Heiligen nach unten sausten.

Die ganze Anlage ein Museum. Für Bataillone von Muscheln, für ein lebensgroßes Holzpferd, für eine Maschine, um Hostien herzustellen (Neruda, der Atheist!), für Schiffsglocken, Schiffs-Patronen, Schiffsuhren, Schiffsbalken, Kirchenglocken, afrikanische Masken, Landkarten, Seekarten, für ein Tausend-Teile-Geschirr, für Batterien von Buddelschiffen, für Tischchen, Deckchen, Stühlchen, Kisschen, für alles, alles, alles, was ihn an seine Liebe zum Meer erinnerte, zu Wellen, zu Booten, zu Fischern. Umso erstaunlicher, da er nicht schwimmen konnte (doch eisern behauptete, es in der Nähe von Matilde zu schaffen).

Nur Genies haben ein Recht zu solchen Maßlosigkeiten, zu einem solchen Gemenge aus Kitsch und Kunst. Wer den Blick in den Vorhof wagt, wird dem ultimativen Delirium des Sammlers begegnen, denn dort steht ein schwarzes Ungetüm, eine Lokomotive, rangeschafft – nach Wochen der Planung – mit einem halben Dutzend Ochsen, zwei Jeeps und einer Gruppe muskelstarker Männer. Der Sinn? Keiner. So bleibt nur kichern und sich innewerden, dass das Herz eines Menschen auf immer unergründlich scheint.

Denn: Als *poeta* war Neruda stets Genius und als Innenarchitekt zeitlebens ein gnadenlos unbedarfter Dilettant, der alle die Fehler beging, die er als Dichter so souverän vermied. Überlegte er sich beim Schreiben jeden Buchstaben, den er weglassen könnte, so karrte er alles in seine Häuser (er besaß zwei weitere), was auf seinen Reisen nicht niet- und nagelfest war. Wie ein Zen-Meister wirtschaftete er beim Dichten, wie ein haltloser Trödler verstellte er jeden Quadratmeter Wohnfläche.

Nein, es gibt eine Ausnahme. Geradezu keusch möbliert ist das Schlafzimmer. Der Raum verfügt über zwei schräg gegenüberliegende Fenster und das Bett steht genau so, dass die Sonne morgens auf die Köpfe von Pablo und Matilde strahlte und abends auf ihre Füße. Für Mann und Frau ist die Schlafstatt relativ schmal, aber es geht die Legende, dass der Hausherr es so wollte. Um seiner Liebsten immer nah zu sein. Durch eine Glaswand darf man auf die Garderobe des Göttlichen starren, ja erstarren vor dem Frack, den er am 10.12.1971 in Stockholm trug.

Der Dichter arbeitete an verschiedenen Schreibtischen, und immer wenn Maria wegblickt, knie ich mich vor einem nieder und berühre das Holz. Um ein paar Krümel Imagination abzustauben. Einmal erwischt sie mich dabei und ich heuchle ein linkisches Stolpern. Jeder weiß, dass man keinen darum bitten kann, ein Genie zu werden. Aber von einem Genie beschützt zu werden, das darf man fordern.

Am Rande des steil abschüssigen Gartens liegt das Grab, ein

schwarzer Stein, eine schwarze Tafel mit der Inschrift *Matilde Urrutia 1912–1985 / Pablo Neruda 1904–1973*. Darauf Blumen. Ich erkundige mich nach ihrem Namen, sie heißen: *Suspiros del mar*. Gibt es Seufzer des Meeres? Keine Ahnung, aber wörtlich übersetzt passen sie auf wunderliche Weise hierher.

Den Strand entlanglaufen und dabei von dem wahnwitzigen Gedanken befallen werden, jetzt Don Pablo zu begegnen und ihm zweihundert oder dreihundert Fragen stellen zu dürfen. Warum er sich, zum Beispiel, selbst hier noch bückte, um wurmstichige, von fernen Gestaden angeschwemmte Bretter einzusammeln? Oder wie er es anstellte, dass ihm eine Liebesgedicht-Zeile gelang wie *Mi voz buscaba el viento para tocar su oído*, wie: Meine Stimme suchte den Wind, um ihr Ohr zu berühren? Ob solche Glanzstücke einfach daherkommen, einfach zufallen? Also Zufall, immer Begabung? Oder ob man den Feinsinn trainieren kann, und wenn ja, welche Schliche er wüsste, um sie aufzuspüren?

Im Laden des Museums ist gerade Rafide zu Besuch, der ehemalige Schreiner Nerudas. Angesichts dessen Sammlerwut war der heute 80-Jährige rastlos beschäftigt. Der freundliche Alte bestätigt den Ruf seines Arbeitgebers: immer lässig und leutselig, kein Hauch Anmaßung und Dünkel. Aber besessen war er, das schon.

Viele Bücher liegen zum Verkauf aus, auch *Ardiente paciencia* von Antonio Skármeta, das in Deutschland unter dem Titel *Mit brennender Geduld* erschien und als Vorlage diente für den Film *Il Postino* (Der Postmann), der den Bewohner von Isla Negra auch einem größeren Publikum bekannt machte. Die wahre fiktive Geschichte erzählt von Mario, dem Briefträger, der die Post nur einem Adressaten zustellt: dem berühmten Dichter

Pablo Neruda, der sich auf der Insel Capri im Exil befindet. Und zwischen dem einfachen Mann und dem Künstler entsteht eine innige Freundschaft, Mario entdeckt plötzlich das Wunder der Sprache und Pablo erklärt ihm, wie dieses Wunder entsteht: mit dem Finden von »Bildern«, von Sprachbildern, von Metaphern (»und meine Stimme suchte den Wind, um ihr Ohr zu berühren«), die den Leser in einen zuweilen ekstatischen Zustand der Freude versetzen, ihn einmal mehr begreifen lassen, dass Sprache heilen kann, wohl als Serum taugt gegen die Einsamkeit, Verlorenheit, gegen die eigene Heidenangst. Und so wird der Dichter eines Tages die Liebesbriefe für Mario aufsetzen, der sich nicht an Beatrice heranwagt. Und die Dorfschönste wird sie lesen und den Postboten schon bald mit ihrem (atemberaubenden) Körper umarmen und ihm ihr Herz öffnen. Soll keiner sagen, dass Sprache nicht aushelfen kann im ganz konkreten Leben.

ZURÜCK NACH EUROPA

Jetzt bin ich blind, nach vier Monaten unterwegs sind die Augen randvoll, sie brauchen eine Pause. Die Reise ist zu Ende. Fast. Ich fahre nach Santiago zurück und steige in einen Bus nach Lima (von dort geht mein Flug). Um mich für die 51 Stunden Fahrt zwischen den beiden Hauptstädten zu rüsten – die Enge, der beleidigte Leib, die tagelang, nächtelang aggressive Glotze –, kaufe ich *Mein Leben mit Pablo Neruda*, die Erinnerungen von Matilde Urrutia. Und als Zugabe bekomme ich ein Geschenk, eine Überraschung: »Marlene! Punkie!«, so stellt sie sich vor und besetzt den Platz neben mir. Der Hinweis auf die derzeitige Weltanschauung der jungen Frau scheint ganz überflüssig, denn der kahle Schädel, die Lederkutte und die vielen Ringleins, die an Nase, Lippen und Ohren baumeln, könnten eindeutiger nicht sein.

Marlene holt einen Stoß Bücher und ihren Discman aus dem Rucksack, wir sind sofort Verbündete. Wir werden unser Essen teilen und unsere Sehnsucht nach Neuem. So drängt es im Laufe der vielen Kilometer den einen immer wieder, dem anderen einen bewegenden Satz vorzulesen. Um ihn aufzumuntern, um ihm eine Freude zu bereiten. (Punk und Literatur, ich fasse es nicht, mit einem Grinsen räumt die Punklady mit meinen Vorurteilen auf.) Die 26-Jährige liest gerade eine Essay-Sammlung des Peruaners Mario Vargas Llosa, ungerührt deutet sie sogleich auf den ersten Satz, den sie dick unterstrichen hat: »Jede Identifikation einer Person mittels Religion, Rasse oder Nationalität ist ein geistiges Konzentrationslager.« Und ich sage ihr als Erstes eine Strophe auf, eine von den vielen, die Neruda seiner Frau gewidmet hat. Sie gehört allen, die sich über Wärme, Poesie und die Begeisterung für schwungvolle Hüften definieren: »Schöne, nichts lässt sich vergleichen mit deinen Hüften, / vielleicht hat die Erde / irgendwo an geheimem Ort / die Wölbung und den Duft deines Körpers, / irgendwo vielleicht, / du Schöne.«

Ich frage Marlene irgendwann, ob sich die Lippen beim Küssen ihres Punker-Boyfriends (Wohnort Lima) nicht verhaken, von wegen Silberschmuck zwischen den Zähnen. Nein, nie, im Gegenteil, das Schmusen würde von einem lustigen Geräusch begleitet. Man lernt immer.

Ich habe mir die knapp 300 Seiten gut eingeteilt. Matildes Buch ist ebenfalls ein Liebesgedicht. Auch wenn viele Kapitel nach den Höhepunkten – Nerudas Lesungen in Stadien (!), der viele

Ruhm, der Botschafter-Posten in Paris, höchste Auszeichnungen, die Reisen in die Welt – von ihrer Einsamkeit erzählen, die am frühen Abend des 23. September 1973 begann, mit dem Tod Pablo Nerudas im Krankenhaus Santa María zu Santiago. Verstorben an Krebs und kaputtem Herzen, erledigt von den Heimsuchungen, die zwölf Tage zuvor über sein Land gekommen waren, als Freund Allende sich eine Kugel in den Kopf schoss und Pinochet Chile übernahm. Einer jener Triebtäter, die sich über Religion, Rasse und Nationalität identifizieren.

Matilde hat allem standgehalten. Auch der Beerdigung unter militärischer Aufsicht. (Um einen Toten zu bewachen, der schon als Lebender zu den friedlicheren Zeitgenossen gehörte.) Standgehalten dem Anblick des Soldatenpöbels, der ihr Heim leerraubte und die Bücher unter Wasser setzte. Standgehalten der Wahrheit, dass der eine, »dessen Hände voller Welt mich umarmten«, nicht wieder auftauchen wird. Und sie hat die Kraft, die Veröffentlichung seiner Memoiren – im Ausland – durchzusetzen: *Ich bekenne, ich habe gelebt.*

Dieses Buch fällt unter das Betäubungsmittelgesetz, wer es anfasst, muss wissen, auf was er sich einlässt. Es kann den Leser mit Sehnsucht vergiften und es kann ihn niedermachen. So deprimierend mag die Sicht auf einen Mann sein, der verstand, »mit allem Seinem« zu existieren. Nach der Lektüre weiß man nicht, was man mehr beneidet: So zu sein oder so darüber schreiben zu können. Unerträglich die Erkenntnis, dass einer beides konnte.

Mit Matildes Bericht habe ich alles überstanden, auch die 24 Stunden Flug nach Paris. War immer bei ihr, war immer einer, dem Lichtadern bei der Lektüre durchs Herz zogen, immer mitgerissen von zweien, die sich nicht umstimmen ließen. Von keiner anderen Frau, keinem anderen Mann, von keinem Hintergedanken, keiner Anfechtung. Als ich die letzten 200 Meter auf meine Pariser Wohnung zugehe, komme ich an Rudeln schöner Menschen auf Café-Terrassen vorbei. Wie elegant sie aussehen, wie clever. Ich nicht, ich bin müde und dreckig wie ein Schwein. Aber ich kenne eine Geschichte, von der sie nicht einmal ahnen, dass es sie gibt.

Nachdem ich den Rucksack abgestellt habe, schreibe ich ein Neruda-Gedicht auf, mittendrin steht da: »... einen Schatz würde ich mir suchen, / für einen Monat, für eine Woche / oder für den vorletzten Tag noch.« Den Vers werde ich an jene Frau schicken, die seit Monaten nicht weiß, dass ich ihr nah sein will. Ich bin feig, natürlich, ich mache es wie Mario, der Briefträger. Pablo soll sie für mich erobern.

»Wenn es einen deutschen Reiseschriftsteller vom Kaliber eines Chatwin gibt, dann Andreas Altmann« Die Welt

Andreas Altmann
Sucht nach Leben
Geschichten von unterv
192 Seiten
Gebunden

www.dumont-buchverlag.de

DUMON